Literatur – Kultur – Geschlecht

Studien zur Literatur- und
Kulturgeschichte

In Verbindung mit
Jost Hermand, Gert Mattenklott,
Klaus R. Scherpe und Lutz Winckler

herausgegeben von
Inge Stephan und Sigrid Weigel

Kleine Reihe
Band 2

D1727373

Annegret Pelz

REISEN DURCH DIE EIGENE FREMDE

Reiseliteratur von Frauen als autogeographische Schriften

1993

BÖHLAU VERLAG KÖLN WEIMAR WIEN

Prof. Dr. Inge Stephan und Prof. Dr. Marianne Schuller haben das Projekt am Literaturwissenschaftlichen Seminar der Universität Hamburg von Anfang an betreut und begutachtet. Dr. Susanne Asche, Dr. habil. Gisela Ecker und Ulrike Vedder, Dr. Wolfgang Griep, Dr. Andrea Allerkamp, Paulette Kayser, Karl-Ludwig Wagner und meine Hamburger, Klagenfurter, Oldenburger, Osnabrücker und Tübinger Studentinnen und Studenten haben mir auf verschiedene Weise bei der Arbeit geholfen. Bei ihnen und bei der Friedrich-Naumann-Stiftung, die das Projekt großzügig förderte, möchte ich mich an dieser Stelle bedanken.

Die Deutsche Bibliothek – CIP-Einheitsaufnahme

Annegret Pelz:

Reisen durch die eigene Fremde : Reiseliteratur von Frauen als autogeographische Schriften / Annegret Pelz. – Köln ; Weimar ; Wien : Böhlau, 1993
(Literatur – Kultur – Geschlecht ; Bd. 2)
Zug.: Diss.
ISBN 3-412-06991-4
NE: GT

Umschlagentwurf unter Verwendung des Bildes von
Heinrich Bünting „Europa Prima Pars Terrae in Forma Virginis"
(1588). Kolorierte Karte in Privatbesitz, Oswald Dreyer-Eimbcke,
Hamburg.

Satz: Pro Publishing Service GmbH, Jüchen

Druck und Verarbeitung: MANZ, 1050 Wien

Printed in Austria
ISBN 3-412-06991-4

Für Annemarie Kühne

INHALT

Vierter Teil

WELTREISEN

DIE ENTDECKUNG DES INTERNEN ANDEREN AM „ENDE" DES REISENS

In den 30er Jahren des 20. Jahrhunderts wird der allgegenwärtig erfahrbare Umbruch in der Geschichte der Entdeckungen und des Reisens von Claude Lévi-Strauss als ein unwiederbringlicher Verlust beschrieben. „Nie wieder", heißt es in *Traurige Tropen*,

> werden uns die Reisen, Zaubertruhen voll traumhafter Versprechen, ihre Schätze unberührt enthüllen. Eine wuchernde, überreizte Zivilisation stört für immer die Stille der Meere. Eine Gärung von zweifelhaftem Geruch verdirbt die Düfte der Tropen und die Frische der Lebewesen, tötet unsere Wünsche und verurteilt uns dazu, halb verfaulte Erinnerungen zu sammeln.[1]

Mit der totalen Erschließung der Erde sind wir am „Ende des Reisens" und am Ende eines lang geträumten Traumes von der realen Erfahrbarkeit eines fernen, fremden Gegenübers angekommen. Die Erde zeigt dem modernen Reisenden nur mehr als Kehrseite eines ursprünglichen Versprechens ihr „beschmutztes" und „besudeltes" Antlitz einer „zerstörten", „befleckten" und nie wiederkehrenden „Jungfräulichkeit".[2] Reisen heute ist bestimmt von der Trauer über die verlorene Unberührtheit der Welt. Nur noch die Berichte vergangener Reisen „geben uns die Illusion von etwas, das nicht mehr existiert und doch existieren müßte, damit wir der erdrückenden Gewißheit entrinnen, daß zwanzigtausend Jahre Geschichte verspielt sind."[3]

Die Reisenden des 20. Jahrhunderts sehen sich als Verlierer, betrogen um die Möglichkeit, „bis zu den Grenzen des von der Gesellschaft kontrollierten Territoriums vorzustoßen".[4] Sie se-

---

[1] Claude Lévi-Strauss: Traurige Tropen. Frankfurt/M. 1988⁶, S. 31.
[2] Lévi-Strauss 1988⁶, S. 31.
[3] Lévi-Strauss 1988⁶, S. 31.
[4] Lévi-Strauss 1988⁶, S. 34.

hen sich der Chance beraubt, „das Jenseits herauszufordern"[5] und sich bis zu jenen Randzonen vorzuwagen, wo sie Gefahr laufen, „entweder auf die andere Seite zu fallen und nicht wiederzukehren, oder (...) aus dem ungeheuren Ozean ungenutzter Kräfte (...) einen Vorrat an persönlicher Macht zu schöpfen".[6] Was bleibt, sind „traurige Tropen", konventionelle Bilder und Redefiguren, die das unwiederbringlich Verlorene betrauern. Es bleibt der Escapismus in imaginäre Welten, die die Exotik des „wahren" Reisens „anhand von Bruchstücken und Ruinen" und entsprechend den Kontrastwünschen eines nostalgisch gestimmten Publikums unermüdlich rekonstruieren.[7]

Claude Lévi-Strauss hat als Reisender, als Archäologe, als Ethnologe und als Exilsuchender der Jahre 1935-1955 die Entdeckung, daß „unsere Welt vielleicht zu klein zu werden beginnt für die Menschen, die sie bewohnen"[8], als das „Ende einer Zivilisation" und den „Beginn einer anderen" beschrieben.[9] An diesem entdeckungsgeschichtlichen Übergang sieht er sich selbst als Reisender „in einem Kreis gefangen", aus dem er „nicht auszubrechen vermag"[10], er erlebt den Umbruch als einen „Einsturz ganzer Wände"[11], als das „Beben einer brüchig gewordenen Kruste".[12] „Doppelt unvermögend"[13] beschreibt er sich als Gefangenen zwischen zwei unvereinbar auseinanderklaffenden Begriffen von Reise, auf deren einer Seite als gewaltige Erschütterung des Tradierten das „Ende des Reisens" sichtbar wird und auf deren anderer Seite sich durch das Hervorbrechen eines *„winzigen uralten Details"*[14] eine neue Dimension des Reisens ankündigt, die Lévi-Strauss andeutet, ohne ausdrücklich von dem Einbruch von Weiblichkeitserfahrungen in den Gesichtskreis des modernen Reisenden zu sprechen.

---

[5] Lévi-Strauss 1988[6], S. 33.
[6] Lévi-Strauss 1988[6], S. 35.
[7] Lévi-Strauss 1988[6], S. 37.
[8] Lévi-Strauss 1988[6], S. 15.
[9] Lévi-Strauss 1988[6], S. 15.
[10] Lévi-Strauss 1988[6], S. 37.
[11] Lévi-Strauss 1988[6], S. 38.
[12] Lévi-Strauss 1988[6], S. 38.
[13] Lévi-Strauss 1988[6], S. 37.
[14] Lévi-Strauss 1988[6], S. 38. Hervorh. von mir, A.P..

Das „Ende des Reisens" ist der Topos, mit dem heute, auf dem Hintergrund der rapiden technischen Entwicklungen während und nach dem Zweiten Weltkrieg, insbesondere von Baudrillard und Virilio das problematisch gewordene Verhältnis zur Fremde zur Sprache gebracht wird. Durch „superdurchdringliche" und „hyperkommunikable" Verkehrs- und Informationstechniken (die Concorde als „Bindestrich zwischen den Völkern"[15]) sind die Grenzen des Planeten erreicht und seine linearen Möglichkeiten bis zur Unendlichkeit ausgeschöpft. Deutlicher als jemals zuvor kann, so sagt es Virilio in *Fahren, fahren, fahren...*, die starre Gerade heute ihre Macht gegenüber allem Verschlungenen entfalten und die Linearität selbst zu einem spektakulären Ereignis für die Reisenden werden.[16] Unsere Bewegungsfreiheit beschränkt sich auf ein klar umschriebenes Feld, während der Raum vollkommen auf die Dimensionen eines Punktes geschrumpft ist:

> Wir „können uns nur immer schneller und schneller im Kreis drehen und auf der Erde implodieren, in einem künftighin klar umschriebenen Raum, der von Tag zu Tag mehr schrumpft in Abhängigkeit von unserer zunehmenden Mobilität (...) bis zu einem Punkt, wo all unsere Reisen schon stattgefunden haben und wo alle unsere Gelüste nach Streuung, Flucht, Ortsveränderung sich auf einen einzigen fixen Punkt konzentrieren".[17]

Reisen in einer homogenen, in sich geschlossenen Welt, in der alles „in Reichweite"[18] ist, ist zur absoluten, die räumlichen Dimensionen absorbierenden Mobilität geworden. Ohne eine äußere Grenze, die man überqueren könnte, haben auch Entdeckungen mit dem Gedanken an ein fernes, fremdes Ziel ihren Sinn verloren: „Wozu denn auch bewegen, nur die Naiven der Geographie träumen noch davon, die Welt zu entdecken", fragt Baudrillard.[19] Und auch für Victor Segalen ist mit dem Wissen um die

---

[15] Paul Virilio: Fahren, fahren, fahren... Berlin 1978, S. 46.
[16] Virilio 1978, S. 23.
[17] Jean Baudrillard: Subjekt und Objekt: fraktal. Hg. v. G. J. Lischka, Bern 1986, S. 5.
[18] Virilio 1978, S. 45.
[19] Baudrillard 1986, S. 5.

Monotonie der Erdkugel das Ende des geographischen Exotismus, d.h. das Ende der Erfahrung all dessen, was anders ist, gekommen:

> Verläßt man auf einer Kugel einen Punkt, so heißt das, daß man sich ihm schon wieder *nähert*! Die Kugel ist monoton. Die Pole sind nur Fiktionen. Bleibt nur der Mittelpunkt, wo die Schwerkraft aufgehoben ist. Damit hat der Tourismus angefangen! Sobald man wußte, daß die Erde eine Kugel ist.[20]

Wenn mit Lévi-Strauss, Virilio, Baudrillard und Segalen der äußere Raum aufhört, Objekt der Eroberung, Projektionsfläche und Spiegel des reisenden Ich zu sein, hat sich, so meint auch Tzvetan Todorov, die Entdeckungsgeschichte als Geschichte der „Entdeckung des *anderen* durch das *Ich*"[21] erschöpft. Es wird sinnlos, sich der „Problematik des außerhalb stehenden und fernen anderen"[22] zuzuwenden, wenn dieses äußere Andere „praktisch nicht mehr existiert"[23]. Für ein traditionelles Entdecker-Ich, das sich auf den Spuren von Odysseus und Columbus in ferne Fremden begibt, ist mit dem Wegfall seiner räumlichen Enklaven das „Ende vom Ende" gekommen, denn nur noch an ihm selbst und in seiner unmittelbaren Nähe machen sich die Merkmale des Fremden und der Kolonisation bemerkbar:

> Der Unbekannte, der Fremde, das ist für uns schon nicht mehr der, der von fern kommt, sondern der, der gleich nebenan wohnt.[24]

Diese Thesen vom Ende des Reisens und des Raumes, die die Situation eines Reisenden im 20. Jahrhundert beschreiben, sind jedoch weder ein alleiniges Ergebnis der weltumspannenden Dichte moderner Kommunikations- und Verkehrstechnik noch neu. Das eindringlich beschriebene „Zu-klein-werden der Welt"

---

[20] Victor Segalen: Die Ästhetik des Diversen. Aufzeichnungen. Frankfurt/M. 1983, S. 75.
[21] Todorov 1985, S. 11.
[22] Todorov 1985, S. 11.
[23] Baudrillard 1986, S. 8.
[24] Virilio 1978, S. 45.

(Lévi-Strauss), das „Ende des Reisens" (Baudrillard) bzw. das „Ende der Welt" (Virilio), durch das die „Erde unser Dorf" (Hassan[25]) geworden oder auf die „Größe einer Murmel geschrumpft" (Irwin)[26] ist, bedeutet nicht, daß wir am Ende eines Diskurses angelangt sind, der seine Aufmerksamkeit genau auf dieses Kleinwerden der Welt – gemeint ist immer das Schwinden des Zwischenraumes, die Differenz zur Fremde – gerichtet hat. Heute, am Ende scheinbar vollständig durchgesetzter eurozentrischer, d.h. totalisierender Weltsichten, die getreu der Maxime „Macht Euch die Erde untertan" aus verschiedenen Perspektiven die „Totalerkundung der Erde"[27] vollbracht haben, ist die Erfahrung des „Endes" zum beherrschenden Reiseerlebnis geworden. Eine Erfahrung, die eng an das Orientlos- bzw. Orientierungsloswerden des europäischen Ich gebunden ist, das sich über die Jahrhunderte hinweg gegenüber dem Orient als einem seiner „ältesten und am häufigsten wiederkehrenden Bilder des Anderen" entworfen hat.[28]

Virilios „Reich der Geschwindigkeit" als letzte Enklave des Reisenden, der sich nur noch in Bewegung woanders befindet („In Geschwindigkeit, das ist so ähnlich wie in China, einer anderen Gegend, einem anderen Kontinent, den wir zu kennen vorgeben"[29]) sowie seine Thesen zur Depersonalisierung des modernen Reisenden erinnern daher an Jean-Jacques Rousseaus Überlegungen zu den schädlichen Folgen der Kutschfahrt für Emile. Virilio

---

[25] Ihab Hassan spricht hier von der „Denaturalisierung des Planeten" und dem „Ende der Menschheit": „Wir sind, so glaube ich, Bewohner einer anderen Zeit und eines anderen Raumes, und wir wissen nicht mehr, welche Reaktion unserer Wirklichkeit adäquat ist. Wir haben gewissermaßen alle gelernt, Minimalisten zu sein, was unsere Zeit und unseren Raum betrifft, wenn auch die Erde unser Dorf geworden sein mag." Zit. nach Ingeborg Hoesterey: Verschlungene Schriftzeichen. Frankfurt/M. 1988, S. 132.
[26] „Mit größerer Entfernung wurde sie immer kleiner. Schließlich schrumpfte sie auf die Größe einer Murmel – der schönsten Murmel, die du dir vorstellen kannst." James Irwin, Astronaut, USA. „Die Erde war so klein, blau und erschütternd einsam." Aleksej Keonow, Astronaut, UDSSR. Aus: Kevin W. Kelley (Hg.): Der Heimatplanet. 150 Farbfotos. Frankfurt/M. 1989, Zit. nach „die tageszeitung" 13.5.89, S. 33.
[27] Vgl.: Hermann Pollig: Exotische Welten. Europäische Phantasien. In: Osterwold/Pollig (Hg.) 1987, S. 16-25.
[28] Edward W. Said: Orientalismus. Frankfurt/M./Berlin/Wien 1981, S. 8.
[29] Virilio 1978, S. 19.

bezeichnet das beschleunigte Fahrzeug als „Dunkelkammer", den Reisenden als „blinden Passagier"[30], der „desorientiert", dem „Schwindel" oder „Streß" des Reisens ausgesetzt ist. Seßhaft („Das Fahrzeug (...) ist nichts als ein Sofa"[31]) und eingeschlossen in ein beschleunigtes Gehäuse sind seine Bewegungen paradox – d.h. statisch und dynamisch zugleich. Die Mobilität und Motilität seines Körpers sind stillgestellt, kinetische und taktile Eindrücke, wie sie die direkte Fortbewegung liefern, kennt er kaum, wohl aber „Zeichen und Sperren", eine „Verkehrsordnung" und „Verkehrshinweise", die ihn von ferne per „Fernsehen" und „Fernsprechen", „Fernlenkung" und „Fernüberwachung" steuern.[32]

Um sich der Maschinerie der Fortbewegungsapparate zu entziehen – nach Virilio bringt diese „schwerste Störungen der Person"[33] mit sich und führt diese an den Rand ihrer Identität –, sagt auch Rousseau:

> Ich habe immer beobachtet, daß die, die in guten und bequemen Wagen reisten, nachdenklich, traurig, mürrisch oder leidend waren.[34]

Er empfiehlt daher:

> Wir reisen also nicht mit Extrapost, sondern gemächlich. Wir denken nicht nur an den Abfahrts- und Ankunftsort, sondern an den Zwischenraum, der beide voneinander trennt. Die Reise an und für sich ist uns eine Lust. Wir verbringen sie keineswegs wie in einem gut verschlossenen Käfig. Wir reisen nicht in Trägheit und Geruhsamkeit wie die Frauen. (...) Emile wird (...) wandern.[35]

Entsprechend heißt es auch bei Johann Gottfried Seume:

> Ich halte den Gang für das Ehrenvollste und Selbständigste in dem Manne, und bin der Meinung, daß Alles besser

---

[30] Virilio 1978, S. 25.
[31] Virilio 1978, S. 19.
[32] Virilio 1978, S. 39.
[33] Virilio 1978, S. 39.
[34] Jean-Jacques Rousseau: Emile oder über die Erziehung (1761). Hg. v. Martin Rang, Eleonore Scommodau, Stuttgart 1980, S. 825.
[35] Rousseau 1980, S. 823f.

gehen würde, wenn man mehr ginge (...) Wo Alles zu viel fährt, geht Alles sehr schlecht, man sehe sich nur um![36]

Wie Paul Virilio und Jean-Jacques Rousseau sagt auch Johann Gottfried Seume, daß die Lust des reisenden Mannes darin besteht, den Zwischenraum zu erfahren, ihn durch Reisen zu erhalten und durch seinen Aufenthalt in diesem Raum zu betonen.[37] Angesichts der klein werdenden, zusehens „mit Brettern vernagelten Welt"[38], in der es „keine Türen mehr" gibt, „die sich zum Unbekannten, zum Unerforschten hin öffnen könnten"[39], heftet sich das Augenmerk auf diesen sich stets verringernden Abstand zur näherrückenden Fremde. Walter Benjamin und Ernst Bloch sprechen vom „Chockerlebnis" angesichts der Durchdringung von Fremde und Eigenem, vom „Chockerlebnis" angesichts des eigenen Fremdwerdens als dem unausbleiblichen Effekt eines unaufhaltsamen Vordringens in die geographische Fremde, die umgeschlagen ist in das eigene Hier und Jetzt.[40] Dieser Umschlag ist es, der stets und immer wieder als das „Ende des Reisens" erlebt und beschrieben wird, denn an diesem „Ende" wird die mit Bildern des Anderen besetzte Kehrseite sichtbar und für den Reisenden am eigenen Leib erfahrbar. Wolfgang Schiefelbusch hat das in einer sich schnell bewegenden Apparatur des Eisenbahnabteils isolierte reisende Ich als von einem Gefühl hilfloser Ohnmacht und Passivität und gleichzeitig von einem lustvollen Gefühl der Ich-Vergessenheit befallen beschrieben. Er deutet die Verknüpfung von Fahren und Sexualität als eine Angst vor der Verselb-

---

[36] Johann Gottfried Seume: Mein Sommer 1805. In: Prosaische und poetische Werke Teil IV. Berlin o.J. (1879), S. 7f. Zit. nach Griep 1980, S. 752f. Zu Seume vgl. Inge Stephan: Johann Gottfried Seume. Ein politischer Schriftsteller der deutschen Spätaufklärung. Stuttgart 1973.

[37] Wolfgang Schivebusch beschreibt den Zwischenraum als den traditionellen Reiseraum, der durch die Mechanisierung der Triebkräfte und die Begradigung der Fahrstraßen vernichtet wird. Vgl. W. Schiefelbusch: Eisenbahnraum und Eisenbahnzeit. In: Schiefelbusch 1979, S. 35ff.

[38] Robert Prutz: Über Reisen und Reiseliteratur der Deutschen. In: Kleine Schriften zur Politik und Literatur. Merseburg 1847, Band 1/2, S. 252.

[39] Claude Lévi-Strauss: Mythos und Bedeutung. Frankfurt/M. 1980, S. 272.

[40] Walter Benjamin: Über einige Motive bei Baudelaire. In: Ges. Schriften. Hg. v. Tiedemann/Schweppenhäuser, Frankfurt/M. 1972, Bd. 1.2., S. 605 – 653.

ständigung der eigenen Sexualität, die vom Reisenden erlebt wird
als Angst vor dem Entgleisen des Zuges:

> Ihre Angst bezieht sich auf die Gefahr, sie könnten in eine
> unaufhaltsame, ihrem Willen nicht mehr gehorchende Be-
> wegung geraten.[41]

Auch der Kutschenreisende erfuhr sich schon als Gefangener
und zugleich in die Nähe des Weiblichen versetzt, wenn er „im
gut verschlossenen Käfig" „wie die Frauen" reiste. Auch er erlebte
das Reisen im geschlossenen Gehäuse, das ihn unterwegs „völlig
einen Weg mit den Frauen wandeln"[42] ließ, als ein zunehmendes
Fremdwerden seiner selbst.[43]

An den „Anfang" dieses „Endes" bzw. als bedeutendes Ereignis
für den Umschlag von Fremde und Eigenem hat Tzvetan Todorov
die Entdeckung Amerikas im Jahr 1492 gesetzt. Seit diesem Datum am Beginn des modernen Zeitalters wissen wir, daß die Welt
geschlossen ist und „klein" zu werden beginnt. Seither sind die
Menschen in der Lage, die Welt zu umrunden, ohne daß sie am
Ende des Ozeans der Absturz ins Leere erwartete:

> Seit 1492 sind wir, wie Las Casas ausgedrückt hat, »in dieser
> so neuen und keiner anderen vergleichbaren Zeit« (*Historia
> de las Indias*, I,88). Seit diesem Datum ist die Welt geschlos-
> sen (obwohl das Universum unendlich wird), »die Welt ist
> klein«, wie Colón selbst ganz entschieden feststellt (Carta
> raríssima, 7.7.1503; ein Bild von Colón vermittelt etwas von
> diesem Geist); die Menschen haben nun die Ganzheit ent-
> deckt, deren Bestandteil sie sind, während sie bis dahin ein
> Teil ohne Ganzes waren.[44]

---

[41] Karl Abraham: Psychoanalytische Studien, Frankfurt/M. 1971, Bd. 2, S. 102.
Zit. n. Schiefelbusch 1979, S. 74f.

[42] Es gehörte zu dem Programm von Sophie Schwarz, der Gesellschafterin und
Kammerherrin Elisa von der Reckes, während ihrer Reise durch Deutschland
(1784-1785) unterwegs streng darauf zu achten, nicht „völlig einen Weg mit den
Männern zu wandeln". Sophie Schwarz, geb. Becker: Briefe einer Curländerin auf
einer Reise durch Deutschland. Zwei Theile, Berlin 1791, Band 1, S. 6.

[43] Die „Endlichkeit der Welt" ist nach Robert Prutz auch die Ursache dafür,
daß die Reiseliteratur um die Mitte des 19. Jahrhunderts zur „Klatschliteratur"
verkommt.

Abb. 1: Don Cristóbal Colón (1621)

Das Bild[45], von dem Todorov spricht, zeigt Colón, den Entdecker und Kolonisator, als getrennte, selbständige Einheit *neben*
der Erdkugel, die jenseits des Äquinoktialkreises auch das irdi-

---

[44] Todorov 1985, S. 13.
[45] Don Christóbal Colón. In: Honorius Philoponus, „Nova typis transacta
navigatio novi orbis Indiae Occidentalis". Venedig, 1621 (BN Paris). In: Todorov
1985, S. 15.

sche Paradies, den „weiblichen" äußersten Osten in sich einschließt. In „Carta a los reyes" vom 31.8.1498 schreibt Colón:

> Ich stelle fest, daß die Welt nicht so rund ist, wie sie
> beschrieben wird, sondern die Form einer Birne hat, (...)
> oder wie ein ganz runder Ball, dem an einer Stelle eine
> Frauenbrust aufgesetzt wäre, und die Brustwarze wäre
> dann der höchste und dem Himmel nächste Teil und läge
> unter dem Äquinoktialkreis in diesem Ozean im äußersten
> Osten.[46]

Die Entdeckung und Eroberung Amerikas war nach Tzvetan
Todorov *der* „Schritt in die Welt der Entdeckung des anderen"[47],
der unsere gegenwärtige Identität in doppelter Weise vorzeichnet
und begründet. Während sich Westeuropa nämlich ab diesem
Zeitpunkt erfolgreich darum bemüht hat, die äußere Alterität
durch Assimilation und Kolonisation zu beseitigen (die entdeckten Länder gehören von nun an zum Königreich Spanien; „das 16.
Jahrhundert sollte Zeuge des größten Völkermordes in der Geschichte der Menschheit werden"[48]), wird die Entdeckung und
Abstoßung des internen Anderen als Kehrseite dieses Prozesses
erkennbar: In ein und demselben Jahr entdeckt Europa den Anderen außerhalb seiner Grenzen und stößt ihn in seinem Innern ab.
In Spanien werden Mauren und Juden gezwungen, das Territorium zu verlassen.[49] Todorovs These zum „Ende des Reisens" lautet
daher:

> Während sie die Fremdheit des äußeren anderen nach und
> nach unkenntlich machte, förderte die abendländische Zi-
> vilisation einen inneren anderen zutage.[50]

Diese Kehrseite der Entdeckungsgeschichte, die innerhalb der
europäischen Grenzen und an der Schwelle zur Neuzeit einen

---

[46] Colón zit. nach Todorov 1985, S. 25.
[47] Todorov 1985, S. 12.
[48] Todorov 1985, S. 13.
[49] Todorov 1985, S. 65.
[50] Im Zitat heißt es weiter: „Vom Zeitalter der Klassik bis zum Ende der
Romantik (das heißt, bis in unsere Tage) haben Schriftsteller und Moralisten
immer wieder von Neuem herausgefunden, daß die Person keine Einheit ist, oder

inneren Anderen zutage bringt, steht am Anfang meiner Überlegungen zur Darstellung und Wahrnehmung des Fremden in Texten reisender Autorinnen des 18. bis 20. Jahrhunderts. Ich möchte zunächst nach der spezifischen Ausprägung einer Bildlichkeit fragen, in der die Vorstellungswelten von Frauen und Fremde sich seit dem Beginn der Neuzeit gegenseitig durchdringen und überlagern, um dann in einem Prozeß der Trennungen und Verschiebungen das spezifische Problem der Raumerfahrung eines weiblichen Ich zu beschreiben, das reist und zugleich selbst fremd und anders ist. Erläutert werden soll, wie auf diesem Wege von innen her, auf dem Weg ins 20. Jahrhundert und in direktem Zusammenhang mit dem Erscheinen von Frauen in der Reiseöffentlichkeit die Vorstellung eines Reisens mit einem anderen, nichtgetrennten Bezug zur Fremde entstehen kann.

daß sie sogar nichts ist, daß ich ein anderer ist oder nichts als ein leerer Raum des Widerhalls. Man glaubt nicht mehr an die Tiermenschen im Walde, aber man hat das Tier im Menschen entdeckt (...). Die Einführung des Unbewußten kann man als den Höhepunkt dieser Entdeckung des anderen im Selbst betrachten." Todorov 1985, S. 293.

Erster Teil

IN EUROPA ALS FRAU REISEN

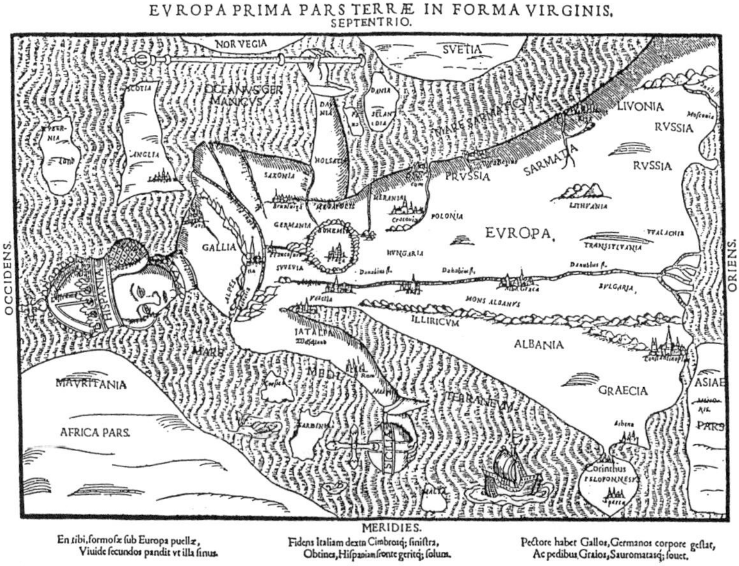

EVROPA PRIMA PARS TERRÆ IN FORMA VIRGINIS.

Abb. 2: Heinrich Bünting: Europa Prima Pars Terrae in Forum Virginis (1588)

Je voyage pour connaître ma géographie
Marcel Réja[1]

REISEN, UM DIE EIGENE GEOGRAPHIE ZU KENNEN

Zeitgleich mit der Entdeckung Amerikas, der räumlichen Bewußtwerdung des Westens, entstehen im Europa des 16. Jahrhunderts, in mehreren Auflagen und mit großer Verbreitung (in

Deutschland, England, Dänemark, Holland und Schweden), verschiedene Variationen einer allegorischen Europakarte, die den Weg in die europäische Vorstellungswelt des internen Anderen weisen. Im Gegensatz zu dem Bild, das Colón, den Kolonisator in berührungslosem Nebeneinander und getrennt von der externen „Neuen Welt" zeigt, wird hier, wie in der zuerst 1537 von Johannes Putsch gezeichneten Karte: *Europa Prima Pars Terrae in Forma Virginis*[2], ein archaisches Muster sichtbar, das auf einer dunklen Analogie von weiblichem Körper und „Alter Welt" beruht. Das 16. Jahrhundert, der Entstehungszeitraum dieser Karten, ist der Zeitraum der Herausbildung eines neuen „Körper-Kanons", in dem, mit Michail Bachtin, der nicht groteske, „völlig fertige, abgeschlossene, stark abgegrenzte, von außen betrachtete, unvermischte" individuelle (nicht kosmische, nicht universale) einzige Leib entsteht: „Der Leib des neuen Kanons ist ein einziger

---

[1] Marcel Réja: L'Art chez les fous. Paris 1907, S. 131. Zit. nach Walter Benjamin: Das Passagen-Werk. Hg. von Rolf Tiedemann. Frankfurt/M. 1983, Bd. 1, S. 55.

[2] Abbildung aus: Map Collector's Circle. No 1. Geographical Oddities. R.v. Tooley. London o.J. (1963). Kommentar: „Based on the Bucius design of 1537 this is a fine woodcut map with the sea engraved in wavy lines. It was included in a work entitled Itinerarium Sacrae Scripturae, or, Travels according to the Scriptures. Several editions were printed in Helmstadt and Magdeburg, and it was also translated into English, Danish, Dutch and Swedish". Die Karte ist auch abgedruckt in: G. Hill, Cartographical Curiosities, London 1978, S. 41.

Über die sog. „Phantasiekarten" schreibt Oswald Dreyer-Eimbcke: „Zu den ersten Beispielen der Phantasie-Karten gehört die allegorische Darstellung Europas als Frau, die Johannes Putsch (1516-1542) 1537 zuerst herausbrachte und danach in Sebastian Münsters „Cosmographey" vom 1544 und 1628 von Heinrich Bünting (1585?) variiert wurde." Oswald Dreyer-Eimbcke: Die Entdeckung der Erde. Geschichten und Geschichte des kartographischen Abenteuers. Frankfurt/M. 1988, S. 16ff. Vgl. auch Kretschmar u.a.: „Lexikon zur Geschichte der Kartographie", Stichwort „Phantasiekarten".

Bei Franz Adrian Dreier sind die verschiedenen Versionen der „Allegorie der Europa" abgebildet: der Kupferstich von Matthias Quad, hg. von Jan Bußemaker, Köln 1587; der Holzschnitt von Johann Putsch von 1537 und die hier abgebildete „Allegorie der Europa" von H. Bünting aus dem Buch „Itinerarium Sacrae Scripturae..." von 1588. Die von Dreier vorgestellte Weltallschale Kaiser Rudolfs II. von Jonas Silber entstand 1589. Vgl. Franz Adrian Dreier: Die Weltallschale Kaiser Rudolfs II. In: Karl-Heinz Kohl: Mythen der Neuen Welt. Zur Entdeckungsgeschichte Lateinamerikas. Horizonte '82. Berlin 1982, S. 111-120.

Leib. Irgendwelche Merkmale der Zweileibigkeit sind ihm nicht geblieben."[3] Neben dem streng individualisierten und abgeschlossenen, „fertigen" Leib der Neuzeit, dessen unmittelbare Beziehung zum Leben der Gesellschaft und zum kosmischen Ganzen abgerissen ist[4], erscheint in diesen Karten das Bild eines geographisch gezeichneten weiblichen Körpers, der auf der Ebene des individuellen Leibes für die ausgegrenzte Zweileibigkeit des alten Körperkanons geöffnet bleibt.[5] Wie auf einer mythischen Insel[6] bleibt in der geographischen Zeichnung des weiblichen Körpers die Erinnerung an einen verlorenen Zusammenhang zwischen Mensch und Welt und an eine räumliche Auffassung eingeschrieben, in der einem Ich die Fähigkeit zum Reisen, zur Betonung des Zwischenraumes und zur Differenzierung zwischen Ich und Welt fehlt.

Das Verhältnis zur Welt, das nach Georg Simmel für den Mann eine *„affaire d' épiderme"*, eine äußere Angelegenheit ist, die den Hautsinn, das Hautleben, die „naturwüchsigste Decke"[7] und das „eigentlich umhüllende Gebilde unserer Physis"[8] betrifft, ist hier, wie das Beispiel der Karte zeigt, von der Nähe zu einer Fremde

---

[3] Michail Bachtin: Die groteske Gestalt des Leibes. In: Literatur und Karneval. Zur Romantheorie und Lachkultur. Frankfurt/M./Berlin/Wien 1985, S. 22. Die Karte der „Allegorie der Europa" ist im 16. Jahrhundert in einer Zeit entstanden, als das alte Ptolomäische geozentrische Weltsystem bereits durch Kopernikus (1514) und später Giordano Bruno (1600) in Frage gestellt worden war und als in den Keplerschen Gesetzen das heliozentrische Weltsystem das geozentrische ablöste. Vgl.: Werner Becker: Vom alten Bild der Welt. Alte Landkarten und Stadtansichten. München 1970. Vgl. bei Alexandre Koyré die Beschreibung des Aufbruchs aus dem mittelalterlichen Kosmos. Alexandre Koyré: Von der geschlossenen Welt zum unendlichen Universum. Frankfurt/M. 1980.

[4] Bachtin 1985, S. 22.

[5] Bachtin 1985, S. 20.

[6] Zur Vorstellungswelt der mythischen Insel vgl.: François Moreau: L'Ile, territoire mythique. Paris 1989.

[7] Gottfried Semper: Die vier Elemente der Baukunst, zit. nach Dolf Sternberger: Panorama oder Ansichten vom 19. Jahrhundert. Hamburg 1938, S. 162.

[8] In „Physis. Zur Geschichte des leiblichen Lebens" bezeichnet Carl-Gustav Carus das „Sinnesorgan der Haut", das „Hautleben", den „Hautsinn" als „von größter Wichtigkeit (...) für die Entwicklung unserer Erkenntnis" (S. 364). Der „mechanische Hautsinn" und das Tasten ist „deshalb von so sehr merkwürdiger Bedeutung für die geistige Entwicklung, weil es uns recht eigentlich zuerst in die

bestimmt, die, wie Luce Irigaray sagt, „schon in ihr ist und ihr autoerotisch vertraut ist".[9] Aus diesem spezifisch unauflöslichen Verhältnis, das der unabgeschlossene weibliche Körper auch in der Neuzeit zur Welt unterhält, ergibt sich die besondere Problematik der weiblichen Reise. Die Frage, die sich immer wieder aufs Neue stellen wird, lautet: Wenn die Fremde ein untrennbarer Teil eines weiblichen Selbst ist, wie kann diese Figur reisen, wenn es keine physische Abgrenzungslinie gibt, die zu überschreiten wäre – oder, noch einmal mit Irigaray: „Wie könnte die Materie sich selbst genießen, ohne beim Konsumenten Angst vor dem Verschwinden seines Nährbodens zu provozieren?"[10]

Im Unterschied zu der mittelalterlichen Allegorie der „Frau Welt", der personifizierten Versuchung und Verlockung, der „zergehenden Weltwonne", der „vergifteten Weltsüße" ist diese geographische Allegorie der Europakarte kein Wahnbild, das der „Weltgierigkeit" und der „rohen Sinnlichkeit" Ausdruck verleiht.[11] Ihr Antlitz zeigt nicht wie die Superbia, Fortuna und Luxuria ein trügerisches Lächeln, das den Schatten, die böse Traumerscheinung, das Wahnbild der schemenhaften, nach der Verführung plötzlich verschwindenden Voluptas in ihrem von

---

Welt einführt, und zwar dadurch, daß es die wesentlichen beiden Erscheinungsformen der Welt, den Raum und die Zeit" durch den Vergleich und die „Wahrnehmung eines Anderen" erst kennen lehrt (S. 366f.). Die Organe, die die Eigenschaften des Raumes ertasten, sind nicht nur die Hände, sondern vor allem auch die Füße beim Gehen, die auf diese Weise zu einem „Tasten der Erstreckung des Erdbodens" werden (S. 368). Die Hautfläche, das „eigentlich umhüllende Gebilde unserer Physis", hat die Eigenschaft, Raumverhältnisse zu erkennen, sie ist die Wahrnehmungsgrundlage für leibliches und geistiges Begreifen. Durch den Hautsinn wird der Mensch „recht eigentlich und ursprünglich als ein in der Welt daseyendes Wesen orientiert und eingeführt" (S. 368). Carl-Gustav Carus: Physis. Zur Geschichte des leiblichen Lebens. Stuttgart 1851, S. 363f.

[9] Luce Irigaray: Das Geschlecht, das nicht eins ist. Berlin 1979, S. 30.

[10] Irigaray 1979, S. 31.

[11] Grimm. zit. n. Wolfgang Stammler: Frau Welt. Eine mittelalterliche Allegorie. Freiburg in der Schweiz 1959. Freiburger Universitätsrede, Neue Folge Nr. 23. Vgl.: Barbara Becker-Cantarino: Frau Welt und Femme fatale. Die Geburt des Frauenbildes aus dem Geiste des Mittelalters. In: Das Weiterleben des Mittelalters in der deutschen Literatur. Hg. von James F. Poag und Gerhild Scholz-Williams. Königstein/Ts, 1983, S. 61–73. Zum Phänomen weiblicher Allegorien vgl. Weigel 1990, bes. S. 161f. und 167f.

chtonischen Tieren[12] bewohnten Rücken verdeckt.[13] Anders als die mittelalterliche Allegorie der „Frau Welt" zeigt die Europakarte ein sichtbar gemachtes Ganzes, das seine Kehrseite an der Körperoberfläche trägt und nicht in seiner Rückseite verbirgt. Ihre flächige Topologie ist anschaulich und lesbar wie ein graphischer Diskurs über ein europäisches Vergesellschaftungsmodell von Weiblichkeit, in dem sich zwei Symbolsysteme – das des westlich ausgerichteten linearisierten Kopfes und das des östlich ausgerichteten geographischen Körpers – gegenseitig strukturieren und destrukturieren.[14]

In diesem Weiblichkeitszeichen, das wie die „Schrift der Dinge" im sechzehnten Jahrhundert

> eine (.) mysteriöse, in sich selbst geschlossene Sache <ist>, die sich hier und da mit den Figuren der Welt mischt und sich mit ihnen verflicht, und zwar so sehr und so gut, daß sie alle zusammen ein Zeichennetz bilden, in dem jedes Zeichen in Beziehung zu allen anderen die Rolle des Inhalts oder des Zeichens, des Geheimnisses oder des Hinweises spielen kann und tatsächlich spielt,[15]

sind die konkret-sinnlichen Symbolformen (die Doppelheit, die Nähe zum Orient, die Insistenz einer Kehrseite, die Koexistenz zweier heterogener Weltaspekte) ausgearbeitet, die dem Weiblichen innerhalb Europas den Ausdruck des Fremden verleihen.[16]

Eine detaillierte topographische Analyse der Europakarte – im Sinne Gaston Bachelards ein „systematische<s> psychologische<s> Studium der Örtlichkeiten unseres inneren Lebens"[17] –

---

[12] „Die chtonischen Kulte sind auf die „Ideenreihe" der Erde bezogen und kulminieren in der Religion der Ceres, die chtonischen Gottheiten sind zugleich gut und schrecklich", vgl. Kramer 1981, S. 29.

[13] Vgl. die Abbildungen in Stammler.

[14] Zum Begriff des graphischen Diskurses vgl. Jacques Derrida: Grammatologie. Frankfurt/M. 1983, S. 156f.

[15] Michel Foucault: Die prosaische Welt. In: Die Ordnung der Dinge. Eine Archäologie der Humanwissenschaften. Frankfurt/M. 1974, S. 66.

[16] Vgl. Julia Kristeva: Fremde sind wir uns selbst. Frankfurt/M. 1990, S. 13.

[17] Gaston Bachelard: Poetik des Raumes. Frankfurt/M./Berlin/Wien 1975, S. 40.

soll im folgenden den Ausgangspunkt und die methodische
Grundlage der Arbeit bilden. Was sich mit Hilfe der Topologie
auf dem mit Bahnungen überzogenen weiblichen Körper zeigt, ist
im Sinne der antiken Topik ein „Suchort für Argumente" zur
Beschreibung europäischer Weiblichkeitsimaginationen. Die
Karte eröffnet einen Zugang zu einem raumbezogenen Denken
über Weiblichkeit, indem sie den weiblichen Körper zergliedert
und mit konkreten räumlichen Vorstellungen verbindet. Die Karte bietet Orientierungspunkte, indem sie die Phantasie auf be-
stimmte geographische Vorstellungen festlegt und dazu auffor-
dert, räumlich über Weiblichkeit zu sprechen. Sie eröffnet ein
topologisches Feld, das auf derselben Ebene heterogene Orte
zusammenbringt, die einmal von der traditionellen Wahrnehmung von Fremde übernommen und ein andermal durch Betrachtungen erzeugt werden können.[18] In dieser doppelten, zwischen
Innen- und Außenwelten oszillierenden Aussagekraft soll die
Karte, die ja nicht nur eine Veranschaulichungsform einer äußeren
Körperoberfläche[19], sondern gleichzeitig ein Körperinneres bezeichnet, Schauplatz und Wegweiser durch die Problematik eines
anderen, weiblichen Weltbezuges in zweifacher Weise sein:

Zum ersten gleicht die allegorische Europakarte einer „Urschrift"[20] von Weiblichkeit, in der Malerei und Schrift in ihrer
Verquickung sichtbar werden und im Sinne einer kognitiven Karte (map in the head[21]) unsere europäische Wahrnehmung von

---

[18] Zu Topik und Toposforschung vgl.: Dieter Breuer/Helmut Schanze (Hg.):
Topik. Beiträge zur interdisziplinären Diskussion. München 1981; Baeumer,
Max., L. (Hg.): Toposforschung. Darmstadt 1973; Jehn, Peter (Hg.): Toposfor-
schung. Eine Dokumentation. Frankfurt/M. 1972.

[19] Vgl.: Werner Witt: Lexikon der Kartographie. Wien 1979, S. 301-305. Im
Wörterbuch der alten Geographie ist Europa „derjenige Welttheil, den wir bewohnen". Paul Friedrich Achat Nitsch: Wörterbuch der alten Geographie nach
neuesten Berichtigungen zusammengetragen. Halle 1794 (Reprint Hildes-
heim/Zürich/New York 1983, S. 252).

[20] Vgl. Derrida 1983, S. 105.

[21] Kognitive Kartographie ist ein Verfahren zur Aneignung, Zusammenfassung
und Speicherung räumlicher Vorstellungen. Die kognitive Karte ist keine topo-
graphische Karte: „Die kognitive Karte ist Grundlage für die Auswahl und
Durchführung jedweder Strategie von raumbezogenem Verhalten." Vgl. Roger
M. Downs, David Stea: Kognitive Karten und Verhalten im Raum. Verfahren und
Resultate der kognitiven Kartographie. In: Harro Schweizer (Hg.): Sprache und

19

Weiblichkeit strukturieren. Die topographische Analyse dieser doppelten Symbolstruktur, die den weiblichen Körper mit dem geographischen Raum willkürlich, aber nicht unmotiviert miteinander in Verbindung bringt, wird zum Ausgangspunkt meiner Überlegungen zur Frage der weiblichen Reisefähigkeit bzw. der Reiseunfähigkeit, eben der Konstante, die mehr als alles andere – man denke nur an Penelope – in der Kulturgeschichte den Weltbezug des weiblichen Körpers bestimmt.

Zum zweiten nehme ich diese verräumlichte europäische Weiblichkeitsimagination als die konkrete geographische Karte einer Fremde. Sie sei im folgenden der Diskursraum, den die Reisenden in bestimmter Weise bewohnen und symbolisch besetzen können, d.h. ein Raum, in dem sie zwischen den Polen Orient und Okzident, Norden und Süden hin- und herreisen und auf vielfältige Weise innere Grenzen ziehen, überschreiten und verlagern können. In der europäischen Leserichtung von links nach rechts gelesen folgt die Analyse der Texte dabei der hier durch die Lage des Körpers vorgeschriebenen horizontalen Reiseroute vom okzidentalen Kopf bis in den orientalisierten Körper und darüber hinaus sukzessive einer Reiserichtung, die gleichzeitig eine Bewegung vom 18. in das 20. Jahrhundert beschreibt. Aus dieser Bewegung einer Reise über die eigene Körperlandschaft bis hin zur Ausreise über den eigenen Orient wird sich, wie ich glaube, die Zeitabhängigkeit der anthropologischen Strukturen europäischer Weiblichkeitsimaginationen ablesen lassen. Im Rahmen der Arbeit kann also die geographische Zeichnung des weiblichen Körpers die orientierende Funktion einer Karte übernehmen, die es an jedem Punkt der Reise ermöglicht, den Ort zu bezeichnen, von dem aus und auf den hin in der Reiseliteratur von Frauen – sozusagen „autogeographisch" – geschrieben wird.

Raum. Psychologische und linguistische Aspekte der Aneignung und Verarbeitung von Räumlichkeit. Ein Arbeitsbuch für das Lehren von Forschung. Stuttgart 1985, S. 21.

Mythische Geographie des europäischen Weiblichen

Europa besteht aus Individuen (in denen Männliches
und Weibliches ist), nicht aus Männern und Weibern
W. *Benjamin*

Die Karte *„Europa prima pars terrae in forma virginis"*, von
Heinrich Bünting 1588[22] im Stil der barocken Emblematik (In-
scriptio, Pictura, Subscriptio) gezeichnet, zeigt die Frau-Raum-
Relation als eine Subjekt-Objekt-Transformation auf einer doppelten, wörtlichen und emblematischen Sinnebene. Die geographisch überschriebene Figur bringt die „Fatalität der weiblichen
Lage"[23] zum Ausdruck, über die, wie Georg Simmel sagt, „von
jeher ein Hauch von kosmischer Symbolik (...) gelegt"[24] ist. In der
bildlichen Darstellung werden der kartographische Darstellungs-
modus, die Verortung der Objekte nach geographischen und
geodätischen Mitteln in der Ebene und die Konturen des weiblichen Körpers zur Bezeichnung des geographischen Raumes „aus-
geborgt", „gestohlen und wieder zurückgegeben".[25] So entsteht
aus der deformierten (konfusen) Bildlichkeit eines sexualisierten
Raumes und einer verräumlichten Frau ein mythisches System,
das nie als isolierter, sondern stets als doppelter Anwesenheitsmodus Weiblichkeit und räumliches Vorstellungsvermögen
repräsentiert.

Diese „natürliche" Existenzform (der Raum ist die Abstraktion
von Natur) ist eine Frau „gewohnt" „durch die lange Dauer ohne
Abwechslung". Die gedankliche Überlagerung von weiblichen

---

[22] Zur zeitlichen Einordnung der Karte gibt es widersprüchliche Angaben. Ich
folge hier Dreier. Vgl. Anm. 2.

[23] Zu diesem Begriff Freuds vgl. Hélène Cixous: Schreiben – Feminität –
Veränderung. In: Alternative 108/109. Zeitschrift für Literatur und Diskussion.
Berlin 1976, S. 140.

[24] Georg Simmel: Zur Philosophie der Geschlechter. In: Philosophische Kultur. Gesammelte Essays. Potsdam 1923, S. 101. Vgl.: Brigitte Wartmann: „Es ist
von jeher ein Hauch kosmischer Symbolik über die Frau gelegt." Gesellschaftsvisionen des Bürgertums über das Verhältnis von Frauen und Kunst. In: Ste-
phan/Weigel 1984, S. 114-129.

[25] Roland Barthes: Mythen des Alltags. Frankfurt/M. 1964, S. 107.

und räumlichen Imaginationen folgt einem Dichtungsvermögen, das sich mit Kant durch das Gesetz der Assoziation erklären läßt, welches wirkt wie eine „Angewohnheit im Gemüt, wenn die eine erzeugt wird, die andere auch entstehen zu lassen. Eine physiologische Erklärung hievon zu fordern", ist jedoch „vergeblich".[26]

Daß diese an sich absurde Analogie von Frau und Raum dennoch und immer wieder auch im biologischen Sinne „natürlich" erscheint, liegt daran, daß das mythische System naiv wie ein Faktensystem rezipiert wird, während es doch ein semiologisches System darstellt, über dessen unschuldige Rezeption Roland Barthes schreibt:

> Was dem Leser ermöglicht, den Mythos unschuldig zu konsumieren, ist, daß er in ihm kein semiologisches, sondern ein induktives System sieht. Dort, wo nur eine Äquivalenz besteht, sieht er einen kausalen Vorgang. Das Bedeutende und das Bedeutete haben in seinen Augen Naturbeziehungen.[27]

Auf der Karte weist die Frauengestalt dem Blick Bahnen an und schreibt die Gesetze der Auffassung vor, denen sich das Auge nur schwer und gewaltsam entziehen kann.[28] Durch die Donau/den Rhein (die Fruchtbarkeitslinie) ist die „Brust" (Quell/Zentrum, „aktives Körperteil"[29]) mit der Mündung im Orient und am Rocksaum verbunden. Dort besitzt die Gestalt anstelle der Füße eine Öffnung, die „die Phantasie zur Fortsetzung des Gebildes über seine faktische Grenze hinaus veranlaßt".[30] Nach unten, zum

---

[26] Immanuel Kant: Von dem sinnlichen Dichtungsvermögen der Beigesellung. In: Anthropologie in pragmatischer Hinsicht. Werke VI, Darmstadt 1966, S. 477f.

[27] Barthes 1964, S. 119.

[28] Vgl. Hermann Schmitz: Der leibliche Raum. System der Philosophie. Bonn 1967, Bd. 3.1., S. 275.

[29] Bei Bachtin ist das Motiv des Stillens, das die beiden streng individualisierten Leiber des Kindes und der Mutter verbindet, das einzige Motiv, in dem sich im Schnittpunkt zweier Leiber ein schwacher Abglanz der Zweileibigkeit erhalten hat. Bachtin 1985, S. 23.

[30] „Im strengen, eigentlichen Sinn geschlossen ist eine Form, die sich vom Rand weg nach innen öffnet und gegen den Rand abschließt, offen ist die Form, die sich am Rand nach außen öffnet". Hermann Schmitz: Der Leib im Spiegel der Kunst. System der Philosophie. Bd. 2, Bonn 1966, S. 294.

Orient hin, ist die Figur offen, porös und durchlässig für die geographische Konkretion.[31] Im Orient öffnet sich die Figur zum Meer hin, zu dem Element, das sich jeder Beherrschung widersetzt, unwiderruflich wild ist und den Urzustand der Welt verkörpert.[32] Nach oben, zum kulturellen Pol im äußersten Westen, zum Haupt und nach Spanien, dem Zentrum des Kolonialismus im 16. Jahrhundert, erstreckt sich die Figur mit zunehmender Abstraktion von ihrem geographischen Grund, zum Okzident hin ist die Figur abstrakt linear gezeichnet.

Durch ihre leitende, die geographischen Relationen deformierende Kraft der äußeren Linien gewinnt die Frauenfigur die äußere Kohärenz einer „Geschlossenheitsform" (Simmel) oder eines „Kontinents" (Freud). Durch dieses lineare, syntagmatische Element formt die Figur ihren „dunklen", „kolonisierten" und „kosmischen" (paradigmatischen) Grund, der bis auf das Gesicht und die Hände mit Flüssen, Waldungen, Bergen und Städten bedeckt ist:

> Wie die gravierten Beischriften erläutern, verkörpert der Kopf Spanien, die Brust Frankreich, der Rhein mit den umliegenden Gebieten bildet den Brustbesatz des Kleides, dessen Schließe Straßburg markiert. Der rechte Arm mit dem Reichsapfel stellt Italien dar, der linke Dänemark und Schleswig-Holstein. Es folgen auf der Fläche des Kleides Böhmen, Ungarn, die balkanischen und baltischen Länder, Weißrußland, Griechenland etc., während von den angrenzenden bzw. gegenüberliegenden Erdteilen nur die im Einflußbereich des damaligen Europa liegenden Gebiete angedeutet sind.[33]

---

[31] Diese Mündung verhält sich spiegelbildlich zu dem ebenfalls von Heinrich Bünting gezeichneten Nildelta in der Karte: Asia Secunda Pars Terrae in Forma Pegasis. Magdeburg 1581. In: Tooley, R.v. 1963, Abb. 3. Vgl. im Text Teil 3: Imaginäre Geographie des Orients.

[32] Vgl. Corbin 1990, S. 87.

[33] Dreier 1982, S. 112. Die Beschreibung bezieht sich auf die Weltallschale von Jonas Silber aus dem Jahr 1581 gleichen Inhalts. Zur Leibmetaphorik des 16. Jahrhunderts vgl.: Horst Bredekamp: Die Erde als Lebewesen. In: Kritische Berichte 1981, Heft 4, S. 5-37.

Mit ihrem okzidentalen Pol ist die Figur dagegen in der Geschichte verankert. Hier ist es sogar möglich, sie zu identifizieren und historisch einzuordnen. Entstanden in einer vorübergehenden Konstellation in der habsburgischen Heiratspolitik sollen die Gesichtszüge der „Europa"

> eine augenfällige Ähnlichkeit mit dem auf Medaillen überlieferten Portrait der Gemahlin Karls, Isabella von Portugal bzw. mit der gleichnamigen spanischen Infantin: Isabella Clara Eugenia von Spanien, zeigen, mit der 1517 zwischen Macimilian II und Phillip II ein Verlöbnis vereinbart worden war.[34]

Das gekrönte Haupt und Spanien, das bei der Kolonisierung und Vernichtung der Anderen (Spanien ist um 1580 auf dem Höhepunkt seiner Macht) die Hauptrolle spielt, steht nicht allein auf der Seite der Kolonisatoren. Portugiesen, Franzosen, Engländer und Holländer, Belgier, Italiener und Deutsche, die sich später hinzugesellen, befinden sich alle in der linken, okzidentalen Bildhälfte der „Europa". An diesem Kopfende ist die Frauenfigur „Mensch". Von diesem zentralen Punkt aus herrscht ihr Haupt mit unbegrenzter (kaiserlicher) Macht gleich dem Schloß im barocken Garten über ein an Überfülle und Formenvielfalt reiches europäisches „Parterre".

Zum Orient hin, dem weniger stark sozialisierten Teil des Körpers, und mit zunehmender Entfernung von der abstrakt linearen Zeichnung des Westens konkretisiert sich die räumliche Darstellung. Dort, wo Auge und Geist weniger gezwungen sind,

---

[34] Vgl.: Dreier 1982, S. 118. Ganz klar ist die Sache jedoch nicht, denn Oswald Dreyer-Eimbcke schreibt dagegen: „Vermutlich wird damit in Wirklichkeit Kaiser Karl V. wiedergegeben, dem damit gehuldigt werden sollte, oder Johanna die Wahnsinnige, Tochter von Ferdinand und Isabella. Der Umhang ist so dargestellt, daß er sowohl weiblich als auch kaiserlich sein kann. Das Argument basiert auf der Idee, daß Spanien zu dieser Zeit die „Krone Europas" gewesen war. Das Zepter in der linken Hand, das bis zu den Britischen Inseln reicht, wird zum Symbol der Allianz zwischen Karl V. und Heinrich VIII. Die Geographie wurde manchmal bis zur Unkenntlichkeit verzerrt, um in den beabsichtigten Kartenentwurf zu passen. So mußte Sizilien, das den Reichsapfel darstellt, rund erscheinen, obwohl schon damals allgemein bekannt war, daß der Umriß der Insel grob dreieckig ist." Dreyer-Eimbcke 1988, S. 20.

dem stilisierenden Lauf der äußeren Form zu folgen, öffnet sich
der Zugang zu einer geographischen Zeichnung, deren vielfach
verzweigte Linien einer zunehmend mimetischen Bildauffassung
Raum geben.[35]

Eine geographische Karte bildet per Definition ein Nota-
tionssystem, das durch seine Mehrdimensionalität über die gesprochene und geschriebene Sprache hinausgeht, einen Graphis-
mus, der sich von anderen Darstellungsformen, beispielsweise der
verbalen Beschreibung einer Landschaft, unterscheidet. Gegenüber einer Karte, die versucht, die Struktur des Raumes in einer
angepaßten geographischen Sprache darzustellen, bleibt die ver-
bale Terminologie stets ungenau und unzureichend. Die Karte
läßt sich nicht durch gesprochene oder geschriebene Sprache
ersetzen, die

> in der zeitlichen Aufeinanderfolge der Wörter ganz an-
> deren Regeln gehorcht, als das gleichzeitige Nebeneinander
> der Erscheinungen im Raum und ihrem Abbild in der Kar-
> te.[36]

Verräumlichte Graphismen, pictographische, ideographische
oder mythographische Darstellungsmittel (gràphein heißt sowohl
malen als auch schreiben) eröffnen, wie André Leroi-Gourhan
gezeigt hat, in der Evolutionsgeschichte der Ausdrucksmittel die
Perspektive auf eine Bildauffassung, die abseits der Phonetisie-
rung und insbesondere des graphischen Linearismus verlaufen
ist.[37] Weil diese Schriften/Aufzeichnungen, die aus der Gleichheit
und Ähnlichkeit mit dem Anderen hervorgehen, Parallelen zum
sprachlichen Mythos besitzen, werden sie von André Leroi-

---

[35] Zu den verschiedenen Himmelsrichtungen in der mythischen Raumauffas-
sung vgl. Ernst Cassirer: Philosophie der symbolischen Formen. 3 Bde, Berlin
1923-1929. Vgl. auch in Otto F. Bollnow. Mensch und Raum. Stuttgart, Berlin,
Köln 1990⁶ das Kapitel über „Mythische Geographie".

[36] Ingrid v. Kretschmar (Hg.): Beiträge zur theoretischen Kartographie. Festschrift für Erik Arnberger. Wien 1979, S. 301.

[37] André Leroi-Gourhan: Hand und Wort. Die Evolution von Technik, Sprache und Kunst. Frankfurt/M 1980, S. 244. Vgl. hier auch Derrida über das
Mythogramm bei André Leroi-Gourhan. In: Derrida 1983, S. 130ff.

Gourhan „Mythographien" genannt. Das grundlegende Merkmal
einer Mythographie ist nach Leroi-Gourhan die doppelte, zweidi-
mensionale Struktur, die Verschränkung zweier Bilder, die „mit
der ganzen Tiefe ihres ethnischen Umfeldes ins Spiel kommen".[38]
Im Gegensatz zur linearen Darstellung, die zu einer Verengung
der Bilder, zu einer rigorosen Linearisierung der Symbole tendiert, besitzt das Mythogramm eine Dehnbarkeit, eine dimensio-
nale Freiheit, die die lineare Schrift nicht kennt. Es drückt in den
Dimensionen des Raumes aus, was die lineare (phonetische) Sprache, die die Bilder aneinanderreiht, um sie dem Fluß der Sprache
anzupassen, in der einzigen Dimension der Zeit zum Ausdruck
bringt.[39] Ohne diese rigorose Spezifizierung der raum-zeitlichen
Koordinaten zu kennen, ist das Mythogramm die Ausdrucksform
einer abgespaltenen, vergangenen raum-zeitlichen Organisation,
die sich von der heutigen dadurch unterscheidet, daß sie eine
permanente Kontinuität zwischen dem denkenden Subjekt und
der Umwelt impliziert, auf die sich dessen Denken bezieht.

Der Einbruch von Diskontinuität in dieses Denken, das auf der
freien Koordination der beiden Pole (Subjekt=Objekt; Kul-
tur=Natur; Kopf=Körper; Okzident=Orient) beruht, ist laut André Leroi-Gourhan evolutionsgeschichtlich eng mit der Stabilisi-
erung im Raum, der Errichtung fester Wohngebiete, der Aufspal-
tung der Bevölkerung in seßhafte und nomadische Teile und der
Entstehung von Schrift verbunden[40]:

> Die Diskontinuität taucht erst mit dem bäuerlichen Seß-
> haftwerden und den ersten Schriften auf. (...) Die Grundla-
> ge bildet die Schaffung eines kosmischen Bildes, dessen
> Angelpunkt die Stadt ist.[41]

Im Gegensatz zu der Welt der Nomaden, die die Oberfläche
ihrer Territorien über die Wege, auf denen sie sie durchwandern,
ordnen, ist die Welt der Seßhaften in Kreisen konstruiert, in
Bildern eines Universums, das konzentrisch um die Wohnstätte

---

[38] Leroi-Gourhan 1980, S. 257.
[39] Vgl. bei André Leroi-Gourhan insbesondere das Kapitel VI. über die sprachlichen Symbole. Leroi-Gourhan 1980, S. 237-265.
[40] Leroi-Gourhan 1980, S. 211.
[41] Leroi-Gourhan 1980, S. 263.

angeordnet ist.[42] Mit der Seßhaftigkeit, mit der Verstädterung, der
„»Zivilisation« im strengen Sinne" erst werden Organismen
geschaffen, die von der Festigung, der Absonderung, der
Polarisierung der sozialen Hierarchien abhängig sind.[43] Ober-
häupter und Hauptstädte werden im organischen Sinne der »Kopf
des ethnischen Körpers«, zivilisierte Individuen mit komplexen
Formen der Gruppenbildungen nehmen in diesem Prozeß immer
mehr das Aussehen eines Körpers an, dessen (orientalisierte) Teile, wie hier im Fall der „Europa", immer strenger dem europäischen Ganzen unterworfen sind.[44] Von diesem zivilisierten
„Haupt" nimmt in der Karte der Prozeß der Unterwerfung, Aus-
bürgerung und Verdrängung des orientalisierten weiblichen Körpers seinen Ausgang. Das westliche Haupt wird die symbolische
Instanz, die die arabeske Welt sukzessive mit einem Netz linearer
Symbole überzieht, ihre Lesbarkeit verdunkelt und mit dem
Schleier des Geheimnisses umgibt. Mit dieser Linearisierung
bahnt sich auch (in einer direkten Analogie von Schrift und Weg)
die Schrift ihren Weg.[45] Umgekehrt und andererseits, in orien-
talischer Leserichtung von rechts nach links gelesen, eröffnen
diese Linien und Wege jedoch dem Dunklen, Unheimlichen und
Verborgenen, dem geographisch Verschlungenen und Fremden
den Zugang zur europäischen Kultur. Aus dieser anderen, orientalischen Perspektive ist Europa „erep", „Land im Dunkeln",
Land des Sonnenuntergangs, Land im Westen der Levanteküste,
Abendland.

Aufgrund dieser Mittlerfunktion zwischen dem Vertrauten und
dem Fremden ist die Mythographie der „Europa" mit einer Hier-

---

[42] Vgl: Leroi-Gourhan 1980, S. 404.

[43] Leroi-Gourhan 1980, S. 220.

[44] Vgl.: Leroi-Gourhan 1980, S. 222.

[45] Vgl. Derrida, der in „Die Gewalt des Buchstabens..." schreibt, es sei kaum
vorstellbar, „daß der mögliche Zugang zur straßenartigen Trasse nicht gleichzeitig
auch ein Zugang zur Schrift ist." Jacques Derrida: Die Gewalt des Buchstabens:
von Lévi-Strauss zu Rousseau. In: Derrida 1983, S. 189. Zur Verschriftlichung
Europas vgl. die Europakarte von Gottfried Hensel oder von Sebastian Dorn
(Nürnberg 1741): „Europa Poly Glotta. Linguarum Genealogiam exhibens, una
cum Literis scribendique modis, Omnium Gentium", in der Europa (auf lichtgel-
bem Grund) mit den Sprachen der Völker Europas vollkommen überschrieben ist
und die Nordgrenze Afrikas (in Hieroglyphen) rot markiert ist. Abgedruckt in:
Hans Harms: Themen alter Karten. Oldenburg 1979, S. 169, Abb. 76.

oglyphe vergleichbar. In *SCRIBBLE. Macht/Schreiben*[46] bezeichnet Jacques Derrida die Hieroglyphe als ein „Medium" und
„elementares Bindeglied", als „beispielhafte Mitte in der Reihen-
folge der Schrifttypen", als eine „Schrift avant la lettre", am
Übergang zu ihrer gesellschaftlichen Verankerung.[47] (Julia Kristeva spricht von Hieroglyphen als von Zeichen, in denen auch
„das Andenken der matrilinearen Prähistorie" ebenso bewahrt ist,
wie diese in einen logisch-symbolischen Kodex eingefügt sind.[48])
In der Geschichte der Schriften sind Piktographien eine erste
Methode, die ein Zeichen pro Sache verwenden, „Proto-
schrift<en>, die nicht die Sprache, sondern die Dinge selbst"[49]
malen. In der Hieroglyphe und im Mythogramm (wie hier im Bild
der verräumlichten Frau) findet jedoch bereits ein Wechsel der
Ausdrucksmittel statt. Indem das Mythogramm das Bild des
weiblichen Körpers für das unökonomischere geographische Zeichen von Fremde setzt, faßt es deren Bedeutung in größtmögli-
cher Verdichtung zusammen. Der geographische weibliche Körper ist so nichts anderes als die zusammengezogene Abkürzung
einer weit beschwerlicheren Vielfältigkeit, ein Depot für das gesellschaftliche Wissen über den Raum, ein Zeichen, in dem die
vielfältig gewordene Fremde auf ganz „natürliche" Weise zu ihrer
kurz zusammengefaßten Schreibart kommt. Er ist ein ver-
traut/fremdes Zeichen, mit dem sich über das Dunkle und Zwie-
schlächtige in der größtmöglichen Dichte verfügen läßt.

In diesem „halbkolonialen Status"[50] agiert der weibliche Körper im Grenzbereich der eigenen Kultur. Als Filter, Schleier,
Balken, Grenze, als „Scharnier"[51] und als „Repräsentantin der

---

[46] Jacques Derrida: SCRIBBLE. Macht/Schreiben. In: William Warburton.
Versuch über die Hieroglyphen der Ägypter. Mit einem Beitrag von Jacques
Derrida. Frankfurt/M. Berlin, Wien 1980.

[47] Derrida 1980, S. XXXIII.

[48] Julia Kristeva: Die Chinesin. Die Rolle der Frau in China. Frankfurt/M./Ber-
lin/Wien 1982, S. 30.

[49] Derrida 1983, S. 502.

[50] Ernst Bloch spricht von „halbkolonialem Status" der Frau. Vgl. Silvia
Bovenschen: Die imaginierte Weiblichkeit. Exemplarische Untersuchungen zu
kulturgeschichtlichen und literarischen Präsentationsformen des Weiblichen.
Frankfurt/M. 1979, S. 60.

[51] Eva Meyer: Zählen und Erzählen. Für eine Semiotik des Weiblichen. Berlin
1983, S. 96.

Natur"[52] bilden Frauengestalten wie Penelope, die Sirenen, Colóns Indianerin, Forsters „schöne Teinamei" im Wortsinn die „Vorwand" in der Semiologie des Unheimlichen und der Fremde.[53] Als „natürlicher" Horizont symbolisieren sie in der Nähe und in der Ferne[54] die Linie des Gesichtskreises, die den Rand des kulturellen Fassungsvermögens bezeichnet (Penelope in die zivilisierte Richtung der Fremde, Kirke in deren dunkle und unerforschliche Richtung).

Der Weltreisende Louis Antoine de Bougainville hat in dem Bericht seiner *Reise um die Welt (...) in den Jahren 1766, 1767, 1768 und 1769*[55] diese Mittlerfunktion des Weiblichen genau zu plazieren gewußt. Als er und seine Mannschaft bei „trübem Wetter", „im Nebel" und „auf der Suche nach einem Ankerplatz" in der Nähe der Insel Tahiti an den Rand der bekannten Welt und in eine Situation äußerster Fremdheit geraten (sie machen „ständig neue Entdeckungen", die „Messungen weichen mehr als bisher auf der ganzen Reise von den bisherigen Schätzungen ab"), will er auf einem seiner Schiffe die angeblich erste weltreisende Frau namens „Baré" oder „Barré" entdeckt haben – ein Name, der

---

[52] Max Horkheimer/Theodor W. Adorno: Dialektik der Aufklärung. Frankfurt/M. 1971, S. 66.

[53] Vgl. Kristeva 1990, S. 202. Toril Moi schreibt hier mit Bezug auf Kristeva: „Wenn das Patriarchat annimmt, daß die Frauen am Rande der symbolischen Ordnung stehen, dann kann es sie als Begrenzung oder Grenzlinie dieser Ordnung konstruieren. Aus phallozentrischer Sicht stellen die Frauen dann die notwendige Grenze zwischen dem Mann und dem Chaos dar. Aber gerade wegen ihrer Marginalität wird es auch immer so aussehen, als würden sie ins äußerste Chaos entschwinden und darin aufgehen. Als Grenze der symbolischen Ordnung betrachtet werden die Frauen – mit anderen Worten – die beunruhigenden Eigenschaften aller Grenzen teilen: sie sind weder innerhalb noch außerhalb, weder bekannt noch unbekannt." Toril Moi: Sexus Text Herrschaft. Feministische Literaturtheorie. Bremen 1989, S. 195.

[54] Vgl.: Sigrid Weigel: Nahe und ferne Fremde – das Territorium des 'Weiblichen'. Zum Verhältnis von 'Wilden' und 'Frauen' im Diskurs der Aufklärung. In: Thomas Koebner, Gerhart Pickerodt (Hg.): Die andere Welt. Studien zum Exotismus. Frankfurt/M. 1987, S. 171-199.

[55] Louis-Antoine de Bougainville: Reise um die Welt welche mit der Fregatte La Boudeuse und dem Fleutschiff L'Etoile in den Jahren 1766, 1767, 1768 und 1769 gemacht worden. Hg. v. Klaus-Georg Popp, Berlin 1985, S. 242f.

vielleicht nicht ganz zufällig mit Balken, Sperre oder Grenze übersetzt werden kann.[56]

Die Allegorie der Europa als semiologisches System

Semiologisch läßt sich die Allegorie der Europa als ein charakteristisches mythisches System betrachten, mit dem das komplexe Verhältnis von Weiblichkeit und Raum darstellbar wird. Von links nach rechts gelesen und im Sinne der Fragestellung interpretiert, die einen Körper, der selbst fremd ist, nach seinem Verhältnis zur Fremde befragt, gibt es in der Karte einen Sinn: „Raum"; ein Bedeutendes: „Frau" (als Form oder als Schreibweise); es gibt ein zweites Bedeutetes: „Europa" und eine Bedeutung: „Weiblichkeit". Die Frauenfigur bedeutet den Raum, und als eine bereits sinnerfüllte Form erhält sie als Allegorie des Raumes die neue Bedeutung „Weiblichkeit".[57] In welcher Weise das ideographische System Mythos die Frauenfigur spaltet und permanent zwischen diesen drei Ebenen der Bedeutung alternieren läßt, läßt sich in Anlehnung an ein Schema skizzieren, das von Roland Barthes in *Mythen des Alltags* entworfen wurde.[58] Das Schema zeigt, wie die Schichten des mythischen, auf den Raum und auf den weiblichen Körper bezogenen Denkens auf der Karte, wie Claude Lévi-Strauss sagt, „wie ein Blätterteig" übereinanderliegen.[59]

---

[56] Die Frage, ob es sich bei „Baré" um eine reale oder fiktive Figur handelte, hat die Gemüter sehr bewegt. Diderot ironisiert dieses Ereignis im „Nachtrag zu Bougainvilles Reise" (hg. von H. Dieckmann, Genf 1955, S. 85f.). George Sarton geht im Jahr 1942 ernsthaft dem Problem nach und fragt: „Was Jeanne Barré the first woman who travelled around the world?"

[57] Roland Barthes: Mythen des Alltags. Frankfurt/M. 1964 S. 119.

[58] Barthes, 1964, S. 93.

[59] Claude Lévi-Strauss: Mythos und Bedeutung. Fünf Radiovorträge. Gespräche mit Claude Lévi-Strauss. Hg. v. Adelbert Reif. Frankfurt/M. 1980, S. 183.

statisch	1. BEDEUTENDES FRAU Form	2. BEDEUTENDES RAUM Sinn	
statisch	3. ZEICHEN mit Raum erfüllte Frau I. erfülltes BEDEUTENDES Form = Sinn (geographischer Frauenkörper)		II. BEDEUTETES Begriff Europa (unter spanischer Vorherrschaft)
dynamisch	III. ZEICHEN BEDEUTUNG: Weiblichkeit (als dynamische Repräsentation über eine innere Grenze hinweg); Europa unter spanischer Vorherrschaft – ein „natürliches" Herrschaftssystem.		

Roland Barthes unterscheidet drei Lesarten des Mythos, die mit drei – statischen und dynamischen – Repräsentationsformen des Weiblichen in Beziehung gesetzt werden können und im folgenden mit drei Typen des Raumbezuges in Verbindung gebracht werden.

Die erste Lesart beschreibt eine Frau als Bewohnerin eines schönen, leeren Körpers, eines Zimmers oder Gehäuses. Im Begriff des „Frauenzimmers" oder der „Hausfrau" wird ihr zivilisiertes „In-der-Welt-Sein" mit bestimmten, separierten und hermetischen Raumvorstellungen identifiziert.

Die zweite Lesart beschreibt mit Blick auf die geographische Zeichnung des Frauenkörpers den unbehausten, nomadischen und „ortlosen" Anwesenheitsmodus von Frauen innerhalb ihrer eigenen Kultur. Unter diesen beiden – statischen – Wahrnehmungsweisen zerfällt das mythische System in die beiden Pole seiner Struktur – in die starre Betonung entweder der leeren Form oder des geographischen Sinnes.

Die dritte – dynamische – Repräsentationsform ist dagegen an
dem Flußbild des Rheins/der Donau orientiert, an der Fruchtbarkeitslinie (Subscriptio: „Siehe, wie sich Fruchtbarkeit ausbrei-
tet in ihren Grenzen"), die wie ein transformatorisches Gleich-
heitszeichen Okzident und Orient – die beiden Pole des weiblichen Körpers – untrennbar miteinander verbindet. Im figurativen
Sinne entspricht diese dritte Lesart dem Bild der Mutter, der
Vorstellung einer konkreten weiblichen Entität und dem einzigen
Anwesenheitsmodus der „Subjekt-Frau", die „mehr als weiblich"[60] und zugleich auf ausreichende Weise sichtbar ist.[61] Mit der
Figur der Mutter schließt sich auch der Reigen der Frauenfiguren,
die überhaupt im Reisegeschehen des 16. bis 18. Jahrhunderts
bemerkt werden: die Pilgerin als Heilige (Betonung des Okzi-
dents), die „Landsknechtshür" als Prostituierte (Betonung des
Orients) und die Mutter als Doppelpräsenz und als reisendes
Curiosum.[62]

_Ad 1_: Die erste Lesart stellt sich ein auf ein leeres Bedeutendes
und läßt den Begriff die Form des Mythos ohne Doppeldeutigkeit
anfüllen, sie geht vom Begriff aus und sucht dafür eine Form.
Paradigmatisch für diese Art der Mythenerzeugung sind die Thesen Georg Simmels in _Weibliche Kultur_ und _Zur Philosophie der_

---

[60] Simmel 1923 (Philosophie), S. 98: Die Frau ist „mehr als weiblich", weil sie
Mutter ist.
[61] Nur als Mutter hat die Frau nach Julia Kristeva einen Ort innerhalb der
symbolischen Ordnung. Sie symbolisiert dort den Übergang von Natur zu Kul-
tur. Julia Kristeva: Produktivität der Frau. In: Alternative 108/109, Berlin 1976.
„Durch seinen Körper (...) ist das „Subjekt-Frau" mehr als alle anderen (.) ein
Durchgangsort, eine Schwelle, an der 'Natur'und 'Kultur' sich gegenseitig die
Stirn bieten." Julia Kristeva: Polylogue. Paris 1977. Zit. nach Kayser 1985, S. 54.
[62] Christopher Hibbert entspricht der gängigen Meinung, wenn er ab dem 16.
Jahrhundert, also zur Zeit der Grand Tour, reisende Frauen nicht entdecken kann.
Christopher Hibbert Gentleman's Europareise, Frankfurt/M. 1969, 13f. Es ist
interessant, daß in der Wahrnehmung reisender Frauen dieser Zeit als Pilgerin,
„Landsknechtshür" und Mütter die drei Ebenen des Mythos wiederkehren. Über
Lady Ann Fanshawes schreibt E.S. Bates: „Her Experience was great for her
journeys were even more numerous than her pregnancies, which numbered
eighteen and being cheerfull, clearheaded and sincere in no ordinary measure, her
„memoirs" are almoust as exellent a record of travel as of character." E.S. Bates:
Touring in 1600. A Study in the Devellopement of Travel as a Means of Education,
New York 1911. Zit. nach Wagner 1980, S. 58.

Geschlechter, die eine Frau als „Bewohnerin des Umgrenztest-Menschlichen" beschreiben.[63] Sein Blick entlang der äußeren Linien und Ränder der Gestalt läßt die spezifische „Geschlossenheitsform" des weiblichen Wesens entstehen, durch die der weibliche Körper zu einer „ruhenden", von außen „begrenzten Einheit" werden kann. Ein kultivierter und kolonisierter – künstlicher – Lebensraum, in dem „sozusagen nichts mehr zu erobern" ist, kann aus dieser Perspektive „zum erweiterten Leibe der Persönlichkeit" einer Frau werden.[64] Aus der Identifikation einer Frau mit einem zweiten, sie von außen umschließenden Rahmen ergibt sich auch ihr anderes Verhältnis zum Raum. Nach Georg Simmel entsteht ein spezifisch weiblicher Raumbezug „durch eine unmittelbarere, instinktivere, gewissermaßen naivere Berührung, ja Identität"[65] mit der Geschlossenheitsform, ohne daß die weibliche Figur „das Sein, in dem sie ruht", verläßt. Die Sittlichkeitsvorstellungen einer spezifisch weiblichen Anmut, die einer Frau das „Vermeiden aller zentrifugalen, weit ausladenden Äußerungen" vorschreibt und „die heftig ausholenden Bewegungen, die aggressiven Worte, das rücksichtslose Aus-sich-Heraustreten von jeher" verbieten, entstehen in einem nach außen hin „undurchbrechlichen" Gehäuse.[66] Das entsprechend andere Raumverhalten der weiblichen Figur erklärt Georg Simmel aus ihrer dauernden Beschränkung auf das Innere der „Vier Wände", innerhalb derer das „Geschlossene, reibungslos Gleitende, ruhig Ausgeglichene" entsteht.[67]

Die mystische Kosmosvision der Hildegard von Bingen[68], der Nonne, späteren Äbtissin und Klostergründerin aus dem 12. Jahr-

---

[63] Simmel 1923 (Philosophie), S. 76. Zu Simmels Weiblichkeitsbildern vgl. Inka Mülder-Bach: „Weibliche Kultur" und „stahlhartes Gehäuse". Zur Thematisierung des Geschlechterverhältnisses in den Soziologien Georg Simmels und Max Webers. In: Anselm/Beck (Hg.) 1987, S. 115-140.

[64] Georg Simmel: Weibliche Kultur. In: Philosophische Kultur. Gesammelte Essais, Potsdam 1923, S. 293.

[65] Simmel 1923 (Philosophie), S. 76.

[66] Simmel 1923 (Philosophie), S. 100.

[67] Simmel 1923 (Weibliche Kultur), S. 293.

[68] Zum „Kosmos" der Hildegard von Bingen vgl. Werner Becker 1970, S. 23ff: „Das Pergamentblatt aus der Biblioteca governatica zu Lucca zeigt den Menschen als Zentralfigur des Kosmos. Den oberen Bildrand überragt der Kopf Gottvaters. Unmittelbar darunter befindet sich das Antlitz Christi. Der Sohn Gottes schwebt,

Abb. 3: Kosmos der Hildegard von Bingen.
Miniatur des Codes Latinus 1942 in der Biblioteca Statale Lucca.
Buchmalerei 12. Jh.

hundert, vermittelt einen Eindruck davon, wie eine Frau sich im Rahmen dieser (weltfremden) Geschlossenheitsform selbst in die Welt bzw. an den Rand der Welt zu setzen vermag. Ihr weibliches In-der-Welt-Sein[69] beruht auf einer klaren Geschiedenheit zwischen dem weiblichen „Mikrokosmos" und dem allgemein-menschlichen „Kosmos". Ihr Weltraum ist das geschlossene Gehäuse, das, folgt man Rousseau, idealerweise das Kloster für junge Mädchen und der Harem für erwachsene Frauen sein sollte, zwei heilige und unantastbare Orientierungspunkte also, auf die sich die patriarchale Weltordnung gründet.

Ad 2. Die zweite Lesart der Karte ist die eines Mythologen, der sich auf den verräumlichten weiblichen Körper als ein erfülltes Bedeutendes einstellt, deutlich Sinn und Form unterscheidet und von da aus die Deformation entziffert, die die Form beim Sinn bewirkt. In dieser Perspektive ist der weibliche Körper Schnittstelle und „Scheibe", Sichtfenster zur Fremde hin und Schauplatz einer Fremde, die sich durch ihre Nichterschlossenheit unterscheidet. Als Durchgangsort und Schwelle bildet der weibliche Körper eine Zone des Übergangs, die den Blick freigibt auf eine andere, labyrinthische Diskursform jenseits der linearen Schrift. Fremdes und Unheimliches: Hieroglyphisches, Rätselhaftes, Unentzifferbares, Unbewußtes, Assoziatives, Mimetisches,

---

und mit seinen überlangen Armen umspannt er den kreisrunden Kosmos. Im Mittelpunkt der göttlichen Schöpfung steht die große unbekleidete Gestalt des ersten Menschen. Die Erde, als dunkle Kugel dargestellt, befindet sich dahinter. Es ist interessant, daß hier nicht nur Gottvater als Schöpfer, sondern zugleich auch der Mensch als Krone der Schöpfung dominierend in das geozentrische Weltbild eingefügt wurden. Der Mensch fungiert hier gleichsam als Symbolgestalt des Mikrokosmos. Der konzentrische Aufbau der Welt vollzieht sich in sieben Sphären: 1. Sphäre: die Erde, 2. Sphäre: die irdische Luft mit Wolken, 3. Sphäre: die schmale Zone mit einzelnen Gestirnen, 4. Sphäre: die Zone der wasserhaltigen Luft, 5. Sphäre: der Äther mit den Gestirnen, 6. Sphäre: das dunkle Höllenfeuer, 7. Sphäre: das helle Feuer als Leben Gottes und Paradies der Seligen. Die Tierköpfe in der Zone des dunklen Feuers vertreten die vier Hauptwinde, denen jeweils zwei Nebenwinde zugeordnet sind. Diese Winde blasen ihren Atem in die Welt und in den Menschen. Jeder dieser Winde soll aber zugleich auch einen menschlichen Trieb symbolisieren". Zu Hildegard v. Bingen vgl. auch: Ulrich 1990; Meier 1988; Liebeschütz 1930; Maurmann 1976.

[69] Zu den „zwei Arten des In-der-Welt-Seins" vgl. Mircea Eliade: Das Heilige und das Profane. Vom Wesen des Religiösen. Hamburg 1957, S. 10.

Traumhaftes, Traumatisches und eine andere Zeitvorstellung werden durch den weiblichen Körper hindurch sichtbar und erfahrbar. Dieser Blick auf sein Schrift- und „Körpergedächtnis"[70], das dieses Andere zu bewahren vermag, betont die geographische nicht-figurative Seite der Karte, die kein Subjekt des Aussagens voraussetzt.

Die räumliche Vorstellung, die dieser Lesart zugrunde liegt, ist die eines Paradieses, womit im strengen Sinne eine gefüllte „Umhäufung", eine „Umwallung", das „Eingefriedete" gemeint ist, ein Garten also, der in der Genesis (2.8.) auf der Ostseite des Garten Eden (d.i. hebräisch: Lust, Wonne) liegend beschrieben wird. Die inwendige Darstellung des weiblichen Körpers ist vergleichbar mit der Struktur von Paradiesarchitekturen[71], denn sie verweisen klar auf den im Orient des Orients angesiedelten biblischen Ursprungsmythos. Deutlich geht auch hier der Paradiesstrom, der zunächst als der „Eine Mutterstrom" die „ursprüngliche Stätte des Menschen bewässerte", „bei seinem Austritt aus dem Garten", also an der Stelle, an der die Austreibung aus dem Paradies stattfand[72], in vier (das ist die Zahl der Welt[73]) Zweigflüsse aus-

---

[70] Über die Topographie ist der weibliche Körper mit dem Gedächtnis verbunden und wird zu einem „Hilfsapparat" des Gedächtnisses. In „Materie und Gedächtnis" (Jena 1919, S. 127) zeigt Henry Bergson eine Grafik des Gedächtnisses, die der Karte entspricht. Bergson unterscheidet drei Termini: die reine Erinnerung, das Erinnerungsbild, die Wahrnehmung.

Erinnerungsbild

reine $\vdash$————————————$\vdash$————————————$\dashv$ Wahrnehmung
Erinnerung

[71] Vgl.: William Alexander Mc Clung: The Architecture of Paradise. Survivals of Eden and Jerusalem. Berkeley, Los Angeles, London 1988.

[72] „Und er (Jahve Elohim) trieb hinaus den Menschen und lagerte an der Ostseite des Gartens Edens die Cherubim und zwar mit der Flamme des in steter Bewegung befindlichen Schwertes, zu verwahren den Weg zum Baum des Lebens". Gen. 3, 24. Zit. nach Realenzyklopädie für protestantische Theologie und Kirche. Hg. v. A. Hauck. Leipzig, 1898, S. 161.

[73] Friedmar Apel weist darauf hin, daß in der jüdischen Tradition vom Talmud bis zum Sohar ein Zusammenhang zwischen der Paradiesvorstellung bzw. den vier Paradiesflüssen und der Schrift besteht. Friedmar Apel: Die Kunst als Garten. Zur Sprachlichkeit der Welt in der deutschen Romantik und im Ästhetizismus des 19. Jahrhunderts. In: Beihefte zum Euphorion. Zeitschrift für Literaturgeschichte. Hg. von Rainer Gruenter und Arthur Henkel. Heidelberg 1983, S. 12, vgl. auch: Wolfgang Stammler: Der allegorische Garten. In: Ritter 1975, S. 248–261.

einander. Auch läßt sich über die genaue geographische Lage der Garten- und Flußlandschaft keine weitere Angabe machen.[74]

Entwürfe von „Ländern der Liebe", wie die von Madeleine de Scudéry in der *Carte du pays de tendre* (1654)[75] entfaltete „Gefühlsrhetorik", sind Beispiele dafür, in welcher Weise sich Autorinnen durch das Muster einer geographischen Rhetorik neue und „eigene" Aussageräume erschlossen haben. Im Rückgriff auf die mythische Geographie und den höfischen Roman *Le Roman de la Rose* (dort folgt ein Mann dem Fluß des Lebens, findet einen Garten, die Allegorie der höfischen Gesellschaft) entwirft de Scudéry die „Carte de Tendre" als gesellschaftskritische Utopie eines homogenen paradiesischen Raumes und eines Zustandes ohne die Herrschaft des Einen mit eigener Symbolik. Hier heißen die Flüsse „inclination" (Zuneigung, Liebe), „estime" (Hochachtung, Wertschätzung, estime de soi-même: Selbstachtung), „reconnaissance" (Erkennen, Aufklärung, -des lieux: Augenschein, -du terrain: Geländeerkundung), Städte und Dörfer heißen „sincérité", „billet douc" und „indiscretion", und die Entfernungen werden in „Freundschaftsmeilen" gemessen. Der in der Karte entworfene „code teindre" ist de Scudérys Antwort auf den „code galant" der Renaissance, ihre frühaufklärerische Kritik an der zeitgenössischen Erfahrung von Eheschließung und Ehewirklichkeit, von Konvenienzehe und Misogamie.[76]

Die allegorische Topographie der *Carte du pays de tendre* versinnbildlicht lehrhaft die Utopie einer besseren, auf den „Code

---

[74] Vgl. Realenzyklopädie 1898, S. 158ff.

[75] Madeleine de Scudéry: Carte du pays de tendre. Paris 1654. Der Gesprächsform des 10bändigen Romans „Clelie" ist diese Karte der allegorischen Geographie der Liebe zugrunde gelegt. Vgl.: Hans Harms: Themen alter Karten, Oldenburg 1979, S. 81. Siehe dort auch die Beschreibung der Karte. Vgl.: die detaillierte Analyse der geographischen Rhetorik von „Tendre" und ihren verschiedenen „points de vue", in: Cartes et figures de la Terre. Centre Georges Pompidou. Centre de Création Industrielle. Paris 1980, S. 205 – 207. Weitere Beispiele von „Ländern der Liebe" vgl. in: Gillian Hill: Cartographical Curiosities. London 1978.

[76] Vgl.: Renate Baader: Der »code tendre« und die Utopie einer besseren Gesellschaft. In: Dames de lettres. Autorinnen des preziösen, hocharistokratischen und »modernen« Salons (1649-1698): Mlle de Scudéry – Mlle de Montpensier – Mme d'Aulnoy. Stuttgart 1986 (Romanistische Abhandlungen Bd. 5), S. 126, sowie 92ff.

tendre" und das Ethos der „tendresse", der weltlichen Ehre einer Frau, gegründeten Gemeinschaft der Gleichen und Tugendhaften, die sich im Rückzug aus der Gesellschaft formen konnte. Renate Baader beschreibt die Karte folgendermaßen:

> Die »tendresse naturelle« ist ein Göttergeschenk, doch weist die Karte den Weg zu den beiden Städten, wo Wertschätzung oder Dank einen bewußten und willentlichen Aufstieg krönen, der unbeirrbar den vorgeschriebenen Stufen folgte. Führt nach den anfänglichen üblichen geistigen Anstrengungen der Gedichte und Briefe erst die Summe heroischer Tugenden nach *Tendre sur Estime*, so läßt die unablässige dienende Aufmerksamkeit den Liebenden nach *Tendre sur Reconnaissance* gelangen. Der Irrweg der Nachlässigkeit, des Vergessens, der Leichtfertigkeit, Lauheit oder Ungleichmäßigkeit mündet ein in den »Lac d'Indifférence«, und Schiffbruch erleidet auf der »Mer d'Inimitié«, wer auf der anderen Seite – über Stolz, Niedertracht, Indiskretion oder üble Nachrede – vom Wege abkam. Die »amitié tendre« schließt neben den orientierenden Regulativen für den Liebenden ausdrücklich alle Momente einer ritterlich-aristokratischen und rationalistischen Ethik ein. Die Zuneigung hingegen fließt im breiten Strom von *Nouvelle Amitié* nach *Tendre sur Inclination*. Hier fehlen die topographischen Haltepunkte der Bewährung, und der Weg ist kürzer. Danach aber stürzt sich der Fluß in ein Meer, das – im Hinblick auf die Frauen – das gefährliche genannt wird und jenseits dessen die »Terres inconnues« zu vermuten sind.[77]

Mme de Scudérys gesellschaftliche Utopie hat das Ideal der „amour pure", die Überwindung der Affekte, die Besinnung auf das eigene Selbst, auf innere Freiheit und Ruhe und die „amitié tendre", die „sinnenverlorene Hingabe an die Natur und die »liebliche Träumerei«" zur Voraussetzung.[78] Ihre „Carte de Tendre" ist der Entwurf einer utopischen Gesellschaft, die in das Ideal

---

[77] Baader 1986, S. 118f.
[78] Baader 1986, S. 126.

38

des Friedens, der Toleranz und der größtmöglichen Freiheit, die
„Mündigkeit" von Frauen mit einschließt.

Abb. 4: Madeleine de Scudéry: Carte du pays de tendre (1654).

Zwischen Madeleine de Scudérys geographischer Rhetorik aus
dem 17. Jahrhundert und dem, was Hélène Cixous in *Weiblichkeit
in der Schrift* das Begehren des Paradieses nennt,[79] den utopischen
Entwurf einer Schreibweise, die die Fähigkeit besitzt, Fremdar-
tigkeiten aus dem „eigenen Inneren" und aus der Nähe aufzunehmen, „ohne sie zu reduzieren oder zu vernichten"[80], finden sich
eine ganze Reihe interessanter Entsprechungen. Cixous' Verfahren beschreibt wie Madeleine de Scudérys Karte eine Art der
körperlichen Selbstpräsenz, die sich nicht wie die medizinische
Darstellung des weiblichen Körpers nach geographischem Muster

---

[79] Vgl. „Das Verlangen der Frau ist das Paradies". Hélène Cixous in: Weiblichkeit in der Schrift. Berlin 1980, S. 13.
[80] Cixous 1977, S. 15.

als anatomische Zergliederung verstehen will.[81] Anders als eine solche, nach Cixous „männliche" Schreibweise, die „spiegelhaft" ist, d.h. von einem Gegenüber und von einer Form ausgeht, die gefüllt werden muß und die von einer Frau ausgeht, „»über« die und »auf« der geschrieben wird"[82], bildet der 'weibliche' Text nach Cixous kaum Bilder aus, sondern hat „etwas von einer in Bewegung geratenen Sprache an sich."[83] Er bildet keine hermetischen „Wort-Objekte", sondern unabgeschlossene „Wege" und „Bewegungen", „Bahnen" und „Stimm-Wege"[84], die „vom Körper ausgehen, dort ihre Bahnen ziehen, im Raum schwingen, innehalten und endlos sind, da sie kein Ziel haben".[85] Dieser – nach Cixous „weibliche" – Text unterscheidet sich vom System der Repräsentation durch ein „Mehralssehen"[86], ein Sehen, das sich von der objektivierenden Sicht auf ein spiegelndes Gegenüber losgelöst hat, es unterscheidet sich durch die „Lesbarkeit im Dunkeln", sprich durch eine Sprache, die „mit geschlossenen Augen geschrieben und gelesen werden" kann.[87] Die Schreibbewegung dieses Textes ist einer Art „Gang" vergleichbar, der, anders als ein phallischer Gang in aufrechter Haltung über einen unbelebten Grund, „von einem Körper zum anderen gelesen wird."[88] Eine Schrift, die – räumlich gesprochen – „in nächster Nähe geschrieben"[89] wird.

---

[81] Vgl. die Verwendung geographisch-anatomisierender Schreibweisen zur inwendigen Gestaltung des weiblichen Körpers in der zeitgenössischen Darstellung: „Anathomia oder abconterfeyung eines Weybs leyb / wie er inwendig gestaltet ist". Vogtherr der Ältere, Augsburg 1438 bzw. das Reprint von Hans Weygel der Ältere aus dem Jahr 1550. In: The German-Single-Leaf Woodcut 1550-1600. A pictorial Catalogue by Walter L. Strauss. Ney York 1975, Bd. 3: S-Z, S. 1113.
[82] Cixous 1977, S. 24.
[83] Cixous 1977, S. 82.
[84] Cixous 1977, S. 20.
[85] Cixous 1977, S. 78.
[86] Cixous 1977, S. 86.
[87] Cixous 1977, S. 82.
[88] Cixous 1977, S. 87. Cixous bringt hier das Beispiel der Figur der Demeter, die über die Erde geht und zugleich selbst „Erde" ist.
[89] Cixous 1977, S. 86.

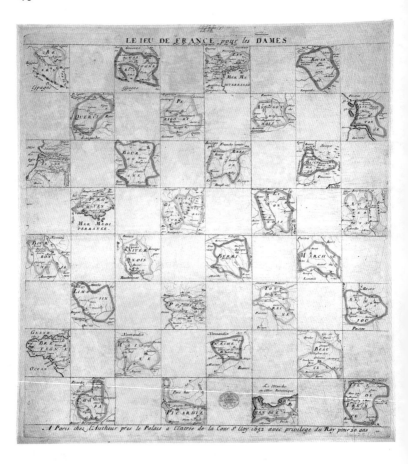

Abb. 5: Du Val: Le Jeu de France pour les Dames (1652).

_**Ad 3**_. Während die ersten beiden Lesarten mit ihrer Perspektive entweder auf die leere sichtbare oder auf die gefüllte utopische Seite, von einer unterschiedlichen Betonung des okzidentalen bzw. des orientalen Pols der Figur ausgehen und damit letztlich Weiblichkeit in einer erstarrten Form festschreiben[90], ist die dritte

---

[90] Wie der geschlossene Raum des Gehäuses ist auch die Kartographie, die sich als „Darstellung statischen Materials" versteht, eine statische Repräsentation.

Lesart auf eine sprunghafte Bildlichkeit angewiesen, auf eine
Sprache, aus der die Duplizität des mythischen Bedeutenden hervorgeht, d.h. auf eine Sprache, in der „ein rein bedeutendes
Bewußtsein und ein rein bilderschaffendes miteinander abwech-
seln".[91]

Du Val's allegorisches Schachspiel *Le Jeu de France pour les
Dames* (1652)[93] bereitet hier mit der wahren und zugleich imagi-
nären Frankreichkarte „den Damen" ein Terrain für das Wechsel-
spiel zwischen leeren und geographisch erfüllten Orten, zwischen
„terra cognita" und „terra incognita". Die Bewegung über diese
Spielfläche bringt die zwei Seiten des Blicks hervor, von denen
Roland Barthes am Beispiel des Reisenden in einem fahrenden
Wagen spricht. Ich kann, schreibt er,

> wenn ich in einem fahrenden Auto sitze und die Landschaft
> durch die Scheibe betrachte, meinen Blick nach Belieben
> auf die Scheibe oder auf die Landschaft einstellen. Bald
> erfasse ich die Anwesenheit der Scheibe und die Entfernung
> der Landschaft, bald dagegen die Durchsichtigkeit der
> Scheibe und die Tiefe der Landschaft. Das Ergebnis dieses
> Alternierens ist jedoch konstant. Die Scheibe ist für mich
> zugleich gegenwärtig und leer, die Landschaft ist für mich
> zugleich irreal und erfüllt.[93]

Das Auge, dieses „durchweg aufgeklärte Organ"[94], verfügt
über die zwei Extreme des Sehens: das verschlingende und das
objektivistisch getarnte als zwei optische Einstellungen desselben
Auges:[95]

> Sehen setzt Distanz voraus, die trennende Bestimmtheit,
> die Fähigkeit, nicht in Kontakt zu kommen und im Kontakt
> die Verwirrung zu vermeiden[96].

[91] Barthes 1964, S. 104.
[92] Du Val: Le Jeu de France pour les Dames (1652). The British Library London.
[93] Barthes 1964, S. 105.
[94] Gert Mattenklott: Das gefräßige Auge. In: Kamper/Wulf 1982, S. 224.
[95] Mattenklott 1982, S. 228.
[96] Maurice Blanchot, zit. nach Mattenklott 1982, S. 225.

Im Gegensatz zur Bilderlust des Auges, die ein Kontakt auf Distanz ist, ist die Einverleibung – der Kontakt aus der Nähe – der Wunsch und zugleich das Problem des reisenden weiblichen Körpers. Hier ist der geographisch leere Raum der Grund, auf dem es dem weiblichen Körper gelingt, sich selbst herzustellen, während auf den geographisch erfüllten Spielflecken die trennende Distanz fehlt, denn jeder Kontakt der beiden Körper-Welten birgt in sich die Verwirrung der allzu identischen Landschaften. Die Einverleibung scheitert, und mit jeder Berührung droht sich die Bewegung in Stillstand zu verwandeln.

Diese dritte Lesart ist die einer reisenden Frau, sprich einer weiblichen, als Mensch und als Körper doppelt anwesenden Reisenden, als deren Reisebegleiter neben dem aufgeklärten Haupt und dem Auge immer auch der geographische Körper präsent ist. Gleich einer in das Schachbrett gesetzten Figur eröffnet die Bewegung einer Reisenden ein komplexes Spiel vielfach alternierender Beziehungen zwischen dem Eigenen und dem Fremden. Durch ihre Bewegungen über das Brett geraten die zwei Ebenen des Spiels, die Hypotaxe, die die Anordnung der Figuren bestimmt – im Spiel sind sie die Allegorien der sozialen Hierarchien und Verhältnisse –, und die Ebene der parataktischen Beiordnung, des assoziativen Nebeneinanders der Spielfläche[97], miteinander in mannigfaltige Beziehung.

Denkt man sich die Dame als eine Allegorie der Europa auf Reisen über dieses Spielfeld, so sind bei ihren Bewegungen genau die vier möglichen Operationen einer Metapher im Spiel, die die Fremd- und Selbsterfahrung einer Reisenden, die „niemals einfach nur eine" sein kann[98], bestimmen. Ihre Wahrnehmung alterniert zwischen der erfüllten und der leeren Form und der „Lesbarkeit im Dunkeln", die von einem Körper zum anderen gelesen wird. Roland Barthes spricht von zwei parallelen „Sprüngen", die diese Bewegung begleiten: der „Sprung" von einem assoziativen Feld zum anderen und der „Sprung" von einem

[97] Vgl. H.J. Klewer: Die mittelalterliche Schachallegorie. Diss. Heidelberg 1966.
[98] Irigaray 1979, S. 30.

Signifikanten zum anderen.[99] Dieses viergliedrige Verfahren, das Eva Meyer als „Selbstinszenierung des Weiblichen" bezeichnet[100], wird von den Reisenden als ein Sprung erfahren, der sich zwangsläufig auf dem Weg in den Orient offenbart. Als einen Sprung in die „Bresche" hat die englische Lady Mary Montagu am 16. Januar 1717 in Wien ihren Aufbruch in den Orient bezeichnet.[101] Die Wahrnehmung der „Bresche" bezeichnet Julia Kristeva auf ihrer Reise durch die VR China im Mai 1974 überhaupt als die Chance, das Andere bzw. sich selbst als anders, als eine „fremde Spezies Mensch" zu entdecken.[102]

Wenn „reisen", wie Christina von Braun schreibt, „aufstehen", „sich erheben" und „zu neuen Ufern aufbrechen" heißt und außerdem etymologisch von der Konnotation „Krieg", „Feldzug" und „Eroberung" begleitet ist[103], d.h. in der Absicht geschieht, die Fremde zu unterwerfen und das Ausland zu erobern und auszulöschen, indem man es in Inland verwandelt, dann ist die „Europa" so, wie sie in ihrer horizontalen Lage gezeichnet ist, reiseunfähig in zweierlei Hinsicht. Schon alleine, weil ihr mit den Füßen (nicht mit dem Gehirn) jenes Organ fehlt, von dem aus nach André

---

[99] Roland Barthes: Elemente der Semiologie. Frankfurt/M. 1983, S. 61f.

[100] Eva Meyer: Zählen und Erzählen. Für eine Semiotik des Weiblichen. Wien, Berlin 1983, vgl. S. 182ff.

[101] Lady Mary Montagu: Briefe der Lady ... 1764, Teil 1, S. 74.

[102] Julia Kristeva: Die Chinesin. Die Rolle der Frau in China. Frankfurt/M./Berlin/Wien 1982, S. 233.

[103] Christina von Braun erläutert: „Das Wort »reisen« stammt vom althochdeutschen Wort »risan« ab, was soviel bedeutet wie »aufstehen« (wobei der Begriff »auferstehen« unbezweifelbar auch in diesen Sinnzusammenhang gehört). Es bedeutet auch »sich erheben« und »aufbrechen zu kriegerischer Unternehmung«. Im englischen Wort »uprising«, dem Aufstand, ist dieser Wortursprung noch deutlich gegenwärtig. Das Reisen leitet sich also von einem Begriff ab, der klar die Konnotation von »Krieg«, »Feldzug«, »Eroberung« mit sich führt. Der Begriff bezeichnet den Aufbruch zu neuen Ufern, aber er besagt auch deutlich, daß dies nicht in friedlicher Absicht geschieht. Man »reist« nicht ab, pour mourir un peu, um sich dem Fremden auszuliefern, die Angst vor dem Unbekannten zu erleiden, sondern mit diesem Reisen ist eher die Absicht verbunden, das Fremde zu unterwerfen. Man zieht aus, das Elend zu erobern – oder genauer gesagt: auszulöschen. Und das Ausland löscht man bekanntlich aus, indem man es in Inland verwandelt." Christina von Braun: Der Einbruch der Wohnstube in die Fremde. Vortrag im Kunstmuseum Bern. 10. Mai 1987. Hg. v. G.J. Lischka. Bern 1987, S. 22.

Leroi-Gourhan die menschliche Evolution ihren Ausgang genommen hat[104], ist die „Europa" als eine Figur, die die Kunst des
Reisens beherrscht, als apodemische Figur also (apod=Fuß, apode
Wesen sind Fußlose[105]), in dieser geographischen Ausrichtung
nur schwer denkbar. Berücksichtigt man zudem ihre Schlafpo-
sition, die die „Verwirrung der Vorstellung", die Aufhebung des
Bewußtseins und den Eintritt in eine (im Gegensatz zum wachen
Gedanken) ganz verschiedene Ordnung, nämlich die des un-
willkürlichen Spiels der Einbildungskraft, zur Folge hat[106], so
erhält man jenes freie Spiel der Einbildungskräfte, das für Franz
Ludwig Posselt bei der Beantwortung der Frage *Ob und wie
Frauenzimmer reisen sollen?* am Ende des 18. Jahrhunderts die
Hauptgefahrenquelle der „frauenzimmerischen Reise" darstellt.
Denn, schreibt Posselt im Jahr 1795,

> bey der Lebhaftigkeit der Einbildungskraft und der Gefüh-
> le, die dem weiblichen Geschlecht größtentheils eigen ist,
> bei dem Mangel an Selbständigkeit und Festigkeit des Cha-
> rakters, dessen es fast allgemein beschuldigt wird, möchte
> das Reisen jungen Damen noch weit gefährlicher seyn, als
> Jünglingen oder jungen Männern.[107]

Doch selbst wenn man diese Figur aufstehen und sich im Spiegel betrachten ließe, würde ihr, da sie ihre geographische Bezeichnung wie ein Kleid an der Außenseite ihres Körpers und nicht wie
die „Frau Welt" in trügerischer Absicht in ihrem Rücken trägt,
die Verkennung und die einheitsstiftende Identifikation mit dem
Spiegelbild solange nicht gelingen, wie die Figur in ihrer eigenen

---

[104] Leroi-Gourhan 1980, S. 287. Vgl. auch: Virilio, 1978, S. 53: „Die Hauptbeschäftigung des Subjektes ist es, sich fortzubewegen."
[105] Das Wort „Apodemik", zu deutsch Reisekunst, setzt sich zusammen aus
'apo' = ‚weggehen' und ‚demos' = ‚Gemeinde', es bedeutet also ‚sich aus der
Gemeinde entfernen'. Es mit: ‚die Kunst, ohne Füße wegzugehen' (pous/pódes =
Füße) zu übersetzen, ist natürlich falsch.
[106] Kant Werke 1966, Band VI, S. 380-383.
[107] Franz Ludwig Posselt: Apodemik oder die Kunst zu reisen. Ein systematischer Versuch zum Gebrauch junger Reisenden aus den gebildeten Ständen überhaupt und angehender Gelehrten und Künstler insbesondere. Leipzig 1795, Bd.
I, S. 733.

Sinnlichkeit badet wie in einem Element, das sie besitzt, ohne es zu ergreifen.[108]

Von Odysseus, dem einsamen, radikal entfremdeten Urbild männlicher Subjektivität[109], ist die „Europa" in ihrer Lage so weit entfernt wie Penelope in ihrem Gehäuse. Die Beschreibung des Übergangs von der geographischen Codierung des weiblichen Körpers zur Herausbildung eines reisefähigen, weiblichen „Individuums" soll daher bei diesem, an sein Gehäuse gebundenen „Urbild weiblicher Subjektivität" seinen Ausgang nehmen, wenn im folgenden auf dem „Schreibetisch" und im Zimmer von Sophie von La Roche, im 18. Jahrhundert und im äußersten zivilisierten Westen der Karte die Reise beginnt.

---

[108] Vgl. Emmanuel Lévinas: Totalität und Unendlichkeit. Versuch über die Exteriorität. Freiburg/München 1987, S. 227. „Ich ist zwei andere" müßte der Satz hier heißen.

[109] Vgl. Max Horkheimer, Theodor W. Adorno: Odysseus oder Mythos und Aufklärung. In: Dialektik der Aufklärung. Philosophische Fragmente. Frankfurt/M. 1971, S. 42-73.

REISEN IM EIGENEN INTERIEUR

Abb. 6: Sophie von La Roche an ihrem „Schreibetisch". Frontispitz.

Die *Reise durch die Ich-Landschaften*[1] des weiblichen Körpers beginnt im äußersten zivilisierten Westen der Karte, im Kopf und hier in der zurückgezogenen Position des Hauses und des Zimmers – in dem Gehäuse, in dem Weiblichkeit innerhalb der eigenen Kultur sichtbar wird. Das Haus, schreibt Emmanuel Lévinas,

---

[1] Vgl.: Andrea Allerkamp: Stationen einer Reise durch die Ich-Landschaften – Zwischen Arthur Rimbaud und Ingeborg Bachmann. In: Labroisse/Knapp 1988, S. 159-180.

hat eine zurückgezogene Position im Verhältnis zur Anonymität der Erde, der Luft, des Lichts, des Waldes, der Straße, des Meeres, des Stromes.[2]

Das Haus vermag die „Verwurzelung im Boden", den „pflanzenartigen Austausch mit den Elementen" zu unterbrechen, es „gräbt Zwischenräume in die Kontinuität der Erde".[3] Im Haus vermag sich ein Ich seiner Natur gegenüberzustellen. Im Haus erscheint ein weibliches Ich als ein „spezifisch Getrenntes", als ein in seiner begrenzten Doppelidentität fixiertes Ich. Auf der Folie des Hauses oder Zimmers kann das so vergesellschaftete Weibliche aber auch selbst – gleichsam auf einer zweiten Ebene – wiederum in einen Prozeß radikaler Selbstentfremdung eintreten. Es kann im Haus sein „natürliches" Anderes abstoßen, um eine neue – radikal von der Mimesis an seine kulturelle Natur losgelöste – Beziehung zu den Elementen aufzunehmen.

Im Zimmer nimmt nach Ernst Bloch das „erste Gehen", das Reisen überhaupt seinen Anfang. Das Zimmer ist das erste „kleine Draußen", das das Draußen von uns abhält, es liegt „etwas weg vom Ich", am Übergang nach draußen. Auch im Zimmer gibt es Wege, auf denen man reisen kann.[4] Da das Freie fehlt, so Bloch, lebt Reisen im Zimmer von Wiederholungen und Begrenzungen, „der Wanderer kehrt bald um, (.) wegen der Wand, die sperrt und nicht zu umgehen ist". Die Dinge sowie das Fenster, „auch wenn es die Wand brechend blicken läßt, geben bald gewohnte Aussicht." Dennoch bleibt „Reisen in Zimmern" nicht in der Nähe, das „kleine Draußen führt sogar weit in sich fort".[5]

Zimmerreisen in einem begrenzten, vollständig kultivierten Innenraum und mit Blick auf eine stets präsente Wand bringen die Inversion des Reisens und der Raumerfahrung zum Ausdruck. So beginnt beispielsweise Adolf Heilborns *Reise durchs Zimmer* aus dem Jahr 1924 mit der Frage: „Wohin und wie denn sonst nur reisen?!", und die Antwort lautet:

---

[2] Lévinas 1987, S. 224.
[3] Lévinas 1987, S. 245.
[4] Ernst Bloch: Kurzer Weg. In: Verfremdungen II. Geographica. Frankfurt/M. 1978, 11/12. Tausend, S. 1.
[5] Alle Zitate in Bloch 1978, S. 1.

48

Nun wohin: ich habe für dich nachgedacht, verehrter Leser, und manche Stunde mir den Kopf zergrübelt, ehe ich das Rechte fand. Ich habe einen Reiseplan, der dir ganz ungeahnte Genüsse verheißt. In Gegenden will ich dich führen, die du nie vordem gesehen. Durch alle Länder und Zeiten werden wir reisen, und du magst dabei geruhig in deinem Stuhle sitzen oder gar auf deinem Sofa liegen bleiben. An einen Ort will ich dich bringen, den du am wenigsten kennst von allen Orten der Erde. Es ist dein Zimmer![6]

Bereits im 18. Jahrhundert waren Zimmerreisen ein ausgearbeitetes literarisches Motiv. In den unterschiedlichsten literarischen Interieurs, zu denen auch der Salon, das Bergwerk und die Höhle gehören, ließ sich das neuzeitliche Weltbild mit dem Motiv des Eingeschlossenseins und des Kerkers in Verbindung bringen, und in ihnen konnte, was hier von besonderer Bedeutung ist, auch das „erste Gehen" der Bürgerin, das Frauenreisen seinen Anfang nehmen.[7] Franz Ludwig Posselt hat in seinen Betrachtungen über die Frage *Ob und wie Frauenzimmer reisen sollen?* behauptet, daß Sophie von La Roche das „nachahmungswürdige Muster" einer „frauenzimmerischen Reisebeschreibung"[8] geliefert habe, die geeignet sei, das weibliche Herz, den weiblichen Verstand und den weiblichen Geschmack auch auf Reisen zu bilden.[9] Posselt erwähnt Sophie von La Roches *Journal einer Reise durch Frankreich*, das die Autorin explizit aus „Mutterpflichten" und in didaktischer Absicht an die „daheimgebliebenen Töcher" richtet.[10] Aber auch in der moralischen Schrift *Die glückliche Reise* entwirft die Autorin das Konzept einer weiblichen Bildungsreise, deren Neugierde unterwegs auf die Erforschung fremder Interieurs ausgerichtet ist.[11] Dieser Entwurf einer sich selbst beschränkenden

[6] Adolf Heilborn: Die Reise durchs Zimmer. Berlin 1924, S. 9.
[7] Vgl. meinen Beitrag: „Ob und wie Frauenzimmer reisen sollen?" Das „reisende Frauenzimmer" als eine Entdeckung des 18. Jahrhunderts. In: Griep 1991.
[8] Posselt 1795, Bd. I, S. 734 u. 740.
[9] Posselt 1795, Bd. I, S. 737.
[10] Anonym (Sophie von La Roche): Journal einer Reise durch Frankreich, von der Verfasserin von Rosaliens Briefen. Altenburg 1787.
[11] Zum Konzept der tugendhaften Reise, das Bürgerinnen ein Reisen ohne Überschreitung erlaubt, vgl. meinen Beitrag: „...von einer Fremde in die andre?" Reiseliteratur von Frauen. In: Brinker-Gabler 1988, Bd. 2, S. 143 – 153.

weiblichen Reise sollte gegen Ende des 18. Jahrhunderts reisenden Frauen, wie etwa der „Kammerherrin" Sophie Schwarz, ein Reisen ohne Überschreitung und im Einklang mit der „Weiberrolle" ermöglichen.[12]

In *Mein Schreibetisch*[13] aus dem Jahr 1799 unternimmt Sophie von La Roche selbst den Versuch, sich als eine Reisende im Interieur zu beschreiben. *Mein Schreibetisch* ist ein Text, der von Anfang an wenig Anerkennung fand und bisher nicht zu den Reiseberichten der Autorin gezählt wird. Zwar wurde anerkannt, daß die „Hauptidee" des Textes – die Selbstdarstellung „im Innersten ihres Arbeitszimmers" und umgeben von ihren Lieblingsgegenständen – „gewiß nicht unglücklich" sei, in der Hauptsache wurden diesem Text aber „weibliche Eitelkeit", „Plauderhaftigkeit" und „Selbstgefälligkeit" bescheinigt.[14] Das zweibändige Werk enthält Auszüge aus naturwissenschaftlichen, philosophischen, literarischen Schriften, historischen und geographischen Werken, Auszüge aus den englischen „Lieblingsschriften" der Autorin, moralische Erzählungen, lyrische Zitate, autobiographische Erinnerungen und Korrespondenzen, neben „Belanglosigkeiten" wie Listen von Gemäldesammlungen, Verzeichnissen, Koch- und Hausrezepten, Empfindungen und politische

---

[12] Über die Selbstbeschränkung des weiblichen Blicks schreibt Sophie Schwarz: „Auf die Beschreibung der Stadt und ihrer Merkwürdigkeiten, darf meine Feder sich nicht einlassen, weil dieß Kenntnisse mancher Art voraussetzt, welche ein Frauenzimmer, das keine Ausnahme in ihrem Geschlecht zu machen berechtigt ist, nicht besitzen kann, ohne sie auf Kosten ihrer Bestimmung zu erlangen. Meine vorzüglichste Aufmerksamkeit richte ich auf das Innere der Haushaltungen, und suche durch Vergleichung Kenntnisse zu erhalten, die mich in den Stand setzen, das Beste mir eigen zu machen." Schwarz 1791, S. 17, vgl. ebd. S. 6. Zur Edition vgl. Griep/Pelz 1993.

[13] Sophie von La Roche: Mein Schreibetisch. An Herrn G.R.P. in D. von Sophie von La Roche. 2 Bde., Leipzig 1799.

[14] So die Rezensenten der „Neuen Bibliothek der schönen Wissenschaften und freyen Künste" und der „Neuen deutschen Bibliothek". Zit. nach Bernd Heidenreich: Sophie von La Roche – eine Werkbiographie. Frankfurt/M./Bern/New York 1986, S. 229f. Vgl. auch: Lydia Schnieth: Die Entwicklung des deutschen Frauenromans im ausgehenden 18. Jahrhundert. Frankfurt/M./Bern/ New York/Paris 1987 und Helga Meise: Die Unschuld und die Schrift. Deutsche Frauenromane im 18. Jahrhundert. Berlin/Marburg 1983.

Stellungnahmen (gegen die Französische Revolution) sowie patriotische Bekenntnisse.[15]

Diese Textsammlung, die durch ihre Anlage sowie durch ihre Detailversessenheit und Spannungslosigkeit als ein typisches Beispiel zeitgenössischer Reiseliteratur gelten könnte[16], soll hier als ein Reisebericht besonderer Art vorgestellt werden, als ein Text nämlich, in dem das Sammeln und Erinnern, wie Ernst Bloch schreibt, eine „besonders vertrackte Art abzureisen" ist. Eine Art der Reise- und Selbstbeschreibung am Leitfaden der eigenen Bücher- und Textsammlung, die „eng bei sich zu Hause" bleibt und dennoch „hinlänglich extravertiert" ist:

> Das Sammeln ist eine besonders vertrackte Art abzureisen, seit je. Es zieht zusammen, hält alles bei sich, berührt sich mit Habgier und Geiz, insofern bleibt es ganz eng zu Hause. Es sucht andererseits das Seine so weit umher wie möglich, durchstreift alle Winkel nach altem Gerät, macht sich nichts daraus, den davon Besessenen zu ruinieren, insofern ist es hinlänglich extravertiert. Das ist widersprüchlich, aber in dem Wunsch einig, sich mit Seltenem zu umgeben, zeitlich oder räumlich Fernes gleichsam als Kapsel zu haben. Gesammelt werden kann alles...[17]

In *Mein Schreibetisch* ist Sophie von LaRoche die Sammlerin ihres eigenen Ich. Zeitlich und räumlich Fernes versammelt sie als Korrespondenzen, Büchersammlungen und Erinnerungsgegenstände „gleichsam in der Kapsel" ihres Interieurs.[18] In der abge-

---

[15] Vgl. Heidenreich 1986, S. 224f.

[16] Vgl. Laermann 1976, S. 57-97.

[17] Ernst Bloch: Reiz der Reise, Antiquität, Glück des Schauerromans. In: Bloch 1974, S. 103.

[18] Walter Benjamin nennt das „Sammeln (.) eine Form praktischen Erinnerns"; sie ist „unter den Formen der profanen Manifestationen der „Nähe" die bündigste". Walter Benjamin: Der Sammler. In: Benjamin 1983, Bd. 1, S. 271. Das Dasein des Sammlers ist zwischen den Polen Unordnung und Ordnung dialektisch gespannt. Die Ordnung des Sammlers ist ein „Damm gegen die Springflut von Erinnerungen", der Kampf gegen die Zerstreuung ist das verborgenste Motiv des Sammelns. „Jede Ordnung ist gerade in diesen Bereichen nichts als ein Schwebezustand überm Abgrund", ebd., S. 279. Benjamin unterscheidet den optischen Flaneur vom taktischen Sammler, der durch die Bücher hindurch in die Ferne schaut. Vgl. Walter Benjamin: Ich packe meine Bibliothek aus. Eine Rede über

grenzten Welt des kleinen Schreib- und Lesestübchens[19] steht der eigene Schreibetisch im Zentrum der Welterfahrung. Von dort aus unternimmt die Autorin mit den Augen eine Tour d'horizon durch die Dingwelt ihres Arbeitszimmers. Dabei wandert der Blick über das Terrain des Schreibetisches, verliert sich in den Büchersammlungen an den Wänden des „kleinen Kabinetts"[20] und geht durch das Fenster nach draußen in den angrenzenden Garten.

Gemäß einer „Lieblingsphantasie" der Autorin ist die Illusion von Reise, die unkörperliche Fortbewegung, der Schlüssel zur imaginären Topographie des eigenen Interieurs, das sich uns offenbart

> wie Blicke auf schöne Gegenden und Wohnplätze, die man auf Reisen genießt, wo man nicht aussteigen und sich da aufhalten kann.[21]

In diesem „Labyrinth"[22] des eigenen Interieurs sind alleine die Feder und das Auge Cicerone und Hofmeister zugleich. Unter ihrer Anleitung wird auch das Auge des Lesers von Ort zu Ort, d.h. von geschnürtem Briefbündel zu Briefpäckchen, zu „wirklich mit dem Plätteisen glatt gemachte Makulaturbögen"[23], durch Listen und Verzeichnisse, Exzerpte und Notizen, Briefe, Namen, Adressen und Zitate der Textsammlung geführt, die die „Hand des Zufalls"[24] hier zusammengelegt hat.[25] Sophie von La Roches

---

das Sammeln. In: Benjamin 1972, S. 388-398. Wolf Lepenies zitiert Kant zur Gedächtniskunst, dort erleichtert Topik die Erinnerung wie „ein Fachwerk für allgemeine Begriffe, Gemeinplätze genannt, welches durch Klasseneinteilung, wie wenn man in einer Bibliothek der Bücher in Schränke mit verschiedenen Aufschriften verteilt, die Erinnerung erleichtert." Kant, Anthropologie, zit. nach Lepenies 1976, S. 33.

[19] La Roche 1799, Bd. 1, S. 1.
[20] La Roche 1799, Bd. 2, S. 38.
[21] Ein Zitat von Miß Marchmond, das zu den „Lieblingsphantasien" Sophie von La Roches zählt. La Roche 1799, Bd. 1, S. 199.
[22] La Roche 1799, Bd. 2, S. 352.
[23] La Roche 1799, Bd. 1, S. 78.
[24] La Roche 1799, Bd. 1, S. 325.
[25] In diesen „gemischten Paketchen" liegen die „Arbeiten drey berühmter französischer Damen, und eines von einer mir sehr werthen Engländerin, und ich

Augen und ihre Hand, die mitunter „mit einigem Stocken (...) an die (.) mit einem Bande befestigten Papiere"[26] geht, begleiten den systematisch geordneten „Gang des Geistes und des Herzens"[27] („Nun bin ich an der zweyten Reihe, welche mein Tisch einnimmt.") über die „Regalbrettchen" und durch die Zeilen, die gleich „schnurgeraden Straßen"[28] die Beschreibung des eigenen Interieurs nach streng rationalen Kriterien linearisieren und ordnen.

Nach dem Muster des Reiseberichts richtet sich die Beschreibung an einen fiktiven, hier ortsfremden, „edlen Freund", dessen Wunsch es war, das „Zimmer, in welchem Sie einen so großen Theil ihrer Tage verlebte"[29], kennenzulernen. In dieser Perspektive wird räumlich Nahes und Persönliches fremd, wird das eigene Zimmer mit den Augen eines Fremden betrachtet. Dennoch irritiert der genreübliche Wunsch nach authentischer Darstellung:

---

bemerkte noch nie, daß der Geist der Männer, welcher in dem Päckchen zusammengedrängt ist, sich dagegen empörte, oder daß die Französinnen sich unzufrieden zeigten, daß ich der englischen Lady die oberste Stelle gab". La Roche, Bd. 1, S. 97f.

[26] La Roche 1799, Bd. 1, S. 167.

[27] La Roche 1799, Bd. 1, S. 325.

[28] Die „schnurgeraden Straßen" sind nach Georg Simmel „anschaulicher Rationalismus" und der verschlungenen Irrationalität der Landschaft entgegengesetzt. In: „Der Raum und die räumliche Ordnung der Gesellschaft" schreibt Simmel: „Als zur Zeit der Sophisten und des Sokrates die klare und zweckbewußte Verstandesmäßigkeit über den gefühlsmäßig – traditionellen Charakter des älteren Griechentums siegte, empfahl als der erste Hippodamos von Milet das Prinzip schnurgerader Straßen! Die Streckung krummer Straßen, die Anlage neuer Diagonalwege, das ganze moderne System der rechtwinkligen Symmetrie und Systematik ist zwar unmittelbar Raumersparnis, für den Verkehr aber vor allem Zeitersparnis, wie sie vom Rationalismus des Lebens gefordert wird. Mit diesen Verkehrsprinzipien der einerseits mechanischen, andererseits möglichst schnellen Auffindbarkeit wird nun das Wesen der Stadt überhaupt, im Gegensatz zum Lande, zur größten Reinheit gebracht, wie es sich von vornerein schon in der Parallelität der beiden Straßenseiten gezeigt hatte – ein anschaulicher Rationalismus, zu dem die Struktur des Landlebens gar keine Analogie besitzt. In dem Wesen der Stadt liegt, ihrer ganzen Existenzmöglichkeit nach, eine gewisse „Konturiertheit", zu tiefem Gegensatz gegen das mehr organische, im psychologischen Sinne gefühlsmäßige Stammesprinzip." Simmel 1969, Bd. 2, S. 477. Vgl. bei Simmel auch den „Exkurs über den Fremden", dort erzeugt die Stadt den Fremden.

[29] La Roche 1799, Bd. 1, S. 2.

„alles ohne Rückhaltung und Veränderung anzuzeigen"[30], er verursacht „Bedrängnis" und „Unzufriedenheit", aber er „schmeichelt" zugleich der „Selbst-" und der „Eigenliebe" der Autorin, die das eigene Zimmer dem „forschenden Blicke"[31] des Freundes selbst präsentiert. Ziel dieses Projektes, das Sophie von La Roche als „grillenhafte" und in Wahrheit „närrische" „Geschichte <ih­res> Schreibetisches"[32] bezeichnet, ist es, mit der Schilderung dieses „Gemisches von Papieren und Büchern (...) einen sehr genauen Grundriß von <ihrem> Kopf und <ihren> Neigungen" zu geben.[33]

Durch Inversion, Verkehrung und Verfremdung des Genremusters der Reisebeschreibung rückt Sophie von La Roche das eigene Zimmer, das privater Raum und Arbeitsstätte zugleich ist, etwas weg vom Ich und verwandelt es in ein Draußen des eigenen Kopfes. In dieser Weise von sich selbst abgehalten, kann der Kopf sachlicher gesehen werden, man kann darin reisen. Lesbar wird Sophie von La Roches Reise durch das eigene Kopf-Zimmer auf der Folie einer zeitgenössischen Apodemik, die die Autorin, Hofmeisterin und Italienreisende Juliane Herzogin Giovane für die topographische Beschreibung einer fremden Hauptstadt entworfen hat.[34]

Juliane Herzogin Giovanes *Plan pour faire servir les voyages à la culture des jeunes gens*[35] versteht sich im Sinne einer Apodemik

---

[30] La Roche 1799, Bd. 1, S. 7.

[31] La Roche 1799, Bd. 1, S. 1.

[32] Sophie von La Roche in einem Brief an Elise von Solms-Laubach vom 17.7.1789. Zit. nach Heidenreich 1986, S. 415.

[33] La Roche 1799, Bd. 1, S. 6.

[34] Der „Plan" von Giovane ist 1797 zwei Jahre vor dem „Schreibetisch" erschienen. Sophie von La Roche erwähnt die „Silhouette der Herzogin Giovane, gebohrne Freyin von Mudersbach, aus Würzburg" unter den „vortrefflichen Köpfen", welche ihr „sehr werth und merkwürdig sind". La Roche, Bd. 1, S. 227f. Sie spricht von ihren Briefbündeln als einer „Art von Portefeuille (.), indem wirklich vielerley Gattungen Papiere darin versammelt sind." La Roche, Bd. 1, S. 27.

[35] Juliane Herzogin Giovane: Plan pour faire servir les voyages à la culture des jeunes gens qui se vouent au service de l'état dans la carriere politique, accompagné d'un précis historique de l'usage de voyager et d'une table pour faciliter les observations statistiques et politiques; le tout suivi de l'équisse d'une porte-feuille à l'usage des voyageurs, et de celle d'une carte statistique. Wien 1797.

als Reiseanleitung[36] für junge Männer, die im Dienst des Staates oder ihrer eigenen politischen Karriere unterwegs sind. Neben den üblichen Regeln der „Reiseklugheit", die sich 1788 auch bei Kinderling finden:

1. der zweckmäßigen Vorbereitung der Reise,
2. des klugen Betragens an fremden Orten und
3. der geschickten Anwendung der erlangten Kenntnisse, wenn man wieder zu Hause ist,[37]

beinhaltet dieser „Plan" zwei lose beigefügte und für den Gebrauch während der Reise gedachte „Beobachtungsbögen" – eine *Table d'observations statistiques et politiques, d'après L'etat actuel des nations civilisées* und eine *Idée d'un porte-feuille à l'usage des voyageurs.*

Auf der „Table" findet der Reisende die Anleitung zu einer systematischen Beschreibung eines zeitgenössischen Idealstaates (ohne chimärische Ideen und ohne deplazierte Neuerungen[38]) ausgearbeitet als „point de vue", von dem aus der Reisende die verschiedenen Grade der Zivilisation und die kulturelle Entwicklung des durchreisten Staates nach historischen, geographischen und topographischen Kriterien messen und beurteilen kann.[39] Die Tafel sowie das ebenfalls zugefügte „Porte-Feuille", ein 34 Punkte umfassender Katalog zur Beschreibung der „Ville Capitale", der Hauptstadt des Staates, dienen der systematischen Erfassung von kulturvergleichenden Beobachtungen auf der Reise.[40] Die Idee des „Plans" ist es, die Beschreibung eines gesell-

---

[36] „Cour d'instruction de voyage".

[37] J.D. Köhler: Anweisung zur Reiseklugheit für junge Gelehrte, neu bearbeitet und mit Anmerkungen versehen von M. Kinderling. Magdeburg 1788, S. XIX. Zit. nach Witthöft: Reiseanleitungen, Reisemodalitäten, Reisekosten im 18. Jahrhundert. In: Krasnobaev u.a. 1980, S. 39.

[38] Giovane 1797, S. 98.

[39] Aufgeteilt ist dieser Plan in eine großflächige interne Übersicht, die das System des Staates, seine ökonomischen und politischen Details, seine zivilen, moralischen Interessen umfaßt, sowie in einen bedeutend kleineren Teil, der die externen Beziehungen des Staates mit anderen Ländern, Kolonien und entfernten Besitzungen betrifft.

[40] Einen frühes Beispiel eines solchen Punktekataloges, der die Reise von der Vorbereitung bis zum Abschluß strukturieren sollte, enthalten „Neueste Reisen durch Deutschland, Böhmen, Ungarn, die Schweiz, Italien und Lothringen..." des Hofmeisters Johann Georg Keyßler aus dem Jahr 1740. Vgl. Griep 1980, S. 744.

schaftlichen, humanen, moralischen und sozialen staatlichen Ge-
samtsystems oder eines seiner Teile (Provinzen, Hauptstädte)
soweit zu vereinheitlichen, daß sich der Reisende unterwegs mit
gleicher Sorgfalt um alle gesellschaftlichen Bereiche kümmert,
ohne die Beschreibung der Willkür zu überlassen.[41] Die ideal-
staatliche Vision Juliane Herzogin Giovanes ist im Hinblick auf
die Beschreibung einer großen Monarchie entworfen, die „Table"
und das „Porte-Feuille" sind nach ihrer Vorstellung jedoch auch
auf jeden anderen vergleichbaren „corps politique" oder jede
andere Unternehmung in diesem Genre anzuwenden.[42]

Mit Juliane Herzogin Giovanes „Plan" gelesen (vgl. die Abbildung) wird Sophie von La Roches „Schreibetisch" zu einer Beschreibung der „région civilisée" bzw. der „ville capitale" ihres
eigenen Körpers. Der Schreibtisch wird zum „cour du souverain"
(Punkt 13), die in Bündeln auf dem Schreibtisch liegenden Briefe
zu „ambassadeurs" weit entfernt lebender Freunde und Freundinnen (Julie von Bondeli, Lady Luxbourough, Madame de Chan-
dieu, Sohn Carl u.a.). Regale, Fächer, Themen und Zeilen werden
zu Promenaden und Plätzen, die der öffentlichen Versammlung
und dem Vergnügen dienen (Punkt 20). Titel wie Lessings „Erziehung des menschlichen Geschlechts"[43], Herders „Briefe über die
Humanität"[44] und das „Verzeichniß einiger Bücher für die Hand-
bibliothek eines Frauenzimmers von Erziehung" am Ende des
ersten Bandes sind „écoles publiques" (Punkt 22) bzw. „instituts
d'éducation" (Punkt 23), Namen wie Buffon, Rousseau, Platon
und Kant sind „université" und „établissements scientifiques"
(Punkt 24/25). Madame de Sévigné, Mme du Bocage, Esther Lynch
Piozzi, Mme Necker, Marc Aurel und Friedrich II. sind „les personnes célèbres de l'un et de l'autre sexe, soit dans les sciences,
soit dans les arts" (Punkt 28). Die Korrespondenz mit Julie v.
Bondely über Rousseau und der Briefwechsel mit Marianne Freiin
von Stein sind Dokumente einer „assemblée, société savantes"
unter Frauen (Punkt 29). Die im Leihverkehr hin- und herwan-

---

[41] Giovane 1797, S. 105.
[42] Giovane 1797, S. 106.
[43] La Roche 1799, Bd. 1, S. 139.
[44] La Roche 1799, Bd. 1, S. 150.

dernden Romane werden zu Elementen einer „bibliothèque publique" (Punkt 26), das englische „Ladies Magazin" ist das „ouvrage périodique", nach dem in Punkt 33 gefragt ist, der Blick aus dem Fenster wird zum Blick in den „jardin botanique" der „ville capitale" (Punkt 25), und der Brief von Frau von Stein, der „vor einer Viertelstunde"[45] ankam, gibt Auskunft über „le départ et l'arrivée des postes" (Punkt 34).

Analog zu der auf den öffentlichen Raum bezogenen bürgerlichen Raumerfahrung im ausgehenden 18. Jahrhundert, die Klaus Laermann als eine „Technik der indirekten Selbstbemächtigung des Bürgertums gegenüber dem Feudaladel" beschrieben hat[46], läßt sich die Art und Weise, in der Sophie von La Roche in *Mein Schreibetisch* das Genremuster der Reisebeschreibung verkehrt, als die „indirekte Selbstbemächtigung" einer Frau auf der Folie des privaten Raumes beschreiben. Indirekt ist diese Technik auch hier, weil sie sich nicht explizit gegen die domestizierten Präfigurationen des Weiblichen richtet[47] und ihnen dennoch entgegenarbeitet. Das Territorium, über das die Autorin reist und schreibt, muß sie sich, anders als den öffentlichen Raum, nicht erst erkämpfen. Wie selbstverständlich nutzt sie den Spielraum des Genres „Reiseliteratur", um sich als Frau und als „getrenntes" (mit sich selbst geizendes) Individuum an ihrem eigenen kulturellen Pol zu verankern. Ein Verfahren, das die statistische Inventarisierung des „Haupt-Zimmers" im privaten Körper mit der der „Haupt-Stadt" im „corps politique", dem „Staatskörper" gleichsetzt.

Dieses literarische Verfahren Sophie von La Roches kann sich an bereits ausgearbeiteten Reisen durch die Bibliothek, in der

---

[45] La Roche 1799, Bd. 2, S. 367.

[46] „Indirekt ist diese Technik, weil sie sich weder in ihrer Intention, noch in ihrer Ausführung unumwunden gegen die herrschende Ordnung richtet und dieser dennoch entgegenarbeitet. Die bürgerlichen Reisenden dieser Zeit müssen sich das Recht auf Freizügigkeit nicht erst erkämpfen; sie nutzten vielmehr wie selbstverständlich den Spielraum der Mobilität, den ihnen die neuen Verkehrsmittel unterm Schutz des Absolutismus eröffnen." Laermann 1976, S. 77.

[47] Vgl. hier Silvia Bovenschen: Die Gelehrte und das Haus. In: Bovenschen 1979, S. 138f.

IDÉE D'UN PORTE - FEUILLE À L'USAGE DES VOYAGEURS.

VILLE CAPITALE.

1. Le nom de la ville, sa situation, son étendue et sa circonférence ?

2. Les observations météréologiques les plus intéressantes qu'on y a faites depuis un cours d'années ?

3. La population de la ville et des fauxbourgs, prise séparément, et au total ?

4. Le nombre des maisons, et de la ville et des fauxbourgs ; le total ?

5. La consommation annuelle des denrées de tout genre, et les noms des lieux d'où la capitale les tire ?

6. Les noms et le nombre des ponts, des rues et des places les plus considérables ?

7. Les noms et le nombre des principaux édifices ?

8. Les manufactures et fabriques qui sont établies dans la capitale, le nombre de chaque sorte qui s'y trouve ; à quoi se monte le nombre des personnes que chacune d'elles employe, et celui des fabricans en général ?

9. Les métiers qui se trouvent dans la ville, et le nombre des individus qui composent chaque maîtrise ?

10. Les divers genres de commerce qui se font dans la capitale, et les places respectives qui leur sont assignées?

11. Les noms et le nombre des négocians principaux qui y sont établis?

12. Les noms des banques publiques, le nombre des établissemens de ce genre, le nom et le nombre des banquiers, les places respectives avec lesquelles ils correspondent?

13. La cour du souverain; l'état de sa maison, et de celles des personnes de sa famille; les noms des palais où ils résident?

14. Dans la capitale d'une république, le nombre, le nom, la dignité de ceux qui tiennent les rênes du gouvernement; les palais, bâtimens où ils résident ou s'assemblent?

15. Les ambassadeurs, envoyés et ministres étrangers qui résident dans la capitale?

16. Les noms des chancelleries, des chambres, et de toutes les parties de l'administration, établies dans la capitale, et le nombre des personnes dont chacune d'elles est composée?

17. Les établissemens de justice, tels que les prisons, maisons de force et de correction, le nombre et leurs noms respectifs; le nombre des personnes qu'ils peuvent contenir, et de celles qui s'y trouvent actuellement?

18. Hôpitaux et maisons de charité en général, le nombre et leurs noms respectifs; le nombre des logemens qu'ils contiennent, et celui des individus qui s'y trouvent rassemblés?

19. Les établissemens qui tendent à la sûreté et à la commodité des habitans et des étrangers; tels que l'illumination de la ville, les voitures de remise, les fiacres, les auberges, les cafés, les chambres garnies, et le prix respectif de ces objets?

20. Les promenades, cours et autres lieux qui servent aux assemblées et récréations publiques?

21. Les fêtes, les occasions aux divertissemens publics; leur nombre, leur genre et les détails qui en sont remarquables?

22. Les écoles publiques, leur nombre, leur nom, et jusqu'où s'étend l'instruction que l'on y donne?

23. Les instituts d'éducation et d'instruction publique en général?

24. L'université, les académies, lycées, gymnases: quelles sciences l'on y traite, ou quels arts l'on y enseigne?

25. Les établissemens scientifiques, tels que jardin botanique, théâtre anatomique, observatoire etc?

26. Les noms et le nombre des bibliothèques publiques; les jours et les heures où elles sont à l'usage du public : les noms des particuliers qui en possédent de considérables ?	
27. Les noms et le nombre des collections scientifiques de tout genre, tant publiques que particulières, et l'accès qu'y a le public ?	
28. Les personnes célèbres de l'un et de l'autre sexe, soit dans les sciences, soit dans les arts ?	
29. Les assemblées, sociétés savantes, philantropiques, leurs noms et les objets dont chacune d'elles s'occupe séparément ?	
30. Le nom et le nombre des théâtres; en quelles langues on y représente, et quels genres de représentations y ont lieu ?	
31. Les environs, ce qu'ils présentent de remarquable, soit par les beautés de la nature, soit par celles de l'art ?	
32. Les meilleures cartes topographiques, dessins, plans et descriptions, tant de la capitale que de ses environs ?	
33. Les ouvrages périodiques et autres feuilles qui paroissent journellement ?	
34. Le départ et l'arrivée des postes, des chariots de postes etc. ?	

Abb. 7: Juliane Herzogin Giovane (1797).
Idée d'un porte-feuille à l'usage des voyageurs.

Zelle und durch den Kopf orientieren.[48] Das Motiv des nach außen ringsum Abgeschlossenseins spielt in der Literatur des ausgehenden 18. Jahrhunderts eine bemerkenswerte Rolle.[49] Howards Reise durch die *Prison World of Europe*[50], Christian Heinrich Spieß' *Reisen durch die Höhlen des Unglücks und Gemächer des Jammers*[51], Xavier Le Maîstres *Mein Zimmer eine kleine Welt*, Johann Christian Bocks *Empfindsame Reisen durch die Visiten-Zimmer am Neu-Jahrs-Tage*[52], Jean Pauls „vier-gehäusiges Menschen-Ich"[53] und vor allem Lichtenberg, dessen „Stuben-Philosophie" den Autor in einer Art körperlichen und geistigen „Stuben-Arrest" fixiert und von einer „Art von zweitem Körper" umgeben beschreibt[54], sind nach Wolfgang Promies Ausdruck einer zeitgenössischen Reise-Manie von Zelle zu Zelle, in der das bürgerliche Individuum „sich selber in die Haft nimmt" und „bei flüchtig ausbrechender Phantasie" reist, ohne von der Stelle zu kommen.[55] Entsprechend hat Michel Foucault das „Bibliotheksphänomen", die imaginäre Erschließung neuer Regionen der Einbildungskraft zwischen Buchkolonnen, aufgereihten Titeln und Regalen in den Bibliotheken, als „merkwürdig moderne Phantastik" und spezifische Entdeckung des 19. Jahrhunderts beschrieben:

---

[48] Vgl.: Wolfgang Promies: Reisen in der Zelle und durch den Kopf. Auch ein Beitrag zur Spätaufklärung. In: Griep/Jäger 1983, S. 274-291.

[49] Vgl. Promies 1983, S. 287. Vgl. auch Oettermann, der schreibt, Kerker und Gefängnis waren das Symbol der Welt des 18. Jahrhunderts. Stephan Oettermann: Das Panorama. Die Geschichte eines Massenmediums. Frankfurt/M. 1980, S. 17.

[50] Hepworth Dixon zit. nach Wolfgang Promies 1983, S. 277. Howards Reise: „The State of the Prisons in England and Wales; with preliminary observations and an account of some foreign Prisons" erschien in London 1777, in deutscher Übersetzung 1780.

[51] Christian Heinrich Spieß: Reisen durch die Höhlen des Unglücks und Gemächer des Jammers. 4 Bde. Leipzig 1796 - 1798.

[52] Johann Christian Bock: Empfindsame Reisen durch die Visiten-Zimmer am Neu-Jahrs-Tage. Cosmopolis (Hamburg) 1773².

[53] „Wie Sphären hüllen vier „Reichweiten" den Menschen ein: Haut- und Greifweite, Ruf-, bzw. Hörweite und Sichtweite. Die letzte wird scharf durch den Horizont markiert." Oettermann 1980, S. 9.

[54] „Ich habe allezeit von einer Stube größere Begriffe gehabt, als der gewöhnliche Teil der Menschen. Ein großer Teil unserer Ideen hängt von ihrer Lage ab, und man kann sie für eine Art von zweitem Körper ansehen." Zit. nach Promies 1983, S. 289.

[55] Promies 1983, S. 289.

Das 19. Jahrhundert hat eine Region der Einbildungskraft entdeckt, deren Kraft frühere Zeitalter sicher nicht einmal geahnt haben. Diese Phantasmen haben ihren Sitz nicht mehr in der Nacht, dem Schlaf der Vernunft, der ungewissen Leere, die sich vor der Sehnsucht auftut, sondern im Wachzustand, in der unermüdlichen Aufmerksamkeit, im gelehrten Fleiß, im wachsamen Ausspähen. Das Chimärische entsteht jetzt auf der schwarzen und weißen Oberfläche der gedruckten Schriftzeichen, aus dem geschlossenen staubigen Band, der, geöffnet, einen Schwarm vergessener Wörter entläßt; es entfaltet sich säuberlich in der lautlosen Bibliothek mit ihren Buchkolonnen, aufgereihten Titeln und Regalen, die es nach außen ringsum abschließt, sich nach innen aber den unmöglichsten Welten öffnet. Das Imaginäre haust zwischen dem Buch und der Lampe. Man trägt das Phantastische nicht mehr im Herzen, man erwartet es auch nicht mehr von den Ungereimtheiten der Natur; man schöpft es aus der Genauigkeit des Wissens; im Dokument harrt sein Reichtum. Man braucht, um zu träumen, nicht mehr die Augen zu schließen, man muß lesen. Das wahre Bild ist Kenntnis.[56]

Der panoramatische Blick, mit dem Sophie von La Roche aus der Mitte des Zimmers und vom Schreibetisch aus das eigene Interieur als Region der Einbildungskraft ausmißt, ist der entsprechend bildliche Ausdruck und die symbolische Form, nach der sich am Ende des 18. Jahrhunderts die phantastische Seherfahrung eines spezifisch bürgerlichen und auf das Interieur gerichteten Weltverhältnisses organisiert. Sehmaschinen wie das Panorama und die Montgolfière und eben auch das eigene Interieur bescherten Stephan Oettermann zufolge am Ende des 18. Jahrhunderts ihrem Publikum die Erfahrung des Horizonts und damit des Innewerdens einer Grenze als das „Schlüsselerlebnis einer ganzen Epoche".[57] Das Panorama lieferte das Muster, nach dem die Herrschaft des bürgerlichen Blicks über die Natur gelernt und zugleich

---

[56] Michel Foucault: Un »fantastique« de bibliothèque. In: Schriften zur Literatur. Frankfurt/M./Berlin/Wien 1979, S. 160.
[57] Oettermann 1980, S. 10.

verherrlicht wurde[58], es war ein „optischer Simulator" und eine „Lernmaschine", mit deren Hilfe es gelang,

> alle körperlichen Hindernisse aus dem Weg zu schaffen, um einen kühlen, distanzierten Blick auf die Dinge zu ermöglichen, der von keiner Subjektivität getrübt, keiner Grenze des Körperlichen mehr eingeengt wird: Es ist der Blick, wie ihn die sich zu dieser Zeit entwickelnden objektiven Wissenschaften benötigen.[59]

Die Bedeutung des Panoramas für die neuzeitliche, nicht nur bürgerliche Seherfahrung liegt nach Oettermann darin, daß sie den Blick von oben säkularisiert, d.h. den Betrachter selbst gottähnlich werden läßt[60] und zugleich mit dem Horizont am „Augenende" des Gesichtskreises eine Grenze in das Blickfeld rückt, die die eigene, bewohnte Welt von der fremden, „unwohnbaren" und furcherregenden Welt unterscheidet.[61] Was der Rundblick, der Überblick und die Allansicht[62] im Innern des Panoramas wie in der unmittelbaren Landschafts- und Stadtbetrachtung[63] zum Schlüsselerlebnis für die massenhafte „Seh-Sucht" des Bürgertums werden lassen, ist die Erfahrung, daß der den Horizont entdeckende Blick differenzbildend und zwiespältig ist. Er teilt die Welt in zwei Teile: in die unbekannte, von ihm ausgeschlossene Welt und in die bekannte, von der Horizontlinie eingeschlossene Welt, die es beide zu erforschen gilt.[64]

---

[58] Oettermann 1980, S. 9.

[59] Oettermann 1980, S. 13.

[60] Oettermann 1980, S. 12.

[61] „Durch die variable Konstante des Gesichtskreises kann man quasi ein Stück Heimat überallhin mitnehmen. Hinter dem Horizont liegt das Unbekannte, Furcherregende, aber alles, was er einschließt, ist vertraut und ungefährlich." Oettermann 1980, S. 9.

[62] Das Wort „Panorama" ist ein griechische Kunstwort und eine Neuschöpfung aus dem Ende des 18. Jahrhunderts „pan"=alles und „hórama"=sehen. Oettermann 1980, S. 7/8.

[63] Oettermann 1980, S. 7.

[64] „Mit der Einführung des Horizonts in die Vorstellungswelt des Abendlandes wird nicht nur die Entdeckung neuer, bis dahin ungeahnter Welten hinter dem Horizont möglich, auch die Entdeckung und Erforschung einer neuen Welt, die von ihm eingeschlossen wird, nimmt mit der Ausrichtung des Sehens auf die Zentralperspektive ihren Anfang." Oettermann 1980, S. 10.

Obwohl allgegenwärtig und für jeden erfahrbar, ist die Wahrnehmung von Horizont und Panorama nicht geschlechts-neutral. In den um die Jahrhundertwende gebauten Simulations- und Lernmaschinen kann neben der Selbstbemächtigung des bürgerlichen Blicks nicht zuletzt auch die Marginalisierung des Weiblichen dadurch gelernt werden, daß Frauen am Rande des eigenen Augenendes und am Übergang zur Fremde, als „Kardinalspunkt" am Horizont (Lévinas), nun auch in der Alltagswelt des Bürgers ausgemacht werden können. Stephan Oettermann hat darauf hingewiesen, daß es kein Zufall sei,

> daß die Karussells – auf ihnen ließ sich symbolisch der Horizont bereisen – gerade um diese Zeit zum ersten Mal so in Mode kamen und, sehr zum Erstaunen und zum Verdruß der daneben stehenden Wahrer von Sitte und Anstand, gerade von den Damen bis zum Erbrechen befahren wurden.[65]

Wie in der Eisenbahn des 19. Jahrhunderts ist es auch hier die fremde Welt der Technik, an deren Horizontlinie Frauenfiguren als Übergangsfiguren an der Grenze zum Schwindel und zur „Sehkrankheit" gesichtet werden können.

Die Selbstbemächtigung von Sophie von La Roche, um wieder auf ihren Text zurückzukommen, besteht nun darin, daß sie als Frau von diesem peripheren Ort des Weiblichen abrückt, um sich selbst als Subjekt im Zentrum des Augenpunktes zu plazieren.[66] Daß Sophie von La Roches Selbstzentrierung im eigenen Kerker[67] in bestimmter Weise motiviert ist, zeigt sich im Vergleich mit der

---

[65] Oettermann 1980, S. 13.

[66] Im Gegensatz zu La Roche, die sich inmitten ihrer Korrespondenzen als Autorsubjekt konstituiert, vgl. Marianne Schuller: Dialogisches Schreiben. Zum literarischen Umfeld Rahel Levin Varnhagens. In: Marianne Schuller: Im Unterschied. Lesen/Korrespondieren/Adressieren. Frankfurt/M. 1990, S. 127–142.

[67] Mit Juliane Herzogin Giovanes „Plan" gelesen, ist La Roches Schreibtisch nicht allein Palais und Residenz des Souveräns und Sammlers. Als Sitz der „administration"(16) ist der „Schreibetisch" gleichzeitig ,établissement de justice", „maison de force et de correction", und „prison" (17) der Schreibenden.

Voyage autour de ma chambre Xavier Le Maîstres[68], dem „Urbild aller späteren Flanerien und Gedankengänge".[69] Le Maîstre beschreibt sich im Innern des Interieurs als ein „Doppelwesen", das in der Abgeschlossenheit seines Zimmers in eine Beziehung zu seiner eigenen Andersheit tritt. Sein eines Ich, die „Seele", wird im Zwiegespräch von seinem „zweiten Ich", dem „fremdartigen Selbst", dem „Tier", „dem anderen" aufgefordert, sich selbst zu vergessen, sein „Gefängnis" zu sprengen, um in einem Dialog jenseits der von „Büchern und Federn" vorgezeichneten „geraden Linie" neue Bahnen zu suchen. Dieser Reisende ist in der Abgeschlossenheit des Zimmers körperlich anwesend: müßiggehend[70], im Bett liegend, im Stuhl schaukelnd und dabei in den Falten seines Reisekleides verschwindend, essend, schlafend, träumend und phantasierend, bemüht er sich, „so wenig als möglich"[71] mit dem Kopf, der ohnehin bei einem Unfall auf dem Weg zum Schreibtisch verletzt wurde, zu denken.

Wo bei Le Maîstre Reiselust, Müßiggang und ein latenter Autoerotismus das Reisegeschehen im Interieur bestimmen, ist Sophie von La Roche um Abgrenzung und Ausschluß bemüht. Indem sich bei ihr alle Momente der Bewegung allein auf den Kopf konzentrieren, wird in ihrem Text der eigene Körper verdrängt und stillgestellt. Das Haus, das bei Le Maîstre als eine „Ansiedlung am Rande der Innerlichkeit" (Lévinas) Weiblichkeit evoziert, wird von La Roche umgekehrt zu einem Gehäusepanzer, der jeglichen Bezug auch auf die eigene Sinnlichkeit und Körperlichkeit unterbricht.

---

[68] Anonym (Xavier Le Maîstre): Mein Zimmer eine kleine Welt. Nach dem Französischen des Grafen von Ximenez frei bearbeitet. Nebst einer Vorrede von Herrn Professor K.H. Heydenreich. Leipzig 1797 (1795, 1991).

[69] Zu Le Maîstre vgl. Oettermann: „...das in Anlehnung an Sternes Sentimental Journey eine minutiöse Beschreibung der Arrestzelle des Autors bietet, die übergeht in eine Traumvision der Französischen Revolution, in der die Abschaffung von Königtum und Gott gefordert wird, um mit einer Apologie der modernen Naturwissenschaft und Medizin zu enden." Oettermann 1985, S. 18. Vgl. Becker 1990, S. 31ff.: Von der „Voyage round the world" zum „Voyage autour de ma chambre".

[70] Le Maîstre bezeichnet die Zimmerreise ohnehin als die ideale Reiseart für solche, die „durch die Verhältnisse gefesselt, nicht reisen können", für Mittellose, Kranke, Bedrohte, Träge, Mühe Scheuende, Mutlose und Antriebslose.

[71] Le Maîstre 1797, S. 47.

Bis auf eine einzige Geste, den Hinweis auf ein Lineal nämlich, mit dem La Roche jedesmal dann an ihre Türe klopft, wenn sie „während dem Schreiben jemand von <ihrer> Familie haben will"[72], ist der eigene Körper vollkommen von ihr abgerückt und fern. Durch die Berührung der Wand mit dem Lineal jedoch wird nicht nur die vollständige körperliche Selbstlinearisierung und -normierung, das Ergebnis der – wie Sophie von La Roche sagt – „Fronarbeit ihres Schreibetisches"[73] sichtbar. Unmißverständlich weist diese Geste auch auf eine nun meßbare innere Differenz zwischen dem weiblichen Ich und seinem Gehäuse, dem „erweiterten Leib der Persönlichkeit der Frau" (Simmel), von dem es abgerückt ist, ohne die Gehäusewand, die Grenzen der weiblichen Welt nach außen hin zu durchbrechen. Aus dieser inneren Differenz zwischen dem Ich und seinem Gehäusekörper ergibt sich eine eigene, vom Zimmer, dem „kleinen Draußen" abgeschlossene und unabhängige Selbstlokalisierung, die der Reisenden die Chance der Bresche in doppelter Hinsicht eröffnet: die Selbstrepräsentation im Gehäuse gräbt, wie Lévinas schreibt, „Zwischenräume in die Kontinuität der Erde" nach außen und in die imaginären Erdungen des weiblichen Körpers. Ein Verfahren, in dem sich ein weibliches Ich – vergleichbar mit der Loslösung aus der primären Selbstverständlichkeit des Menschen beim Verlassen des geozentrischen Weltbildes – außerhalb seiner eigenen Naturbereiche denkt.[74] Erst im äußeren Abrücken vom Interieur und durch die interne Konzentration auf die Regionen des eigenen Kopfes kann sich ein weibliches Ich als ein „homo clausus" und als eine nicht-groteske Gestalt in den Leibeskanon der Neuzeit eingliedern. Erst durch die doppelte imaginäre Abspaltung des eigenen Körpers und durch den Einschub einer inneren Differenz zwischen der Schreibenden und dem sie umgebenden Interieur läßt sich die enge räumliche Assoziation von Frau/domestizierter Natur im Innern des Zimmers („Frauenzimmer") lösen.

---

[72] La Roche 1799, Bd. 1, S. 167.

[73] Sophie von La Roche in einem Brief an Elise von Solms-Laubach vom 13.2.1799. Zit. nach Heidenreich 1986, S. 224.

[74] Vgl. Norbert Elias: Über den Prozeß der Zivilisation. Soziogenetische und psychogenetische Untersuchungen. Wandlungen des Verhaltens in den weltlichen Oberschichten des Abendlandes. Frankfurt/M. 1981, Bd. 1, S. LVIIf.

Durch diese räumliche Emanzipation hat sich Sophie von La Roche an ihrem „Schreibetisch" aufrecht sitzend zudem unmerklich und durch eine leise Drehung im Innern des Gehäuses in eine neue axiale Lage gebracht, die der normalen europazentrischen Ordnung des Begehrens entspricht.[75] Eine Ordnung, nach der der Ursprung und die Leidenschaften im Süden, im Norden dagegen der Pol der sprachlichen Artikulation verankert ist. In dieser Lage hat die englandbegeisterte Sophie von La Roche, wie jeder andere Zeitgenosse, für den die Schrift, der Verstand und die „kalte Klarheit der Vernunft" nördlich ist und der, nach Süden gewandt, „den Kadaver des Ursprungs" mit sich schleppt[76], auch eine „normale" reisefähige Ausrichtung.[77] In dieser Ausrichtung ist sie in der Lage, getrennt von ihrem Gehäuse zu agieren und – auszusteigen.

---

[75] Vgl. hierzu die Vorliebe von Autoren, sich im Interieur in die horizontale Lage zu begeben: „Du verdienst ein besondres Kapitel, mein liebes Canapee, und ich denke du gehörest ebenso gut in eine Reisegeschichte, als irgend etwas, das da nicht stehen sollte, wo man es hinstellt." Ernst August Anton von Göchhausen: Das Canapee. In: M(eine) R(eise). Eisenach 1772, S. 12 .

[76] Vgl. Derrida zum Thema Orient/Okzident, Geographie, Topographie, das Problem des natürlichen Ortes, Nord/Süd bei Rousseau. In: Grammatologie. Frankfurt/M. 1983, S. 372ff. Vgl. auch: „die Schrift ist nördlich" S. 388 und: „Der »Verstand«, das heißt die kalte Klarheit der Vernunft, die nach Norden gewandt den Kadaver des Ursprungs mit sich schleppt", S. 475 ebd.

[77] Tatsächlich hat Sophie von La Roche dieser geographischen Ausrichtung auch in ihren Reisezielen entsprochen. Während die Englandbegeisterte ausschließlich durch Nordeuropa gereist ist, erscheint der Bezug zu Italien als verdrängter, in der Realität niemals erreichter Traum. Vgl. den Traum einer Reise nach Neapel, Bd. 1, S. 363ff.

GEHÄUSEFAHRTEN

Ein Prozeß, den Christina von Braun den *Einbruch der Wohnstube in die Fremde* nennt, die gewaltsame Domestizierung der Welt durch ein Erklärungsmuster, das „jede Form von Andersartigkeit den Gesetzen der Wohnstube unterwirft"[1], begleitet auch das Erscheinen weiblicher Reisender im öffentlichen Bewußtsein. Durch den Ausbau des Binnenstreckennetzes seit dem 16. Jahrhundert[2] und durch die Errichtung eines regelmäßigen Rollwagenverkehrs im 18. Jahrhundert, d.h., durch die massenhafte Verbreitung von Verkehrstechniken, die auch über Land das Gehäuse als Ganzes transportieren, sowie durch den weltweiten Kolonisierungsprozeß im 19. Jahrhundert erhalten (das ist ablesbar an der wachsenden Zahl der Reiseberichte von Autorinnen des 18. Jahrhunderts[3] und der auf Weltmaßstab ausgedehnten Frauenreisewelle des 19. Jahrhunderts) auch diejenigen eine Stimme, die das Interieur immer schon gewohnt waren.

Das Reisen in den diversen neuzeitlichen Gehäuseformationen (Kutsche, Eisenbahnabteil, Auto, Flugzeug) läßt seit dem 18. Jahrhundert vermehrt auch Frauen als Reisende sichtbar werden, ohne daß sie wie noch ihre frühen Vorgängerinnen Sidonia Hedwig Zäunemann und Lady Mary Montagu hinter der Maske eines Männerkleides oder unter dem Schleier verschwinden.[4] Als transportable Interieurs verlängern diese Gehäuseformen, wie im übrigen auch die Miniaturen, Stöckel- und Handschuhe, die Haube und natürlich das Korsett, die Signatur des Hauses künstlich nach

---

[1] Christina von Braun: Der Einbruch der Wohnstube in die Fremde. Vortrag im Kunstmuseum Bern. 10. Mai 1987, um 9. Hg. von G.J. Lischka, Bern 1987, S. 30.

[2] Vgl. Werner Sombart: „Im Laufe des 16. Jahrhunderts, in dem Maße wohl, wie sich die Straßen besserten, wurde die Sitte, im Wagen zu reisen, allgemeiner." Werner Sombart: Der Personenverkehr. Das Reisen. In: Der moderne Kapitalismus. Historisch-systematische Darstellung des gesamteuropäischen Wirtschaftslebens von seinen Anfängen bis zur Gegenwart. München und Leipzig 1924, Bd 2.1, S. 510ff.

[3] Vgl. Griep/Pelz (Hg.): Frauenreisen. 1700 – 1810. Eine kommentierte Bibliographie. Bremen 1993.

[4] Vgl. meinen Beitrag: Reisen Frauen anders? Von Entdeckerinnen und reisenden Frauenzimmern. In: H. Bausinger, K. Beyrer und G. Korff (Hg.): Reisekultur 1648-1848. München 1991, S. 121-124.

draußen, so daß eine Reisende auch unterwegs von einem häuslichen Rahmen umgeben bleibt. Durch das mitgeführte Gehäuse, das sich wie eine permanente und mobile Grenze einschiebt, zwischen den Körper der Reisenden und den durchreisten Raum, wird eine Reisende als „Frauenzimmer" und als „Hausfrau" transportabel.

Im Rahmen dieser Gehäuseformationen, die allgegenwärtig, von außen wie von innen sichtbar, ihre Reise begleiten, bleibt eine Reisende auch draußen eine häusliche, domestizierte Erscheinung. Auch unterwegs gräbt das mobile Gehäuse „Zwischenräume in die Kontinuität der Erde", es umgibt eine Reisende auch im offenen Raum mit der Aura der Abwesenheit. Frauenreisen – eine an sich paradoxe Vorstellung – waren daher im Zusammenhang mit der Wagenfahrt – dem im Gehäuse verschobenen Interieur – immer schon denkbar. In der Geschichte des Reisens und der Reiseliteratur finden sich Frauen entweder zu Hause wartend wie Penelope oder unterwegs immer in der Nähe eines beweglichen Gehäuses.

Die Kulturgeschichte der Wagenfahrt (László Tarr: *Kutsche, Karre, Karosse*[5]) enthält daher eine selten große Reihe kulturgeschichtlicher Beispiele reisender Frauen, aus der die enge Verflechtung von Wagenfahrt und weiblicher Mobilität hervorgeht. Den nomadisierenden Hirtenvölkern der Antike[6] beispielsweise dienten gedeckte Wohnwagen als Kirche, Schutzwall und ständige Wohnstätte[7], bei den Römern hatten fast ausschließlich Prie-

---

[5] László Tarr: Karren, Kutsche, Karosse. Eine Geschichte des Wagens. München, Basel, Wien 1970. Vgl. auch: Carl Christian Schramm: Abhandlung der Porte-Chaise oder Trage-Sänften durch Menschen oder Thiere, in allen Vier Theilen der Welt, nach der Critic, Mechanic, Historie, dem Recht, wie auch Cammer- und Policey-Wesen ausgeführt und erläutert mit Urkunden und Kupfern von Carl Christian Schramm, Reichs-Gräflich-Sollmischen Amts-Rathe. Nürnberg 1737.

[6] Herodot berichtet von den Skythen, die in halbkugelförmigen, mit Filz überzogenen Wagen gewohnt haben. Tarr 1970, S. 138.

[7] Über die Alanen berichtet Amminianus Marcellinus: „Auf den Wagen paaren sie sich, und auf den Wagen bringen die Frauen die Kinder zur Welt und ziehen sie auf. Das ist ihre ständige Wohnstätte, und wohin immer die Alanen wandern, der Wagen ist ihr Heim." Zit. nach Tarr 1970, S. 107. László Tarr kommentiert: „Ähnliche Schilderungen kehren bei den Geschichtsschreibern der Antike mit geringeren Abweichungen immer wieder, wenn von Steppen-Nomaden die Rede ist."

ster und Frauen das Privileg, einen Wagen zu fahren. Auch bei den Griechen benutzten den gedeckten Wohnwagen hauptsächlich Frauen und alte Leute[8]; zur Zeit der Völkerwanderung folgten Frauen, Greise und Kinder den mit Jagd und Kriegshandwerk beschäftigten Männern in zweirädrigen Reisewagen[9]; an den Kreuzzügen waren Frauen und Kinder beteiligt, die sich auf Ochsenkarren und Leiterwagen den Kreuzfahrern anschlossen.[10] Für die Zeit des Mittelalters, in dem der Überlandverkehr wieder zunahm, gilt, daß fromme und ältere Frauen trotz aller Unbequemlichkeiten auf den schlecht ausgebauten Straßen „freilich schon anstandshalber einen Reisewagen" benutzten.[11] Diese verschiedenen Formen „vormodernen" Frauenreisens weisen darauf hin, daß in den spezifischen Formen der eingeschlossenen und seßhaften Überlandreise die tieferen Strukturen einer Entwicklung zu suchen sind, die dann im 18. Jahrhundert nicht nur Jean Jacques Rousseau eine generelle Feminisierung des Reisens ahnen ließen. Auch Rousseaus Zeitgenossen bezeichneten die französischen Dilligencen als „Gefängnisse auf Rädern"[12], und im Mittelalter galt, wie im übrigen schon in der Antike, das Fahren im Wagen als ein Zeichen des Alters, der Gebrechlichkeit und der Verweichlichung: „Noch im Anfang des 16. Jahrhunderts reiste im Wagen nur, wer krank war oder allenfalls Frauen und Kinder."[13]

---

[8] „Plutarch berichtet von den peloponesischen Gesandten, die auf dem Wege nach Delphi in Megara mit Frauen und Kindern auf ihren Wagen übernachteten." Tarr 1970, S. 124.

[9] Tarr 1970, S. 174.

[10] Tarr 1970, S. 177.

[11] Tarr 1970, S. 169. S. auch: „Aus den Verrechnungen der Italienreise, die Kaiser Heinrich VII. von Luxemburg in den Jahren 1312/1313 unternommen hatte, geht hervor, daß die Verpflegung der den Zug begleitenden Damen häufig mehr verschlang als der Sold für die Truppen. Den Berittenen vom Hofe folgten lange Wagenkolonnen, bestehend aus Kobelwagen mit Dächern aus Planen oder Leder gegen die Unbilden der Witterung, sogenannten Kammerwagen zum Transport von Waffen und Zelten, Betten und Bettzeug, Kanzlei- und Kücheneinrichtungen, Tafelgeschirr und Tischtüchern, Wandteppichen, Kleidern, Kissen und Decken und meist auch einem eigenen Kapellenwagen mit dem Altar und den zum Messelesen benötigten liturgischen Geräten." Tarr 1970, S. 179.

[12] Tarr 1970, S. 278.

[13] Sombart 1924, Bd. 2.1, S. 261. Vgl. auch Tarr: „Die Lehensherren, denen viel dran lag, ihre berittenen Lehensleute jederzeit zum Kriegsdienst heranziehen

Ursprünglich ist der Wagen ein Symbol des Jenseitsbezuges. In der griechischen Mythologie sind Kultwagen Transportfahrzeuge der Sonnen- und Mondscheibe und der Jenseitsvorstellungen.[14] Als Grabbeigabe begleiten Wagenmodelle (Wagenkasten, Scheibenräder sowie Graburnen auf Rädern) die Toten auf ihrer „letzten Fahrt" in das Schattenreich der Unterwelt. Auch die Neuzeit kennt den „Armesünderkarren", der die Verurteilten zur Richtstätte fährt. „Himmelswagen" nannte man im 16. Jahrhundert Truhenwagen, die aus einem Wagenkasten bestanden, der zum Zwecke der „Erdenfahrten", der „letzten Reise", auf die Räder gehoben wurde.[15] Der seit der Antike allgemein verbreitete Glaube, die Toten benötigten zur Fahrt ins Jenseits einen Wagen, ist durch das Rad bedingt, das – ohne Anfang und ohne Ende – ein kultisches Symbol der Unendlichkeit ist. Gegenüber dem endgültigen Absturz ins ungewisse Dunkel vermag das fahrende Gehäuse der in der Kapsel mitgebrachten eigenen Welt einen unendlichen Aufschub zu gewähren.[16]

Beim Transport von Frauen, den Nomadinnen innerhalb der Gesellschaft, erhält der Wagen seine ursprüngliche Mitgiftfunktion im Zusammenhang mit Hochzeitsbräuchen. Brautwagen sind die traditionelle „Mitgift" beim Übergang einer Frau in den Ehestand.[17] Kutschen waren kostbare Brautgeschenke des Adels im 16. Jahrhundert. „Frauenkobel" wurden die Prunkwagen des Adels genannt, in dem Königinnen, Prinzessinnen,

---

oder zum Austragen einer Fehde aufbieten zu können, wetterten ebenfalls gegen die Verweichlichung durch den Wagen, da nur abgehärtete und im Reiten geübte Männer den Entbehrungen und Unbequemlichkeiten eines Feldzuges gewachsen wären. Die deutschen Fürsten drängten die Adligen immer wieder, sie sollten sich im körperstählenden Reiten üben und den Frauen den Wagen überlassen." Tarr 1970, S. 225, vgl. auch S. 169.

[14] Tarr 1970, S. 127.

[15] Tarr 1970, S. 213, vgl. hier: Sigrid Metken (Hg.): Die letzte Reise. Sterben, Tod und Trauersitten in Oberbayern. München 1984 (Münchener Stadtmuseum. Ausstellungskatalog).

[16] vgl. Vilém Flusser, der schreibt: „Das Rad (ist) mit der Wirklichkeit, über welcher es rollt, überhaupt nicht in Berührung und sollte daher von ihr in keiner Weise beeinflußt werden." In: Die Zeit Nr. 50, 6. Dezember 1991, S. 73.

[17] Gemäß eines Satzes des hl. Hieronymus gehörte zur Aussteuer einer vornehmen Braut im 4. Jh. neben einer Sänfte auch ein vergoldeter Brautwagen. Tarr 1970, S. 147.

Kurfürstinnnen und die vornehmen Damen des Gefolges bei feierlichen Ein- und Aufzügen, Hochzeiten und Begräbnissen, in vergoldeten und mit kostbaren Geweben ausgeschlagenen Wagen in die Stadt einzogen oder am Hofe vorfuhren:

> Als Karl von Anjou (1226-1285) (...) den Thron Neapels bestieg und in seine Residenz einzog, beteiligten sich die Damen des Hofes in vierrädrigen Wagen, „Carretta" genannt, am festlichen Zug. Besonders ausführlich beschreibt der Chronist die Carretta der Königin, die innen wie außen mit azurblauem Samt überzogen und im Innern mit gestickten goldenen Lilien geschmückt war.[18]

In Mailand wurden prächtige Wagenkorsos in vergoldeten, bemalten und mit kostbaren Stoffen überzogenen Kutschen abgehalten, in denen die Kutsche als Bühne einer repräsentativ ausgestellten Weiblichkeit fungierte:

> Langsam und würdevoll fuhren die prächtigen Kutschen durch den dichten Stadtverkehr, um den Damen Zeit zu lassen, ihre Roben und ihre herrlichen Schmuck zur Schau zu stellen. Sooft die Wagenreihe stockte, begann ein lebhaftes Geplauder unter den Damen und ihren berittenen Verehrern.[19]

Als der reisende Bürger sich im Laufe des 18. Jahrhunderts des Kutscheninterieurs bemächtigt, ist dies mit erheblichen Konflikten und auch mit der Verdrängung von Weiblichkeit aus dem Kutscheninnern verbunden. Nicht alle Reisenden sprachen wie Yorick in Laurence Sternes *Empfindsame Reise durch Frankreich und Italien* von „seltsamen Fügungen des Glücks", die zwei

> völlig Unbekannte (...) von verschiedenem Geschlechte, und vielleicht aus entlegenen Winkeln der Erde (...) in eine so herzlich vertraute Situation <setzten>, als selbst die Freundschaft nicht hätte zuwege bringen können.[20]

---

[18] Tarr 1970, S. 194. Auch von der neapolitanischen Prinzessin Beatrice wird berichtet, daß sie in einer vergoldeten und mit grünem Samt geschmückten Kutsche in Ungarn einzog.

[19] Tarr 1970, S. 197.

Nicht jeder Reisende hatte das Glück, unterwegs etwa während *Sophiens Reise von Memel nach Sachsen* der väterliche Freund und Begleiter einer ebenso jungen wie schutzbedürftigen Sophie zu werden.[21] Frauen waren mitunter ganz unbeliebte Reisegefährten, weil es die Höflichkeit und vielleicht auch die älteren Rechte an diesem Ort geboten, ihnen die besseren Plätze zu überlassen:

> When going by coach avoid women, especially old women, they always want the best places.[22]

zitiert Bates eine Reiseweisheit um 1600. Schließlich wurde es erst im Laufe des 17. Jahrhunderts allgemeiner Brauch, daß nicht nur die Damen bei festlichen Gelegenheiten bei Hofe vorfuhren, sondern auch fürstliche und andere hochgestellte Herren.[23] Georg Forster mußte auf der Fahrt von Aachen nach Lüttich auf seinen Anspruch auf seinen „ersten Platz" verzichten, als dieser bereits von reisenden „Frauenzimmern" besetzt war:

> Wir hatten die ersten Plätze; allein beim Einsteigen fanden wir drei Frauenzimmer darauf; folglich schwiegen wir von unseren Ansprüchen, und setzten uns, wo wir zukommen konnten.[24]

Wie Forster fanden sich viele Reisende gegen Ende des 18. Jahrhunderts auf Reisen und in der Kutsche plötzlich auf engstem öffentlichem Raum mit Frauen wieder. Das bescherte ihnen eine Erfahrung, die die Welten ähnlich wie der gegen Ende des 18. Jahrhunderts erschienene Roman „Gullivers Reisen" aus den Angeln hob und in sich verkehrte: die Illustrationen Grandvilles zeigen den Welteroberer Gulliver, der – mal riesenhaft vergrößert – über die Dächer der Häuser steigt oder – mal winzig verkleinert – von einer Riesin bewacht und in seiner Hausschachtel von einem

---

[20] Laurence Sterne. Yoricks empfindsame Reise durch Frankreich und Italien, nebst einer Fortsetzung von Freundeshand. Nördlingen 1986, S. 46.

[21] Vgl.: Johann Timotheus Hermes: Sophiens Reise von Memel nach Sachsen. Leipzig 1769–1773, 5 Bde.

[22] Bates 1911. Zit. nach Wagner 1980, S. 58.

[23] vgl.: Tarr 1970, S. 233.

[24] Georg Forster. Ansichten vom Niederrhein von Brabant, Flandern, Holland, England und Frankreich im April, Mai und Juni 1790. Frankfurt/M. 1989, S. 125.

Riesenadler transportiert wird.[25] Auch das Thema des „unsichtbaren Kundschafters", des Spions, der sich verschleiert, anonym und im Verborgenen in die „Cabinette der Schönen" einschleicht und unterirdische Reisen zu Wasser und zu Land unternimmt,[26] verweist auf den Wandel im Genre der Reiseliteratur und spielt mit der Erfahrung einer sich ungewohnt verkehrenden Gehäusewelt.

Die Erfahrung der Depersonalisierung des Reisenden und damit auch des Wegfalls der Geschlechtertrennung während der Reise war für die Bürger des ausgehenden 18. Jahrhunderts eine durchaus unliebsame Gleichheitserfahrung, die im Innern des Gehäuses wiederum mit Ausgrenzung beantwortet wurde. Im Wageninnern setzte sich das Spiel von Ausgrenzung und Vereinnahmung des weiblichen Körpers im öffentlichen Raum nicht nur im Zuge der Erotisierung des Genres, sondern mitunter auch ganz praktisch über eine innere Grenze hinweg fort. In Prag beispielsweise steigt Christian Friedrich Adolf Rost 1826 auf einer Reise von Leipzig nach Wien in einen in je ein Männer- und Frauenabteil unterteilten Wagen:

> Ch.F. Rost entdeckte ein in die Trennwand eingelassenes kleines Klappfenster, das er öffnete. So konnten sich nicht nur die männlichen Fahrgäste mit den weiblichen unterhalten, sondern es kam auch etwas Bewegung in die dumpfe Schwüle des Wageninnern.[27]

Auch durch die Sitzordnung konnte das Kutschengehäuse gleich dem Haus zu einer verkehrten Welt werden, mit Pierre Bourdieu zu einer Art „Miniaturbild" bzw. zu einem „Mikrokosmos", der nach demselben Gefüge homologer Gegensätze aufgebaut ist wie der gesamte gesellschaftliche Topokosmos. Nicht nur in bezug auf das Haus, auch im Hinblick auf die Kutsche konnte sich der Mann öffentlich als derjenige zeigen, der

---

[25] Grandville, Jean: Jonathan Swift: Reisen in verschiedene ferne Länder der Welt von Lemuel Gulliver. München 1958.

[26] Vgl. Haywood, E. (Verf. anonym): Der unsichtbare Kundschafter. Altenburg 1756 und das ebenfalls anonym erschienene Tagebuch von von Heidegger: Tagebuch eines unsichtbaren Reisenden. o.O. 1718.

[27] Rost, zit. nach Tarr 1970, S. 299.

tendentiell dem Gehäuse den Rücken kehrt, denn auch das Kutschengehäuse war für den Mann „weniger ein Ort, den man betritt, als vielmehr ein Ort, den man verläßt"[28], während eine Frau auch unterwegs dem Interieur verhaftet blieb. In englischen Parc Coaches oder Drags, die im 19. Jahrhundert zu Schaufahrten oder Ausflügen benutzt wurden, saßen die Damen im geschlossenen Wageninnern, das zu einer Art Toilettenzimmer umgestaltet war, die Herren jedoch auf dem Dach oder hinter dem Kasten im Freien.[29] Auf ihrer *Reise durch Schottland und England* (1803) bemerkt Johanna Schopenhauer über den Ausflugsverkehr in Brighton:

> Stattliche Ladies in eleganten Postchaisen guckten kaum mit der Nase über Berge von Putzschachteln hinweg, welche die Zurüstungen zu künftigen Triumphen enthielten.[30]

Überhaupt konnte das fahrende Gehäuse, gerade weil es die Strukturen der eigenen Welt gleichsam in der Kapsel mit sich herumführte, zum einem öffentlichen Exponenten räumlicher Strukturen und Hierarchien[31] und damit natürlich auch zu einer

---

[28] Bourdieu 1979, S. 61.

[29] Tarr 1970, S. 289.

[30] Johanna Schopenhauer: Reise durch England und Schottland. Hg. Georg A. Narciss, Frankfurt/M. o.J. (nach der Ausgabe von Leipzig 1830), S. 164. In einer Straßenszene in London beschreibt Johanna Schopenhauer die Kutsche, in der Frauen sitzen, als einen Durchgangsort für Männer: „Man erzählt, daß ein Trupp Matrosen, dem eine solche mit offenem Schlag dastehende Equipage den Weg versperrte, ohne Umstände einer nach dem anderen hindurchspazierte, indem sie der darin sitzenden Damen höflich guten Morgen boten." Schopenhauer o.J. 1830, S. 184.

[31] Peter Apor beschreibt eine adelige Reisegruppe zu Anfang des 18. Jahrhunderts folgendermaßen: „Wenn jemand zweierlei Kutschen hielt, fuhr der Mann in der nach zwei Seiten aufklappbaren und die Frau in der Spindelkutsche. (...) Zur Reise machte man aus Kissen Sitze, die mit Teppichen bedeckt wurden. Hinten wurden in einer großen Kiste der Mantel, die Schürze und andere Habseligkeiten der Frau, vorn wurde die Truhe mit der Leibwäsche verstaut. Man pflegte einen Topf mit Kohl, aber auch Braten auf die Reise mitzunehmen und besonders zur Sommerzeit auf einer Wiese zum Essen auszusteigen. Auch in Flaschen abgefüllten Wein führte man mit – meistens in einer gepolsterten, sechsfach unterteilten Flaschenkiste –, denn guter Wein war nicht überall zu haben. Auf dem rückwärtigen Sitz nahmen der Herr und die Dame Platz, ein drei- bis vierjähriges Kind nahmen sie in die Mitte, ein größeres – besonders wenn es ein Mädchen war – saß mit der Amme auf dem Vordersitz. Die Zofen des Hofes drängten sich manchmal

Zielscheibe ihrer Kritik werden. Auch aus der Perspektive reisender Frauen ließ sich hier, etwas weg vom Ich, das eigene Gehäusedasein leichter kritisieren. In *Ausflug an den Niederrhein und nach Belgien im Jahr 1828*[32] beschreibt Johanna Schopenhauer nicht ohne Ironie das „Debarquement" einer englischen Reisegruppe, an der sich auch die ersten Zeichen des Schnellreisens und des Tourismus bemerkbar machen. Hier entsteigt nach umständlichen Präliminarien eine Gesellschaft von „Unsichtbaren": Mylord, „Mylady und noch eine Lady, und nun noch ein paar Kinder, deren Erziehung auf Reisen vollendet werden soll,"[33] ihrer „ambulirenden Kinderstube"[34], um gleich darauf im Gasthaus zu verschwinden, worin sie wochenlang verweilen, ohne sich wieder blicken zu lassen. „Die Welt", schreibt Johanna Schopenhauer,

> ist heut zu Tage auch den Frauen aufgethan (...) denn jede Reise ist jetzt nichts weiter als eine etwas verlängerte Spazierfahrt, und wenigstens alle acht Meilen ist ein Gasthof anzutreffen, in welchem man beinahe eben so gut sich befindet, als im eigenen Hause.[35]

In der *Verteidigung der Rechte der Frauen* wendet sich die weitgereiste Mary Wollstonecraft[36] kritisch gegen das öffentliche Erscheinen von Frauen, die in der Kutsche in traditioneller Weise „Sensation zu machen hoffen":

> Wenn ein Mann eine Reise macht, so hat er gemeiniglich seinen Zweck im Sinn. Ein Weib hingegen denkt in diesem

---

zu viert neben der Falltreppe. Hinten auf dem Trittbrett stand auf der Seite des Herrn der Leibknecht, auf der der Dame der Leibdiener, der einen Lederbehälter mit dem goldenen Waschbecken, dem Handtuch und Kamm des Herrn umgehängt trug. Die berittenen Diener zogen der Kutsche voran, während der Reitknecht hinten das Handpferd am Zügel führte." Peter Apor: Metamorphosis Transsylvaniae. (Anfang des 18. Jhd.) zit. n. Tarr 1970, S. 247.

[32] Johanna Schopenhauer: Reise an den Niederrhein und nach Belgien im Jahr 1828. Kommentiert und mit einem Nachwort versehen von Karl Bernd Heppe und Annette Fimpeler. Essen 1987 (1831).

[33] Schopenhauer 1987, S. 109.

[34] Schopenhauer 1987, S. 105.

[35] Schopenhauer 1987, S. 104.

[36] Vgl.: Mary Wollstonecraft: Reisebriefe aus Südskandinavien. Hg. und mit einem Nachwort versehen von Ingrid Kuczynski, Leipzig 1991.

Fall mehr an die zufälligen Ereignisse, die ihr unterwegs zustoßen, an die seltsamen Dinge, die ihr da begegnen könnten, an den Eindruck, den sie wohl auf ihre Reisegefährten machen möchte; und vor allem ist sie auf Putz bedacht, den sie bei sich hat, und dann mehr als jemals wie einen Teil ihrer selbst betrachtet, vor allem, wenn sie im Begriff ist, auf einem neuen Schauplatz zu figurieren, und Sensation zu machen hofft.[37]

Auch im öffentlichen Raum kann eine Frau im Gehäuse die exotische Erscheinung einer Ferne bleiben, so nah sie auch ist. Der Wagen, von Mary Wollstonecraft als mobile Bühne einer konservativ-weiblichen Selbstinszenierung kritisiert, läßt sich umgekehrt aber auch als ein trojanisches Pferd beschreiben, das Weiblichkeit in der bürgerlichen Öffentlichkeit zur Anwesenheit verhilft. Alle Abgrenzungs- und Ausschlußmechanismen gegenüber dem Weiblichen können letztlich nicht verhindern, daß mit dem zunehmenden Ausbau des Streckennetzes und des Verkehrswesens in dem rollenden Gehäuse ein Fremdkörper im Begriff ist, tief in die bürgerliche Wirklichkeit einzudringen.

Weibliche Apodemik – die Kunst, ohne Füße wegzugehen

Der „Unfall" einer Frauenreise, das geschlechtsspezifische Risiko, nach dem mit Franz Ludwig Posselt

> das Reisen junger Damen noch weit gefährlicher seyn <möchte>, als <bei> Jünglingen oder jungen Männern,[38]

besteht kaum in der realen Katastrophe eines Überfalls, eines Achsenbruchs oder zusammenbrechender Pferde, die es – etwa bei Eva König 1772 auf einer Reise von Hamburg nach Wien an Gotthold Ephraim Lessing beschrieben – natürlich auch gegeben hat. Dort mußten alle Reisenden aussteigen und zu Fuß den Weg

---

[37] Mary Wollstonecraft: Verteidigung der Rechte der Frauen. Rettung der Rechte des Weibes. Hg. v. Berta Rahm. Zürich 1975, S. 120.
[38] Posselt 1795, Teil III, S. 733.

ins nächste Dorf fortsetzen, wobei Eva König interessanterweise schreibt:

> Bei jedem Schritt, den ich tat, mußte ich die Beine mit Macht aus der Erde ziehen.[39]

Solange die Reisende das Gehäuse nicht verläßt, besteht das Skandalon des Frauenreisens auch nicht in der Tatsache, daß es eine Frau ist, die reist, denn auch der Frage ihres Aufbruchs gewährt das „rollende Haus" einen unendlichen, wenn auch spannungsreichen Aufschub. Es ist vielmehr der naheliegende zu befürchtende Wunsch der Reisenden, den Mechanismus der Gehäusefahrt zu unterbrechen und sich in diesem Gehäuse dem Ausstieg aus dieser Hülle entgegenzubewegen. So schreibt Jean Jacques Rousseau:

> Kaum haben sie einen Blick in die Welt geworfen, und schon wirbelt ihnen allen der Kopf; keine von ihnen möchte sie wieder verlassen.[40]

Um einen reibungslosen Übergang von einer Gehäusewelt in die andere zu garantieren, werden die Reisenden vor allem von einer Sorge begleitet, die solchen „sehr vernünftigen Vorkehrungen" gilt, die den kritischen Zwischenraum beim Ein- und Ausstieg überbrücken. Therese Huber schreibt 1809 in ihren *Bemerkungen über Holland aus dem Reisejournal einer Frau*:

> Ich hatte dabei Gelegenheit eine sehr vernünftige Vorkehrung zu beobachten, durch die man beim Einsteigen verhütete, daß die Räder uns nicht beschmutzten. Der Kutscher bereitete einen wollenen Teppich über das Rad, den er dann zusammen schlug, und auf seinen Sitz legte. Diese Sorgfalt beobachtete er so oft wir aus- und einstiegen.[41]

---

[39] Eva König an Gotthold Ephraim Lessing, 28.2.1772. In: Deutsche Briefe. 1750-1950. Hg. von Gert Mattenklott, Hannelore Schlaffer, Heinz Schlaffer. Frankfurt/M. 1988, S. 539-541.
[40] Rousseau 1980, S. 778.
[41] Therese Huber: Bemerkungen über Holland aus dem Reisejournal einer deutschen Frau. Leipzig 1811, S. 105.

Alain Corbin beschreibt die Badepraktiken an den Stränden der englischen Badeorte, das Aussteigen im Schutz des Badewagens (Badewagen gibt es seit 1735) als ein dramatisches Spiel, das unter der gesteigerten Aufmerksamkeit der männlichen Badegäste stattfand: In der Frühgeschichte des Meerbades werden

an den Stränden zwei verschiedene Rollen gespielt, stets den beobachtenden Blicken durch das Fernrohr ausgesetzt. Die Frau, fröstelnd im seichten Wasser, jeden Moment zum Rückzug bereit, als fürchte sie die Aggression einer plötzlich hereinbrechenden Welle, der sie sich nur scheinbar aussetzen will, hält sich in Begleitung ihres Badewärters stets bei ihrem Wagen, manchmal unter dem sogenannten »Fallschirm« auf. Die Vorhänge, die gelegentlich benutzten Tragebetten, die Gefahr des ungewollten Einblicks und die Angst vor indiskreten Fernrohren tragen zur Dramatisierung des Spieles bei. Aus den strengen Regeln der Sittsamkeit, die damals zu herrschen beginnen, läßt sich die Intensität des peinlichen oder berauschenden Gefühls erschließen. Für eine Frau der Bourgeoisie hatte es etwas Ungeheuerliches, wenn sie den Ort der *privacy* – und sei er ein Badewagen – verließ und mit aufgelöstem Haar, nackten Füßen und kaum verhüllten Hüften, das heißt in jener Aufmachung, die der Intimität mit dem auserwählten Partner vorbehalten sein sollte, den öffentlichen Raum betrat. Um die Bedeutung dieses Schrittes richtig zu verstehen, muß man bedenken, wie stark die Fesseln und die Haare der Frau damals erotisch besetzt waren. Schon die Berührung des Sandes mit dem nackten Fuß war ein sinnlicher Reiz, ein unbewußter Masturbationsersatz. Mehr noch als den an das mondäne Leben gewöhnten Adligen verschafft die ärztliche Verordnung den zur Häuslichkeit verdammten bürgerlichen Frauen eine unerwartete Freiheit, einen Zugang zu außergewöhnlichen Vergnügungen. [42]

---

[42] Alain Corbin: Meereslust. Das Abendland und die Entdeckung der Küste. Berlin 1990, S. 106f.

Die Erregung, die die beim Ein- und Aussteigen aus der Kutsche sichtbar werdende weibliche Fessel in ganz Europa hervorrief, vermittelt auch im Fall von Kaiserin Eugénie (von der behauptet wurde, daß sie ihre Fesseln mit Absicht zeigte) etwas von der Aufregung, die mit dem Ausstieg und der Überschreitung der Gehäuseschwelle verbunden ist:

> Wie in der Mode gab auch in den Luxuskutschen die schöne Kaiserin Eugénie den Ton an. Böse Zungen meinten, daß sie beim Ein- und Aussteigen gern ihre schönen Fesseln zeigte, statt sie züchtig unter einer langen Schleppe zu verstecken. (...) Als Eugénie bei ihrem Besuch am österreichischen Kaiserhof mit Elisabeth die Hofkutsche bestieg, konnte sich Franz Joseph angeblich nicht enthalten, seiner Gemahlin, die nach Eugénie eingestiegen war, zu sagen: „Bitte achten Sie darauf, daß Ihre Füße verborgen bleiben!" [43]

Füße verbergen oder zeigen, Füße haben oder nicht haben, das ist die Frage, die letztlich darüber entscheidet, ob Frauen dem Gehäusedasein entweichen können und in welcher Weise sie unter Verzicht auf die Aura ihres Rahmens in ihrer ganzen menschlichen Person außerhalb des Gehäuses selbständig existieren können.

Fußreisen – Wolfgang Griep zufolge die Fortbewegungsart der „unbehausten Bevölkerungsgruppen" [44] – sind hier weniger ein Problem der sozialen Zugehörigkeit als vielmehr ein semiologisches Problem weiblicher Repräsentativität. Wenn man bedenkt, daß erst in diesem Jahrhundert der Blick auf den Frauenfuß freigegeben wurde, sind Frauen – kulturhistorisch gesehen – fußlos, d.h. nicht jede Frau konnte es sich leisten, eigene Gehwerkzeuge und damit das Indiz selbständigen Gehens und poten-

---

[43] Tarr 1970, S. 306.

[44] „Auf ihren eigenen Füßen bewegten sich nur die gänzlich Mittellosen: Handwerksburschen und arme Studenten, wandernde Schauspieler und Gaukler, Landstreicher, Bettler und Briganten, mit Ausnahme der Handwerker also unbehauste Bevölkerungsgruppen, die nicht in die Ständegesellschaft integriert waren und als unehrbar galten. Eben deshalb wurde auch die Fußreise traditionell verachtet." Griep 1980, S. 752.

tieller körperlicher Selbstbemächtigung zu zeigen, ohne ihre Würde zu verlieren.[45] Da die Menschwerdung, die Humanisierung, laut André Leroi-Gourhan mit dem aufrechten Gang und bei den Füßen beginnt, erlangen Frauen die Zweifüßigkeit, dieses entscheidende Menschheitskriterium und damit die Freisetzung von Hand, Blick, Sprache und Gehirn im öffentlichen Bewußtsein erst im 20. Jahrhundert. Doch selbst im 20. Jahrhundert bleibt das imaginäre Fehlen bzw. das Vorhandensein von Füßen ausschlaggebend für die Relation von Statik und Dynamik im Geschlechterverhältnis. Theoderich Kampmann zitiert einen Soziologen der 30er Jahre, der schreibt:

> Der weiblichen Eizelle fehlen die Füßchen völlig, nirgends übernimmt sie die Rolle des Suchens, welche Ortsbewegungen nötig machen würde; sie ist stets das Gefundene, Ruhende, Wartende.[46]

Auch der Physiognomiker Karl-Gustav Carus hat in *Physis. Zur Geschichte des leiblichen Lebens*[47] die „große Verschiedenheit des Fußes nach dem Geschlecht"[48] untersucht. Seiner Vorstellung nach besitzen die Füße eine natürliche symbolische Aussagekraft über den Geschlechtscharakter. Getreu seinem eurozentrischen Weltbild, das sich seiner Meinung nach an den Fußformen ablesen läßt, ordnet er den „weibischen", „psychischen", „motorisch-sensiblen"[49] Fuß, der „stets etwas somnambulisches"

---

[45] Würde ist neben der Anmut (der beweglichen Schönheit) die zweite Haltung des Menschen und ein Ausdruck der „Freiheit von der Natur". Friedrich Schiller: Über Anmuth und Würde. In: Werke Bd. 20. Hg. v. Benno v. Wiese, Helmut Koopmann, Weimar 1962, S. 252-308.

[46] Ernst Bergmann, S. 5; zit. nach Theoderich Kampmann: Die Methodologie der Geschlechterdifferenz und die Physiologie des Frauenwesens. Paderborn 1946, S. 102. Kampmann schreibt über die misogynen Positionen von Lombroso, Ferrero, Möbius, Liepmann, Weininger.

[47] Carl-Gustav Carus: Physis. Zur Geschichte des leiblichen Lebens. Stuttgart 1851.

[48] Carus 1851, S. 344.

[49] „Was den motorisch-sensiblen Fuß betrifft, so ist er der eigentliche Fuß der Frau (...) die Form, welche den Nachtvölkern angemessen war (...). Es ist nicht zu verkennen, daß der motorisch-sensible Fuß namentlich der ist, welcher die höhere rhythmische Bewegung der Unterglieder, den Tanz namentlich, begünstigt, ja gewissermaßen bedingt, und wie daher unter den Negern schon die Lust

hat und „durch seine schlanke Zierlichkeit den Tanz begünstigt",
den „Nachtvölkern" (Afrikaner) und den „Dämmerungsvölkern"
(Amerikaner, Mongolen und Semiten) zu[50], während es die Funktion des „rein motorischen" bzw. „motorisch athletischen", des
„wahrhaft ausgebildeten männlichen Fußes" ist, dem Körper der
„Tagvölker" (Europäer) eine „wohlgeformte, kräftige Basis zu
bieten".[51] Das „Gehen des Menschen", so Karl-Gustav Carus[52],
unterliegt aufgrund der „nahen Beziehung der Unterglieder zur
Sexualität"[53] einer natürlichen Symbolik, die Rückschlüsse auf die
Psyche erlaubt. Die verletzte Ferse Achills des „Schnellfüßigen"
wäre demnach ein Zeichen weibischer Schwäche, während Ödi-
pus ein „Schwellfuß" war. Der Biß der Schlange in Evas Ferse
bezeichnet nach Kristeva den symbolischen Akt, der die Geschlechterdifferenz etabliert.[54]

In der Ikonographie der *Fahrenden Leute in der deutschen
Vergangenheit*[55] werden als gehende Frauen nur die „Mutter"[56]

---

am Tanz das ist, was ihnen angeboren scheint (...). Was diese Fußform in den
Frauen betrifft, als denen sie insonderheit eignet, so variiert sie freilich ..." Carus
1851, S. 347f.

[50] Eine andere Variante des weibischen Fußes ist der schwerfällige „elementare
Fuß", der im Grunde ein Kinderfuß bzw. ein „roher", „plumper" Fuß ist, der sich
noch wenig von seiner animalischen Analogie (Elefanten, Nilpferde) emanzipiert
hat. Carus 1851, S. 346. Bei Möbius bezieht sich der „physiologische Schwachsinn
des Weibes" auch auf die „motorische Seite", die Kraft und Geschicklichkeit einer
Frau steht „tief unter dem Manne". Vgl. Möbius 1977, S. 31. Wie sehr das Gehen
wiederum die Tätigkeit des Geistes befördert, hat Karl Gottlob Schelle in: „Die
Spatziergänge oder die Kunst spatzieren zu gehen" beschrieben. Leipzig 1802
Reprint 1990. Zum literarischen Spaziergang vgl. Angelika Wellmann: Der Spaziergang. Stationen eines poetischen Codes. Würzburg 1991.

[51] Carus 1851, S. 349f.

[52] Carus verweist hier auf die Theorie von W. und E. Weber über das Gehen
des Menschen. W. und E. Weber: Mechanik der menschlichen Gehwerkzeuge.
Göttingen 1836.

[53] Carus 1851, S. 356.

[54] Kristeva 1982, S. 246.

[55] Theodor Hampe: Die fahrenden Leute in der deutschen Vergangenheit. Mit
122 Abbildungen und Beilagen nach Originalen, größtenteils aus dem fünfzehnten bis achtzehnten Jahrhundert. Monographien zur deutschen Kulturgeschichte.
Hg. v. Georg Steinhausen. Leipzig 1902.

[56] Vgl. die Abbildung: „Fahrende Weiber mit Säuglingen", Holzschnitt in der
Art des J. Wechtlin. 16. Jahrhundert. Gotha, Kupferstichkabinett, und Lucas van
Leyden: „Bettler auf der Landstraße", Kupferstich 1520.

und die „Landsknechtshür"[57], d.h. der offensichtlich sexualisierte
Frauenkörper barfuß bzw. auf der Erde stehend und über die Erde
gehend gezeigt, wobei die nackte und unmittelbare Berührung
von Frauenkörper und Erdoberfläche an die mythische Figur der
Demeter erinnert und (vgl. die Allegorie der Europa) Sexualität
und Fruchtbarkeit bedeutet.[58] Der privatisierte Körper einer ehrbaren und tugendhaften Ehefrau[59], die nicht Eigentümerin ihres
Körpers und ihrer Organe ist, ebenso wie der Körper einer öffentlich desexualisierten Pilgerin bzw. Heiligen[60] werden dagegen im
Wagen sitzend, passiv und durch das Gehäuse bzw. die sichtbare
Differenz zur Erdoberfläche der eigenen und der fremden Körperlichkeit entfremdet, dargestellt. Entsprechend besaßen beispielsweise auch die ehrbaren Römerinnen das Privileg, bei festlichen Anlässen innerhalb der Stadtmauern ein Carpentum (einen
zweispännigen, zweirädrigen Prunkwagen) zu fahren, ein Recht,
von dem Dirnen und Damen von zweifelhaftem Ruf ausgeschlossen waren.[61] Erst im Karneval, dem Fest der verkehrten Welt, war
es den römischen Kurtisanen der Renaissance und mit ihnen der
Sinnlichkeit gestattet, in aller Öffentlichkeit im Wagen und mit
größtem Prunk wieder in die Stadt einzuziehen.[62]

---

[57] Vgl. die Abbildung: „Hurnweibel" Hurenwebel mit Dirne. Holzschnitt des
Monogrammisten H.D. 1545. Aus: Graf Reinhart zu Solms, Kriegsbeschreibung.
Nagler M.III, 808. In: Hampe 1902, Abb. 89 „Die Landsknechtshür", Das Lands-
knechtsliebchen. Holzschnitt in der Art des Martin Weygel um 1560-70. Nürn-
berg, Germanisches Museum, In: Hampe 1902, S. 63. Interessant bei Hippels
Frage nach der Entstehung der Überlegenheit des Mannes die Beobachtung, daß
„die ägyptischen Damen (.) mit bloßen Füßen ausgehen mußten, damit sie einhei-
misch bleiben". Theodor Hippel: Über die bürgerliche Verbesserung der Weiber.
Frankfurt/M. 1977, S. 93.
[58] Susanne Asche verdanke ich den Hinweis auf den Film „Die barfüßige
Gräfin" von Joseph L. Mankiewicz mit Ava Gardner aus dem Jahr 1955 („The
Barefoot Contessa" 1954). Die Erotik dieses Films ist eng mit der Barfüßigkeit
der Gräfin bzw. mit dem Tragen oder Nicht-Tragen von Schuhen verbunden.
[59] Vgl.: „Bettler, der sein Weib im Schubkarren fährt." Kupfer des seit ca. 1470
tätigen Monogrammisten b x 8. Dresden, Kupferstichkabinett.
[60] Vgl.: „Jakobs Reise nach Ägypten", Illuminiertes Blatt aus der Weltchronik
des Rudulf von Ems um 1350, in: Löschburg 1977, S. Abb. 13; vgl. auch die
Abbildung in: Collis, Louise: Leben und Pilgerfahrten der Margery Kempe.
Erinnerungen einer exzentrischen Lady. Berlin 1986.
[61] Tarr 1970, S. 146.
[62] Vgl. hier: Georgina Masson: Kurtisanen der Renaissance. Tübingen 1974.

Der Schleier, diese „beständige Maskerade", die die englische Lady Mary Montagu 1717 bei ihren Gängen durch die orientalischen Basare von Konstantinopel bekanntermaßen lobte, weil er den Orientalinnen völlige „Freyheit <gibt>, ihren Neigungen ohne Gefahr der Entdeckung zu folgen"[63] und der es ihr auch selbst erlaubte, unerkannt „umherschwirrend", ihre unerschöpfliche Neugierde in der Fremde zu befriedigen, ist ebenso wie die Männerkleider, in denen zur gleichen Zeit in Deutschland Sidonia Hedwig Zäunemann Ausflüge in die heimische und nahe Umgebung von Ilmenau unternimmt[64], eine Form der maskierten Reise, die wie die Kutsche[65] die Bildgrenzen des Paradoxons „Anwesenheit weiblicher Abwesenheit" im öffentlichen Raum anzeigt. Im Unterschied zur Kutsche bezeichnen diese jedoch das Schreckbild bzw. Faszinosum einer nicht mehr lenkbaren selbständigen und eigenmächtigen (auf eigenen Füßen stehenden) Weiblichkeit, die der eigenen Kultur fremd ist und sie zugleich vollkommen und unmerklich erfüllt.

Julia Kristeva verweist in *Die Chinesin* auf Sigmund Freud, der in dem chinesischen Brauch der verstümmelten Füße eine Kastration der Frau gesehen hat, die nur in der chinesischen Zivilisation zugegeben wurde.[66] Die Verstümmelung der Füße war im chinesischen Feudalsystem der symbolische Ausdruck der Zähmung der negativen Macht von Frauen, die die Nähe des Bösen und des Todes repräsentierten, eine Kastration, verstanden in dem Sinne, daß etwas ausgeschlossen, ein Teil des Ganzen abgetrennt wird. Die sozio-symbolische Ordnung entsteht, indem sich am weiblichen Körper der Mangel, der mit viel Leid verbunden ist[67], sicht-

---

[63] Montagu 1764, Teil 2, S. 122.

[64] Zu Zäunemann vgl. Brinker-Gabler 1979 und Heuser 1988.

[65] Die Analogie von Kutsche und Schleier wird auch durch folgenden Brauch nahegelegt: Als Statussymbol war es beispielsweise Herzögen erlaubt, „über das Dach ihrer Prunkkarossen scharlachrote Tücher zu breiten, diese aber dort festzunageln war das ausschließliche Vorrecht der Prinzen königlichen Geblüts." Tarr 1970, S. 237, Tarr 1970, S. 223.

[66] Kristeva 1982, S. 65.

[67] „Die Mütter binden die (die vier kleinen) Fußzehen der noch nicht fünf Jahre alten Mädchen (bis zum ersten Fußgelenk) unter die Fußsohle und umwickeln den somit abgeklemmten Fuß mit meterlangen Bändern, die die Blutzirkulation

bar vollzieht. Über dieses „Minus" des verstümmelten weiblichen Fußes vollzieht sich die Umwandlung der Frau zum Fetisch und somit ausschließlich zum Liebes- und Tauschobjekt. Kristeva schreibt:

> Der umwickelte Fuß und der dadurch entstehende unsicher tänzelnde, erotisch wirkende Gang werden unter dem hübschen Namen »goldener Lotus« oder »duftender Lotus« Bestandteil der höfischen Literatur, an dem sich die Phantasie der Dichter stets neu entzündet. Gleichzeitig wird er aber auch als das erotischste Organ des weiblichen Körpers angesehen.[68]

> Indem sie in gewisser Weise dem Schicksal ihrer verstümmelten und zum Fetisch erstarrten Füße folgt, wird eine Frau in den Liebeskodex – einen Kodex der Tränen und Leiden – eingeführt.[69]

In China war die libidinös besetzte Fetischisierung des unentschlossenen Ganges der Frauenfüße, die „ängstlichen Kontakt mit dem Boden halten wollen"[70], das Zeichen, das über Jahrtausende hinweg die Nähe zur Fremde und zum Geheimnis an Frauen sichtbar machte, sie war der untrügliche Beweis für die erzwungene Enteignung des weiblichen Körpers. In unserer sozio-symbolischen Ordnung erfüllen Gehäuseformationen, die die Differenz zwischen Erd- und Frauenkörper sichtbar werden lassen (auch Absatz und Schuhe[71]), diese symbolische Funktion der Fetischisierung, Erotisierung und Enteignung des weiblichen

---

abschnüren. Später wird die Fußspitze bis zur Ferse gekrümmt und zusammengebunden, um den Fuß zu verkürzen." Kristeva 1982, S. 63. Auch Ida Pfeiffer gibt auf ihrer Chinareise eine akribische Beschreibung der verstümmelten chinesischen Frauenfüße, die sie Gelegenheit hatte, „in natura" zu sehen. Pfeiffer 1850, Bd. 2, S. 24ff.

[68] Kristeva 1982, S. 64.
[69] Kristeva 1982, S. 64.
[70] Kristeva 1982, S. 65.
[71] vgl.: Helene Lange: Der Absatz am Schuh, seine Entwicklung, seine Beurteilung in der Literatur und seine mechanischen Wirkungen auf das Gehen und Stehen. Gütersloh i. Westf. 1936 (Diss. Berlin 1936).

Körpers. In Europa wird das Zuviel, der „natürliche" körperlich-
geographische Teil, mit dem das Weibliche eine Beziehung zum
Abwegigen unterhält, durch die starre Armatur des Gehäuses
abgetrennt und in einem zivilisierten, seßhaften Rahmen stillgestellt. Während das Gehäuse tief in die Fremde eindringt, wirkt
es gleich den umwickelten und abgetöteten Füßen wie eine Sperre,
die jede Dialektik von Erd- und Frauenkörper und damit auch die
Ähnlichkeitsbeziehung beider Körper unterbricht. Noch im 20.
Jahrhundert kann daher eine Weltreisende und Autorin wie Alma
M. Karlin darauf verweisen, daß sie „nichts im Leben ohne Schuhe
unternehmen" könne:

> Ich habe eine sonderbare Eigenart. Ich kann nichts im
> Leben ohne Schuhe unternehmen. Ob es das Gefühl ist, daß
> ich barfuß nicht fünf Schritte weit käme, ob es eine ererbte
> Eigenschaft ist, ich könnte es nicht sagen, doch wenn ein
> Schiff in Gefahr scheint, ein Feueralarm ertönt oder jemand
> einfach an der Türschelle zieht – immer muß ich zuerst
> wenigstens Pantoffel anhaben, und ehe ich mein Leben
> teuer verkaufe, wollte ich kampffähige Schuhe aufweisen.
> Warum? Gott allein weiß es.[72]

Eine Rhetorik des Gehens, wie sie Michel de Certeau aus-
gehend von einer Homologie zwischen Sprach- und Wegfiguren
entwirft, eine textuelle und empirische Praxis, die dem Gehenden
„den Raum für das Andere öffnet", ihn selbst „zum Emblem des
Anderen macht", ihn „im Semantischen abirren" läßt, ist daher
bei einer weiblichen Reisenden ursprünglich nur als eine „Rhetorik des Fahrens" denkbar.[73] Während das Gehen nach de Certeau
zum Raum eine zweideutige, zugleich fremde und konforme Haltung einnimmt und die Funktion hat, die Wege, die es im Gehen
»ausspricht«, zu bejahen, zu riskieren, zu überschreiten etc.[74]

---

[72] Alma M. Karlin: Einsame Weltreise. Erlebnisse und Abenteuer einer Frau
im Reich der Inkas und im Fernen Osten. Minden/W./Berlin/Leipzig o.J.
[73] Vgl. Michel de Certeau: Rhetoriken des Gehens. In: Kunst des Handelns.
Berlin 1988, S. 197-196.
[74] de Certeau 1988, S. 192.

(Jean Francois Lyotard spricht hier vom „Anderswerden" und von der „Entwestlichung" des Körpers, einer „Enthumanisierung" im Sinne einer Entledigung des kulturellen Stempels und vom Gehen, das das „Schweigen der Organe" bricht[75]), vermag sich die Reisende den Raum für die Erfahrung des Anderen zunächst einmal nur zu öffnen, indem sie die körperliche Differenz zur äußeren Fremde im Gehäuse konstant bewahrt und sich auch von ihrer eigenen Fremde löst, d.h. indem sie ihre Organe zum Schweigen bringt und – geographisch gesprochen – ihren Körper „entöstlicht".

---

[75] Jean-François Lyotard im Gespräch mit Alain Pomarède: „Was man nicht erfliegen kann, muß man erhinken" spricht vom Hinkenden als jemandem, der dem Boden mißtraut und sich beim Gehen obendrein noch Gedanken über Horizontalität und Vertikalität machen muß. Das Hinken, sagt er, bricht „Das Schweigen der Organe". Lyotard geht es um das „Anderswerden des Körpers", im Gegensatz zu einer (humanistischen) Dekonstruktion des Körpers, um etwas, was er unter dem Stichwort „Entwestlichung des Körpers" beschreibt: eine Transformation des Körpers, die diesen „zum Leiter macht – nicht für den Betrachter, sondern für sich selbst – zum Leiter von ungeahnten Intensitäten, von unwahrnehmbaren Intensitäten". Lyotard geht es darum, den Körper zu erweitern und das Auge – nicht auf dem Wege der Wahrnehmungsmaximierung, sondern durch eine wirkliche Veränderung – „für ein Material empfänglich zu machen, das es noch nie gesehen hat und das gewissermaßen unsichtbar ist." Jean-François Lyotard: Was man nicht erfliegen kann, muß man erhinken. J.-F. Lyotard im Gespräch mit Alain Pomarède. In: Philosophie und Malerei im Zeitalter ihres Experimentierens. Berlin 1986, S. 25-49.

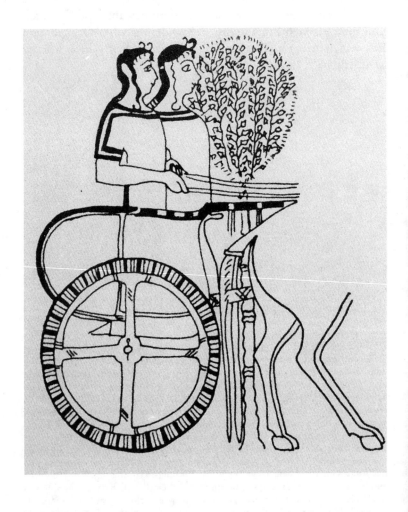

Abb. 8: Griechische Damen bei einer Landfahrt mit einem zweirädrigen
Wagen. Nach einem Wandgemälde in Tiryns um 1300–1200 v. Chr.

Abb. 9: Nonnen im Reisewagen. Ausschnitt (15. Jh.).

Abb. 10: Entrée der Königin Marie-Thérèse in Paris am 26. August 1660
(Ausschnitt).

Abb. 11: Bettler, der sein Weib im Schubkarren fährt (Ausschnitt).

Abb. 12: Fahrende Weiber mit Säuglingen. Holzschnitt (16. Jh.).

Abb. 13: Schwindlerin mit mehrjähriger Schwangerschaft. Kupfer (18. Jh.).

Abb. 14: Hurnweibel. Hurenwebel mit Dirne. Holzschnitt (1545).

Abb. 15: Bettler auf der Landstraße. Lucas van Leyden, Kupferstich (1520).

Abb. 16: Gertrud Ter Brugge als Dragoner der niederländischen Armee.
Druck, um 1700.

Abb. 17: Königlich Bayerische Extrapost um 1820. Zeitgenössische
Illustration (Ausschnitt).

Abb. 18: Dichtgedrängt im Wagen. Jean Grandville: Die kleinen Leiden
des menschlichen Lebens, Leipzig 1842.

Abb. 19: Frau an der Gehäuseschwelle I., Frontispiz (1789).　　⟶

Abb. 20: Frau an der Gehäuseschwelle II. Kupferstich von P.A. Martini
nach Jean Michel Moreau d.J. 1777.

Abb. 21: May French Sheldon (1848–1936) im Tragsessel.

Abb. 22: Clara Benz am Steuer ihres Benz Velos (1893).

Rhetorik des Fahrens

Frauen sind nicht zum Laufen geschaffen
J.J. Rousseau

Frauenreisen setzt eine Sammlung im Gehäuse voraus. Erst die „Vertagung des Genusses", die Fahrt im Gehäuse, macht Frauen die Welt zugänglich.[76] Das Gesetz der Fortbewegung der im Gehäuse verdichteten und verschobenen Weiblichkeit ist eine Strategie der Verschiebung, die von der Trennung lebt. Semiologisch gesehen beschreiben die Hohlformen, in denen Weiblichkeit durch den öffentlichen Raum bewegt wird, das Bewegungsgesetz des „weiblichen" Signifikanten als einen unendlichen Übergang von einer Maskerade zur anderen, als eine Verkettung von Bildern, die der Kontiguitäts- bzw. Berührungsassoziation der Metonymie entspricht.

Roman Jakobson veranschaulicht die metonymische Berührungs- und Verschiebungsassoziation am Beispiel eines im Zug oder in einer Gondel fahrenden Helden[77], d.h. zweier „Gegenstände", ein Gehäuse und eine Person, die sich reziprok anthropomorphisieren. Indem sich die mechanische Bewegung des Zuges auf den (dann seiner Heldenhaftigkeit beraubten, gezwungenermaßen untätigen) Helden überträgt, überträgt sich die Lebendigkeit des Helden auf das zu selbständigem Leben erweckte Gehäuse.[78] Die geschaffene metonymische Verbindung von Reisenden und Gehäuse wird an und für sich zum Gegenstand unserer Wahrnehmung, die Reisenden verschwinden, weil das Gehäuse auf ihre Anschaulichkeit unmittelbar entfärbend und entseelend wirkt. Unsere Wahrnehmung der reisenden Person wird durch das Gehäuse ersetzt. Als eine solche „ins Auge fallende Maschine" hat von Heidegger den depersonalisierten Reisenden

---

[76] Lévinas 1987, S. 225.
[77] Roman Jakobson: Randbemerkungen zur Prosa des Dichters Pasternak (1935). In: Poetik, Ausgewählte Aufsätze 1921-1971. Frankfurt/M. 1979, S. 199.
[78] Vgl. Jakobson 1979, S. 206.

schon in seinem *Tagebuch eines unsichtbaren Reisenden* aus dem
Jahr 1718 bezeichnet:

> Denn, wer reiset, wer getragen, geschleppt, gefahren wird;
> oder, wer auch nur sein Stekkenpferd herum tummelt, und
> ein ordentliches Tagebuch schreibt u.d.g. der ist: eine sich
> selbst bewegen könnende oder von andern bewegte Ma-
> schine. Diese Maschine hat ihre Theile, die Theile sind
> materiell, sichtbar u.s.w. Also ist ein Reisender: Eine in die
> Augen fallende Maschine.[79]

Die von Jakobson beschriebene metonymische Bedeutungs-
verschiebung zwischen einem Reisenden und seinem Gehäuse ist
für den bis heute stillschweigend und unbemerkt gebliebenen
weiblichen „Aufbruch" von grundlegender Bedeutung. Durch die
metonymische Beziehung von Weiblichkeit und Gehäuse öffnet
sich für die Reisenden die Chance der Bresche. Die beschriebene
reziproke Anthropomorphisierung von Gehäuse und Körper verschafft der Imagination von Weiblichkeit einen vom weiblichen
Körper unabhängigen öffentlichen Ort, der unterwegs sozusagen
„auf der Strecke" bleiben kann, während sich eine Reisende als
eine getrennte, vollkommen neue und nie gesehene Erscheinung
daraus entfernt. Die Bresche, die das Aussteigen, das Reisen und
die Emanzipation von dem Gehäuse ermöglicht, kann allerdings
nicht wie bei Sophie von La Roche allein als eine erste Differenz
im Innern des Gehäuses entstehen. Damit eine weibliche Reisende
nicht metonymisch im Gehäuse aufgeht und von ihm verschluckt
wird, muß sie in einem zweiten Schritt Gehversuche über die
Gehäuseschwelle nach außen unternehmen, um überhaupt als
Reisende sichtbar zu werden. Erst dann ist sie im Wortsinn ein
Passagier des fahrenden Gehäuses, das dann (gleich den Frauen,
die nach Virilio „das erste Transportmittel der Gattung, ihr erstes

---

[79] v. Heidegger 1718, S. 11. Virilio beschreibt die Fahrt als eine Sublimierung
der Jagd. Zur Desexualisierung auf der Reise schreibt er: „in unserer Art, von hier
nach da, von einem zum anderen „abzufahren", eingeschlossen in den Abstand
der Geschwindigkeiten, eingemauert in die Energie des Reisens, gleichen wir
weniger Kerlen oder Weibern als Bahnhöfen." Virilio 1978, S. 94.

Fahrzeug" sind[80]) nicht nur ein Fahrzeug, sondern auch ein Reproduktionsmittel ist, das die Reisende zur Welt bringt.

Daß Reisende die Fahrt im Wagen tatsächlich als eine Art Begegnung mit sich selbst erfahren haben, wird deutlich in der Reiseliteratur des späten 18. und frühen 19. Jahrhunderts. Isabelle von Wallenrodt erklärt in ihren 1810 erschienen *Erzählungen und Anmerkungen gesammelt auf Reisen*[81] die „übertriebene Furcht beym Fahren" dadurch, daß sie *„das sich selbst gegenüber seyn nirgends unangenehmer finde, als im Wagen."*[82] Im Jahr 1811, ein Jahr später, schreibt Therese Huber über die Wirkung der gänzlichen Vereinzelung und den Verlust aller Individualität gegenüber der Außenwelt, der eine Frau auf Reisen in ganz fremden Gegenden „gleichsam im abstrakten Begriffe als Weib" erscheinen läßt.[83] In Therese Hubers Kritik an dem „starren Verhüllen", das „die schnellen Übergänge <ihrer> Phantasie" lähmt und ein „lebhaftes Eindringen in alles fremde Interesse"[84] verhindert, deutet sich bereits der Wunsch nach Emanzipation aus dem Gehäusemantel an, der im Laufe des 19. Jahrhunderts den kollektiven Ausstieg der Reisenden begleitet.

Zunächst jedoch ist das fahrende Gehäuse das technische Gerät und das Hilfsmittel, das erst einmal erfunden werden mußte, um die weibliche Reiseunfähigkeit zu umgehen. In seinem maschinellen Ensemble von Rädern (unendlicher Verschiebung – Metonymie) und Gehäuse (Verdichtung – Metapher[85]) materialisiert sich die nie zustandekommende Berührungsassoziation, das unstillbare und unendliche Begehren nach Annäherung des reisenden weiblichen Körpers an die Fremde. Dabei ist der Wagen das

---

[80] „Der Mann ist der Passagier der Frau, nicht nur bei seiner Geburt, sondern auch in den sexuellen Beziehungen." Virilio 1978, S. 74, vgl. hier vor allem die Rolle des Fahrrades als „Emanzipator" (Lili Braun) in: Maierhof/Schröder 1992.

[81] Isabelle von Wallenrodt: Erzählungen und Anmerkungen gesammelt auf Reisen. Prag und Leipzig 1810.

[82] Wallenrodt 1810, S. 1.

[83] Huber 1811, S. 32.

[84] Huber 1811, S. 32f.

[85] Vgl. De Certeau, der schreibt: „Im heutigen Athen heißen die kommunalen Verkehrsmittel *metaphorai*. Um zur Arbeit zu fahren oder nach Hause zurückzukehren nimmt man eine „Metapher" – einen Bus oder einen Zug." De Certeau 1988, S. 215.

Vehikel eines Aufschubs, das den Mythos Weiblichkeit nicht sterben lassen will. Indem es dem Sinn (Raum), von dem es sich nährt, hinterlistig Dauer entreißt, ruft es, wie Barthes sagt,

> in ihm einen künstlichen Aufschub hervor, in dem er sich behaglich einrichtet, <es> macht aus ihm einen sprechenden Kadaver.[86]

Technisch ist das Transportproblem dieses immer zweierlei Fremde ansprechenden Gehäuses (eine nach außen gerichtete sichtbare und eine unterhalb der Stabilität des Signifikanten existierende Fremde) nicht allein am Fortschritt der Antriebskräfte als eine Entwicklung von animalisch getriebener (diskontinuierlich, unregelhaft humpelnder) hin zur mechanischen Fortbewegung (Gleichförmigkeit, Regelhaftigkeit, beliebige Dauer) und damit an der zunehmenden Geschwindigkeit zu messen, sondern immer auch als eine Frage des ausgebauten Wege- und Streckennetzes (der Gangbarkeit und der Kolonisierung des Raumes) und der Bequemlichkeit zu verstehen, mit der der „sprechende Kadaver" des Gehäuses zum Reisen einlädt.

In der Kulturgeschichte des Frauenreisens wird mit dem Gehäusetransport der Transport einer Konstante bewältigt, bei der die verschiedenen Formen der maskierten Reise, vom Schleier über das Männerkleid, die Sänfte, das Kutschengehäuse, das Abteil, die Kabine bis hin zum Flugzeug und zum eigenen Körper im 20. Jahrhundert von einer Antriebsart auf die andere übertragen wurde. Wolfgang Schiefelbusch hat am Beispiel der Eisenbahnreise gezeigt, daß das Gehäuse den technischen Umbruch beim Übergang von der Kutsche zur Eisenbahn dadurch unbeschadet überstanden hat, daß das europäische Eisenbahnabteil ursprünglich eine auf die Eisenbahn gehobene und montierte Kutsche war, die nun, in sich geschlossen, ihren intimen Reiseraum auch in der Eisenbahn erhalten konnte.[87] Vom primitiven Schaukelwagen bis heute bemißt sich der Fortschritt des Gehäu-

---

[86] Barthes 1964, S. 117.
[87] Wolfgang Schiefelbusch: Geschichte der Eisenbahnreise. Zur Industrialisierung von Raum und Zeit im 19. Jahrhundert. Anthropologie – Hg. v. Wolf Lepenies und Henning Ritter. Frankfurt/M, Berlin, Wien 1979, S. 69.

setransports an einem immer reibungsloser und immer exakter werdenden Ineinandergreifen der Einzelteile Rad, Kasten und ausgebautes Streckennetz, die für die Reisenden die Emanzipation und die gewaltsame Loslösung von der Mimesis an die äußere Natur bewerkstelligen. Wo dies nicht oder nur mit großer Reibung gelingt, etwa bei den holländischen Kufenfahrzeugen in Amsterdam, spricht Therese Huber von der Fahrt in einem „mißgebohrnen Fuhrwerk", das die Fahrgäste, in diesem Fall sie und ihre Freundinnen, in „Erdennähe" wie im vorigen Jahrhundert transportiert.[88]

Aus diesen Überlegungen und mit Blick auf das dauerhaft durch die Geschichte des Reisens bewegte Gehäuse ergibt sich, daß die „Psychologie des weiblichen Weltforschers" im Grunde nicht zwischen den beiden Archetypen des Land- und des Seefahrers, die im allgemeinen die *Psychologie des Weltforschers*[89] bestimmen, zu unterscheiden braucht. Nach André Leroi-Gourhan besitzt nur der Reisende zur See eine „seßhafte, ja geradezu häusliche Natur", die ihn im Gegensatz zum Reisenden zu Land an sein Schiff wie an sein „Zuhause" bindet. Der Seefahrer blickt nur von Zeit zu Zeit in neue Welten hinein, „um sich jedes Mal glcich wieder zurückzuziehen in den begrenzten Raum des Bordlebens". Er führt „ein Stück seines Landes mit über die Oberfläche der Erde", er verläßt sein Zuhause nur, wenn „ihn das Schicksal (...) in Form eines Schiffbruches jählings daraus vertreibt".[90]

Während der Seefahrer also „die Meere und Küsten unter den Fenstern seiner Heimat vorbeiziehen" läßt, ist die Heimatlosigkeit der Ausgangspunkt des Reisenden zu Land. Der Landforscher muß sich überall den geographischen und ethnischen Gegebenheiten anpassen, denn die Katastrophe tritt dann ein, wenn der Reisende in der Fremde als „Fremdkörper"[91] erkennbar wird:

---

[88] Huber 1811, S. 197.

[89] André Leroi-Gourhan: Die Psychologie des Weltforschers. In: Leroi-Gourhan (Hg.), Kurt Kayser (Hg., dt. Ausgabe): Die berühmten Entdecker und Erforscher der Erde. Köln 1965.

[90] Leroi-Gourhan 1965, S. 9.

[91] Leroi-Gourhan 1965, S. 10.

Der Landforscher besitzt die Fähigkeit, sich aufzulösen, er ist um so erfolgreicher in seinem Vorwärtskommen, je mehr es ihm gelingt, im betreffenden Milieu unterzutauchen.[92]

Der erfolgreichste Landforscher wäre demnach ein gleich der Allegorie der Europa partiell in die Fremde eingetauchter (weiblicher) Mann – ein „verlorener Sohn" also. Die Tochter, die aufgrund ihres Körpers immer schon als Fremde erkennbar ist, ist dagegen in der Fremde doppelt, das heißt vollkommen verloren. Die spezifische Haltlosigkeit des weiblichen Charakters, die bei Rousseau genannte Neigung zum Exzeß, zur Verwirrung und Erregung, zur verblendeten Leidenschaft angesichts der Welt, ließe sie ohne ein Gehäuse, ohne den, wie Therese Huber schreibt, „Bürgen ihrer eigenen Persönlichkeit" („Wir haben gleichsam gar keine Bürgen unsrer eigenen Persönlichkeit, wenn wir von unsern gewohnten Umgebungen getrennt, sei es auch noch so sicher geschützt, in der Welt stehen."[93]) ganz in der Fremde verschwinden.

Da sich die weibliche Weltforscherin in der Fremde nur bewegen kann, wenn sie unterwegs die Nähe zur Fremde immer wieder unterbricht, wenn sie wie der Seefahrer auch beim Reisen über Land an ihre Arche, an das eigene Zuhause gebunden bleibt, werden Darstellungen von Fluß- und Kanalfahrten, die den „doppelten Genuß einer Land- und Wasserfahrt"[94] gewähren, von den Reisenden immer wieder als eine ideale Art der Fortbewegung beschrieben. Bereits 1716, auf ihrer Fahrt von Regensburg nach Wien, hatte Lady Mary Montagu die „vollkommen anmuthige Reise" in einem der kleinen Donauschiffe gelobt, „die man mit Recht hölzerne Häuser nennt"[95]:

weil sie alle Bequemlichkeiten eines Pallastes, Wohnzimmer, Kammern, Küchen u.s.f. haben (…). Jedes wird von zwölf Männern fortgerudert, und bewegt sich mit so un-

---

[92] Leroi-Gourhan 1965, S. 9.
[93] Huber 1811, S. 32.
[94] Huber 1811, S. 126.
[95] Montagu 1764, Teil 1, S. 19.

glaublicher Geschwindigkeit, daß man an einem Tage das Vergnügen einer unermeßlichen Mannigfaltigkeit von Aussichten genießt; und innerhalb weniger Stunden volkreiche mit prächtigen Pallästen gezierte Städte, und die romanhaftesten Einsiedeleyen, die von allem Gewerbe mit Menschen abgelegen scheinen, entdecket.[96]

Wenn auch bereits aus kritischer Distanz, so haben noch Anfang des 19. Jahrhunderts Johanna Schopenhauer und Therese Huber ganz im Sinne Montagus die komfortable Wasserfahrt über den Rhein und durch die holländischen Kanäle als eine Gehäusefahrt beschrieben, die die Landschaft an den Fenstern der mitgebrachten Heimat vorbeiziehen läßt. Erst die orientreisenden europäischen Autorinnen der dreißiger und vierziger Jahre des 19. Jahrhunderts werden diese den weiblichen Körper einschließende Perspektive überschreiten. Ida Gräfin Hahn-Hahn wird im Jahr 1844 auf ihrer Reise in den Orient und ebenfalls auf der Donau die „unvermeidliche Langeweile"[97] und die perspektivische Begrenztheit eines Reisens in der Damenkabine und in Europa noch einmal kritisch betrachten, um dann ihre „schwimmende Zelle" für immer in Richtung Orient zu verlassen.[98]

Die Reiseberichte Therese Hubers und Johanna Schopenhauers, die noch vor Ida Hahn-Hahns großangelegter Übergangsinszenierung in den zehner und zwanziger Jahren des 19. Jahrhunderts geschrieben sind, zeigen, daß diese Überschreitung der Gehäuseschwelle die Kultivierung und Bahnung, die vollständige Lesbarkeit[99] des offenen Raumes zur Voraussetzung hat. Therese Huber und Johanna Schopenhauer beschreiben Reisen in die zivilisiertesten Gegenden Europas, nach Holland und nach England, in Länder mit einem hohen Grad an Naturbeherrschung, in denen

---

[96] Montagu 1764, Teil 1, S. 19.

[97] Ida Gräfin Hahn-Hahn: Orientalische Briefe. Bd 1-3. Berlin 1844, Band 1, S. 78ff.

[98] Vgl. meinen Beitrag: Europäerinnen und Orientalismus. In: Frauen – Literatur – Politik. Hg. gemeinsam mit Marianne Schuller, Inge Stephan, Sigrid Weigel, Kerstin Wilhelms. Hamburg 1988, S. 205–218.

[99] Vgl. Jonathan Culler, der die Touristen als Leser kultureller Differenzen beschreibt. Jonathan Culler: The Semiotics of Tourism. In: Framing the Sign. Criticism and Its Institutions. Blackwell 1988, S. 153-167.

eine Unterscheidung zwischen dem Interieur, dem „kleinen Draußen" und dem Exterieur, dem „Wohnraum des Kollektivs"[100] letztlich entfällt.

Die *Bemerkungen über Holland aus dem Reisejournal einer deutschen Frau*[101], von Therese Huber 1811 als „häusliche Mutter" für andere Mütter und Kinder geschrieben[102], führen durch ein auffällig linearisiertes und geometrisiertes, von korrigierten und kanalisierten Binnenwasserstraßen wie „mit Silberfäden"[103] überschriebenes Holland,[104] in dessen Hauptstadt „mehr gefahren wird, wie an irgend einem Orte".[105] Die „geräumigen langen Straßen", die „schnurgeraden Dämme", die „artig neu angelegten Spaziergänge"[106] und die von „Gevierten von Gärten umgebenen"[107] Alleen und Häuserreihen haben in dieser reinen Kulturlandschaft die reizlosen und unregelmäßigen „Landkarten=Ansichten"[108] vollkommen verdrängt.[109] Nur die täuschend nachgeahmten Naturszenen bieten dort, wo sie ein „Tableau" zu machen verstehen[110], in der Menagerie, im Treibhaus und im botanischen Garten, im Naturalienkabinett, sowie im Theater und auf der Bühne einen angenehmen Anblick.

In der holländischen Kunstlandschaft zu reisen bedeutet für Therese Huber, sich ausschließlich über ein wohnbares Terrain

---

[100] Benjamin 1983, Bd. 2, S. 1051.

[101] Huber 1811, S. 126.

[102] Huber 1811, Einleitung.

[103] Huber 1811, S. 107.

[104] Der Fremde, der im ausgehenden 18. Jahrhundert nach Holland kommt, „sieht die Landschaft selbst als das Ergebnis einer Schlacht", einer dramatischen Beziehung zwischen Mensch und Meer: „Die Naturbeherrschung, die dem Holländer gelungen ist, hat in der Tat zur Folge, daß dem Reisenden ein weitaus bequemeres Beförderungsnetz zur Verfügung steht, als in jedem anderen Land. (...) Dort angekommen, entdeckt der Reisende eine heitere Landschaft, die den Maßstäben der klassischen Ästhetik entspricht." Corbin 1990, S. 54f.

[105] Huber 1811, S. 134.

[106] Huber 1811, S. 39.

[107] Huber 1811, S. 107.

[108] Huber 1811, S. 203.

[109] Werner Sombart beschreibt die technische Neuerung, „nunmehr zu Wasser auch über den Berg fahren" zu können, als eine Erfindung des 16. Jahrhunderts. Sombart, Werner: Der moderne Kapitalismus. München/Leipzig 1928. Bd. 2, S. 510ff.

[110] Vgl. Huber 1811, S. 204.

zu bewegen und dabei außerdem in einem Fahrzeug „immer fünfzehn bis zwanzig Fuß über Wasser und Land"[111] von der Welt erhoben zu sein. Nur vom Fahrzeug aus wirft die Reisende den Blick in verschiedene „Typen der Menschenwohnungen", um sie als „verschiedene Grade der menschlichen Kultur" zu studieren. Aus dieser distanzierten Perspektive bildet die eigene Wohnwelt des Fahrzeugs, der holländischen „Treckschuit", in der Therese Huber auf der Amstel nach Amsterdam fährt[112], mit der vorüberziehenden Landschaft ein übergangsloses Ineinander ohne Schauplatzwechsel. Die Ereignisse der Straße „und was darauf wandert, und was an ihr wohnt", werden mit in den Schauplatz des Fahrzeugs hineingezogen, das separate Interieur und die Straße bilden einen einzigen, homogenen Bühnenraum, der die Reisenden in sich aufnimmt. Therese Huber schreibt:

> So weit ich die Kanäle sah, sind sie immer so schmal, daß die Straße, welche meist zu beiden Seiten hinläuft, und was darauf wandert, und was an ihr wohnt, mit in den Schau-

---

[111] Huber 1811, S. 106.

[112] Das Kanalboot hat „drei Abtheilungen, oder Ruefen, wie man es hier nennt. Die erste wird abgesondert vermiethet, hat artige Polster auf den Bänken, ein Theeservice, Gläser, einen Tisch – vier Personen können recht bequem drinnen wohnen, und vorn geht eine Thür auf das Steuer, wo es von Menschen leer bleibt. In der Mitte ist der zweite Ruef, wo die o r d e n t l i c h e n Leute hingehen – das ist wie eine Dilligence – noch mehr wie der deutsche Postwagen; für Männer eine sehr bequeme, höchst wohlfeile Art zu reisen. Man steigt in die Fenster ein, hat Bänke, Tische und Raum genug, wenn es leer ist. Im dritten Ruef, der auf dem Schiffsschnabel sich öffnet, treiben die Schiffer ihr Wesen, und die namenlosen Weltbürger, eine mehr wie gemischte Gesellschaft. Diese Schuits segeln und rudern, und werden von Pferden gezogen, je nachdem Strom, Wind und Fluth es nöthig macht. Die Kosten der Passagiere, selbst für den ersten Ruef, sind sehr gering. Bei einer einzelnen Tagereise nehmen die Reisenden kalte Küche mit sich, Kaffee und Thee macht der Schiffer – ja ich wüßte nicht warum sie nicht mehrere Tage, ohne ein Wirtshaus zu betreten, fortreisen könnten, wenn der Brodkorb auslangt? Des Nachts geht man ans Land, oder besteigt die Nachtschuit, denn auf der Hauptstraßen gehen Tag und Nacht Postschuiten, und die Gasthöfe sind vortrefflich! Wenige Menschen, die sich lieb hätten, könnten nun mit Büchern, Schreibzeug und Handarbeit in so einem Ruef eine höchst angenehme Reise machen, so lange sie das Wetter begünstigte, aber in diesem Falle wird die bewegungslose Enge sehr lästig, – und diese Bewegungslosigkeit drückt mich auf die Länge doch sehr. – Ich will lieber geschüttelt seyn, als mich ganz widerstandslos herumziehen lassen." Huber 1811, S. 245f.

platz des Ruefs hineingezogen ist. Das Fahrzeug selbst bietet immer ein verändertes Personal des Theaters dar, denn es wird beständig gelandet, neue Gefährten aufzunehmen, und alte ans Land zu setzen; das geht aber so schnell, daß es niemand einfallen kann über den Verzug zu klagen.[113]

Auch Johanna Schopenhauer hat in *Ausflug an den Niederrhein und nach Belgien im Jahr 1828*[114] den Gang an Bord des Dampfschiffes als einen Wechsel von einem Zimmer in ein anderes beschrieben:

> Auf ganz ebenem Wege, als ginge es aus einem Zimmer in das andere, kamen wir an Bord, fast ohne gewahr zu werden, daß wir das feste Land verließen.[115]

Mit „hausmütterlichen Bemerkungen"[116] bedenkt Johanna Schopenhauer eine Reisegesellschaft im Innern des Dampfschiffes, die sich im Pavillon, in der Kajüte der zweiten, oder in den eleganten Zimmern der ersten Klasse, im Lesezimmer, am Schreibepult oder in der Büchersammlung – die Damen gesellig stickend und strickend – in dem „Hotel" des Dampfschiffes die Reisezeit vertreibt. Vollkommen von der durchreisten Landschaft getrennt bleiben die Reisenden in ihren Aktivitäten einzig auf den Innenraum des Schiffes beschränkt. Schon vor der Abfahrt werden sie frühmorgens pünktlich „um halb fünf Uhr in Allarm"[117] versetzt, und von einer „unerbittlichen Tischglocke"[118] werden die Reisenden just in dem Augenblick zum Essen unter Deck gerufen, als es draußen etwas Interessantes zu sehen gibt.

---

[113] Huber 1811, S. 245f. Über den Anstand der reisenden Holländerinnen schreibt sie ebd.: „nie hörte ich rauhe Reden, ein gellendes Gelächter, nie das Gequike der weiblichen Reisenden, das die Postwagen in Deutschland immer hindern wird, von Frauenzimmern aus dem Mittelstande benutzt zu werden. Die Contanance der holländischen Ruefsgesellschaft schien mir immer sehr anständig."
[114] Schopenhauer, Johanna: Reise an den Niederrhein und nach Belgien im Jahr 1828. Kommentiert und mit einem Nachwort versehen von Karl Bernd Heppe und Annette Fimpeler. Essen 1987 (1831).
[115] Schopenhauer 1987, S. 51.
[116] Schopenhauer 1987, S. 60.
[117] Schopenhauer 1987, S. 47.
[118] Schopenhauer 1987, S. 69.

Zweiter Teil

ITALIEN.
ERFAHRUNGEN AN DER SCHWELLE ZUR FREMDE

Abb. 23: Fanny Bullock-Workmann „In the Ice-World of Himalaya" um 1900.

Das Bild läßt sich auf zweifache Weise interpretieren: Wendet man auf die Abbildung ein statisches Verfahren der Entzifferung an, d.h., leistet man seiner Dynamik Widerstand, so zeigt es uns im Vergleich zu den beiden männlichen Figuren die absolute Größe (so klein mit Hut) des weiblichen Subjekts, d.h. den linearisierten Teil der Frauengestalt unter Abwesenheit ihres eingefrorenen Körpers. Sieht man die Figur jedoch als ein mythisches Doppelwesen, d.h. ergänzt man die fehlende Hälfte, so zeigt sich auf dieser Abbildung die Fähigkeit der weiblichen Figur, durch ihr imaginäres Anderswo im Grenzbereich von Kultur und Natur zu agieren. Ganz offensichtlich besteht das Interesse der beiden Begleiter darin, sie in dieser dynamischen Position zu halten. Sie lassen sie nicht fallen.

WOHNBARES ITALIEN

Meine Verbindung zur Welt ist jetzt geographisch,
und ich reise gern auf ebenem Wege.

Elizabeth Craven

Die am Beispiel der Allegorie der Europa beschriebene Ähnlichkeit zwischen dem weiblichen Körper und der durchreisten Landschaft bringt in der offenen Landschaft die Gefahr des partiellen Versinkens, der Stagnation, sprich das Ende des Reisens mit sich. Um dieser Gefahr zu entgehen, ist die Imagination einer Reisenden, die zu Beginn des 19. Jahrhunderts „als Frau" reist, auf die Begleitung eines mitgeführten Rahmens angewiesen, der sie auch unterwegs von der durchreisten Landschaft trennt. Wie im ersten Teil des Textes beschrieben, erfüllt die Kutsche diese Funktion in besonderer Weise. Ihr Gehäuse erhält einer Reisenden auch unterwegs die Möglichkeit, in der Fremde völlig bei sich zu Hause und dennoch mobil zu sein. Es liefert das Bild eines fahrenden „Frauenzimmers" als einer paradoxen Figur, die reist, ohne die Grenzen der eigenen Kultur zu überschreiten. Es begleitet die Reisenden als das zentrale Zeichen einer gebrochenen und problematisch gewordenen Mimesis an die äußere Natur.[1] Der Blick der Reisenden bleibt in der Fremde an dieses „Zuhause" gebunden und ist permanent doppelgerichtet. Er alterniert zwischen der Einstellung auf die Durchlässigkeit und die materielle Beschaffenheit des mitgeführten Rahmens und der Einstellung auf den äußeren durchreisten bzw. den inneren mitgeführten Raum.

Italien ermöglicht dieses doppelte Sehen in besonderer Weise. Aus der Sicht der „Nordländer"[2] ist Italien eine zweideutige

---

[1] Vgl.: Renate Lachmann: „Doppelgängerei" (Gogol, Sostoevskij, Nabokov). In: Individualität. Hg. von Manfred Frank, Anselm Haverkamp, München 1988, S. 421-439.

[2] J.F. Reichhardt bezeichnet sich selbst als „Nordländer". Vgl.: Briefe eines reisenden Nordländers. Geschrieben in den Jahren 1807 bis 1809. Neue Auflage 1816. Auch Goethe bezeichnet sich als „Nordländer". J.W. Goethe: Italienische Reise. Hg. Jochen Golz, Berlin 1987[4], S. 74.

Fremde. Wie die Allegorie der Europa agiert Italien im Grenzbereich zwischen Orient und Okzident, und gleich dem europäischen Weiblichkeitszeichen unterhält das Land ein abwegiges
Verhältnis zum Orient. Robert Prutz spricht von der „dop-
pelte<n> Natur" Italiens, der „übersinnlichen" und der „sinnlichen".[3] Nach Ernst Bloch bilden beide Kulturen, das „abge-
teilte", „völlig klare", in sich „geschlossene" Leben des Nordens
und das „barocke Ineinander, die arabeske Verkettung aller Le-
bensäußerungen, Schriftzüge und Lebenslinien" des Orients in
Italien ein verblüffendes Durcheinander.[4] Da die „porösen Züge",
der barocke Sinn für das Ineinander der Gegensätze in „Italien
stärker sind als irgendwo", wird Italien für Ernst Bloch zu einer
„wahren Lehrstunde in Porosität"[5], zu einem Denkbild der ge-
genseitigen Durchdringung von Drinnen und Draußen. Ernst
Bloch spricht vom „italienischen Zimmer" als einem fremden
Interieur, in dessen „inselhafter Paradoxie" die Erscheinungen
des Porösen zum Vorschein kommen. Gleich einer verkehrten
Welt gehen in Italien Straße und Wohnung, Menschen und Dinge
ohne Ränder ineinander über, so daß sich der italienische „Sinn
für das Ineinander", das „Omnia ubique" offenbart. Bei Walter
Benjamin und Asja Lacis, deren Begriff des Porösen Ernst Bloch
hier aufgreift, wird nicht ganz Italien, sondern das Stadtbild von
Neapel zum Schauplatz eines unerschöpflichen Durchdrin-
gungsprozesses, der sich nur dem Doppelwissenden, nicht aber
dem „banalen Reisenden" erschließt.[6]

Auch Goethes *Italienische Reise* spielt mit diesem Doppelwis-
sen von einem zur Fremde hin durchlässigen, porösen Italien. In
Rom, im wohnbaren Zentrum Italiens, in der „Hauptstadt der
Welt"[7], in der der Reisende „nichts ganz fremd"[8] findet, ver-

---

[3] Prutz 1847, S. 243.
[4] Ernst Bloch: Italien und die Porosität (1925). In: Verfremdungen II. Geographica. Frankfurt/M. 1978, S. 155-163.
[5] Bloch 1978, S. 156.
[6] Walter Benjamin/Asja Lacis: Neapel. In: Gesammelte Schriften 1972, Bd. 4.1.,
S. 308. Vgl. meinen Beitrag: Wohnbare und poröse Fremde. Italien ein Reiseland
für Doppelwissende. In: Akten des Internationalen Germanistenkongresses in
Tokyo im August 1990, Hg. von Eijiro Iwasaki, Yoshinori Shichiji, München
1991, Bd. 9, S. 229-238.
[7] Goethe 1987[4], S. 112.

schwindet der „nordische Flüchtling"[9] in einem, wie er sagt, „grillenhaften Halbincognito"[10]. Im Süden jedoch, im italienischen „Paradies", wo alles fremd ist, wo das Volk in einer „Art trunkener Selbstvergessenheit"[11] lebt und wo Goethe sich „nun (...) wirklich in einem anderen Lande"[12] und in einer „völlig fremden Welt"[13] befindet, wo er die Erscheinungen des Fremden an sich selbst beobachten kann ("...ich erkenne mich kaum, ich scheine mir ein ganz anderer Mensch. Gestern dacht ich: Entweder du warst sonst toll, oder du bist es jetzt"[14]), gibt er sich als Autor des *Werther* zu erkennen. So bleibt Goethes Italienreise auch in der Fremde immer an das Zuhause, an die „rollende Wohnung"[15] und das mitgebrachte Stück der eigenen Kultur gebunden und ist dennoch eine „gleichsam unterirdische"[16], „heimliche" Reise – ein Spiel mit der Fremde. So ereignen sich der „zweite Geburtstag" und die Flucht aus dem nordischen „Exil"[17] bei Goethe auf der Basis einer gesicherten „nordländischen" Identität – auf der Grundlage einer Mitgift, die einer weiblichen Reisenden nicht ohne weiteres gegeben ist. Denn selbst die „banalste" weibliche Reisende besitzt von Anfang an jenes Doppelwissen, das nach Bloch und Goethe der „Schlüssel zu allem"[18], zu Italien und zur richtigen Einreise in die Fremde ist.

Gebahnte Landschaft

Wie kaum ein anderes Land war Italien um 1800 eine bereits erschlossene und auch für Frauen erreichbare und zugängliche Fremde. Besonders Rom und Neapel galten als „Tummelplätze" für ausländische Touristinnen. Aus den Zentren der deutschen

---

[8] Goethe 1987⁴, S. 113.
[9] Goethe 1987⁴, S. 76.
[10] Goethe 1987⁴, S. 121.
[11] Goethe 1987⁴, S. 217.
[12] Goethe 1987⁴, S. 64.
[13] Goethe 1987⁴, S. 227.
[14] Goethe 1987⁴, S. 217.
[15] Goethe 1987⁴, S. 191.
[16] Goethe 1987⁴, S. 112.
[17] Goethe 1987⁴, S. 23.

und ausländischen Geselligkeit in Italien waren Namen wie Karoline von Humboldt, Friederike Brun, Elisa von der Recke, Angelika Kauffmann, Henriette Herz, Dorothea Schlegel, Louise Seidler, Germaine de Staël, Lady Elizabeth Craven, Marianne Stark, Esther Lynch Piozzi, Marianne Kraus, Juliane Herzogin Giovane, Dorothea Frisch-Tutein, Lady Hamilton, Dorothea Schlözer, Louise Seidler, Prinzessin Gonzaga – Namen der ersten Generation italienreisender Autorinnen des 18. Jahrhunderts – nicht wegzudenken. Um die Mitte des 19. Jahrhunderts folgten: Ida Pfeiffer, Ida Gräfin Hahn-Hahn, Fanny Lewald, Fanny Mendelssohn, Daniele Sterne, Anna Gräfin Csáky-Vecsey, George Sand, Marie Esperanze von Schwartz, Anna Löhn, Fredrika Bremer, Malvida von Meysenbug, Therese von Bacheracht, Gräfin Potoka-Wonsowitz, Francis Trollope, Luise von Gall (Schükking), Marie Nathusius (Scheele), Ottilie von Goethe, Maria Schuber, Adele Schopenhauer, Ida von Düringsfeld. Gegen Ende des Jahrhunderts folgten: Louise Mühlbach, Lola Kirchner (i.e. Ossip Schubin), Marie von Ebner-Eschenbach, Gabriele von Bülow usw. usf.[19] Bereits seit dem Ende des 18. Jahrhunderts brachte die durch und durch organisierte Italienreise[20] diese Reisenden

---

[18] Bloch zitiert hier den Goethesatz: „Italien ohne Sizilien macht gar kein Bild in der Seele; hier ist der Schlüssel zu allem." Bloch 1978, S. 160.

[19] Zur Literatur italienreisender Frauen vgl.: Libreria delle Donne. A cura di Liana Borghi, Nicoletta Livi Bacci, Uta Treder (Hg.): Viaggio e Scrittura: Le straniere nell'Italia dell'Ottocento, Turin 1988. Deutsche Ausgabe: Uta Treder (Hg.): Die Liebesreise oder der Mythos des süßen Wassers. Ausländerinnen im Italien des 19. Jahrhunderts. Schreiben. Frauen. Literatur. Forum 33, Bremen 1988; Stefanie Ohnesorg: Kultur- und mentalitätsgeschichtliche Relevanz der Reiseerzählungen von Frauen: Der weibliche Blickwinkel in der Neapelschilderung Ida von Hahn-Hahns. In: Etudes Germaniques. Congrès ACFAS 1989, Nr. 12. Univ. Québec/Montréal. Hg. von Antje Bethin; Elvira Willems: Imagination und Wirklichkeit Italiens im Spiegel der Reiseliteratur deutscher Schriftstellerinnen des 19. Jahrhunderts. Magisterarbeit, Germanistik, Universität des Saarlandes, 1988; Gabriele Freiin von Koenig-Warthausen: Deutsche Frauen in Italien. Briefe und Bekenntnisse aus drei Jahrhunderten. Wien 1942. In Auszügen abgedruckt sind Teile dieses Kapitels unter dem Titel: „Der Karnevalsplatz", in: Treder 1988 und „Elisa von der Recke in Rom und in Neapel", in: „Wen kümmert's, wer spricht". Zur Literatur und Kulturgeschichte von Frauen aus Ost und West. Hg. von Inge Stephan, Sigrid Weigel, Kerstin Wilhelms. Köln 1991.

[20] „Die Italienreise folgt ihrer eigenen Strategie, Punkt für Punkt durch die reichliche vorhandene normative Literatur festgelegt." Corbin 1990, S. 69.

sicher über die Alpen und entließ sie dort in eine „wohnbare" und verschriftlichte Fremde, in der die Reisenden eine erste kollektive Annäherung an den Orient und an das eigene Doppelwissen erfahren.

„Meine Verbindung mit der Welt ist jetzt geographisch, und ich reise gern auf ebenem Wege"[21], schreibt die Schottin Lady Elizabeth Craven, die sich Anfang des Jahres 1785 auf ihrer *Reise durch die Krimm nach Konstantinopel* in Norditalien aufhält. Elisa von der Recke beschreibt in ihrem *Tagebuch einer Reise durch einen Theil Deutschlands und durch Italien in den Jahren 1804 bis 1806* die „mit glücklichem Erfolg (...) in eine geradere Richtung"[22] gezwungenen wilden Straßen und Bäche der Alpen als ein Zeichen der Emanzipation von Cretinismus und Barbarei. Die Alpen, im Sinne Jules Michelets der zweiheitstiftende Faktor, der den Dualismus, die Geschiedenheit und die Unvereinbarkeit von Norden und Süden begründet,[23] waren um 1800, durch den Bau von „Kunststraßen"[24] und Berggalerien, durch Sprengung, Einebnung und Begradigung soweit ihres Widerstandes, ihrer Unterscheidungskraft, ihrer Natur und ihres „wilden Charakters" beraubt, daß der Weg für die „Kunstreise"[25], den Tourismus und damit auch für die Frauenreise nach Italien gebahnt war. Einen

[21] Briefe der Lady Elizabeth Craven über eine Reise durch die Krimm nach Konstantinopel. An Sr. Durchlaucht den regierenden Markgrafen von Brandenburg-Anspach. Leipzig 1789, S. 113.

[22] Elisa von der Recke: Tagebuch einer Reise durch einen Theil Deutschlands und durch Italien in den Jahren 1804 bis 1806. Von Elisa von der Recke, geborene Reichsgräfin von Medem. Hg. v. Hofrath Böttiger. Bd. 1-4, Berlin 1815, Band 1, S. 66. Zu Elisa von der Recke vgl.: E.v.d.R: Tagebücher und Selbstzeugnisse. Hg. und mit einem Vorwort versehen von Christine Träger. Leipzig 1984.

[23] Jules Michelet: Das Meer. Mit einem Vorwort von Michael Krüger. Übers. und hg. von Rolf Wintermeyer. Frankfurt/M. New York, Paris 1987, S. 37.

[24] Gegen Ende des 18. Jahrhunderts wurde an der Universität Innsbruck das Fach theoretisch-praktische Straßenbaukunde eingerichtet, das sich mit dem Bau der sogenannten Kunststraßen beschäftigte. Vgl.: Uta Lindgren: Alpenübergänge von Bayern nach Italien 1500-1850. Landkarten – Straße – Verkehr. Mit einem Beitrag von Ludwig Pauli. Deutsches Museum, München 1986. Der Neubau der Brennerstraße und der Ausbau der geschlossenen Berggalerien datieren aus den 20er und 30er Jahren des 19. Jahrhunderts. (Vgl. die Abbildung: „Berggalerien". Aus: Rodolphe Töpfer: Reisen im Zickzack. München/Leipzig 1912).

[25] Die Kunstreise nach Italien löste den Naturenthusiasmus der Alpentouristen ab. Sie beginnt mit Joh. W. Goethes „Italienischer Reise". Vgl.: Prutz 1847.

Abb. 24: Berggalerien (1912).

Einbruch in die offene Landschaft, wie es das Bild von Fanny
Bullock-Workmann um 1900 im Himalaya zeigt, braucht eine

Italientouristin seit dem Ende des 18. Jahrhunderts in den Alpen nicht mehr zu befürchten.[26]

Die Engländerin Marianne Stark beschreibt 1792 den „aus dem Felsen gehauenen" Weg von Nizza nach Genf mit seinen „breiten und unzählbaren Wölbungen" als „so eben und so sicher wie in England die Landstraßen":[27]

> Auf allen Seiten der Abgründe sind Mauern gebaut, so daß der ganze Weg einer zusammenhängenden Brücke ähnlich sieht, die von einem Felsen zum anderen führt.[28]

Auch Esther Lynch Piozzi, die im September 1784 über den Mont Cenis nach Italien einreist, spricht von der Erleichterung des Alpendurchgangs als „eins der größten Wunder, das man nur auf den Alpen bemerken kann".[29]

Gegen Ende des 18. Jahrhunderts, zum Zeitpunkt der Italienreisen dieser beiden Engländerinnen, war es noch etwas vollkommen Neues, Kutschen ganz, d.h. ohne sie zu zerlegen, über den Gotthard und über den St. Bernhard zu bringen. Um eine Kutsche oder einen Frachtwagen von etwa 60 Zentnern unter normalen Bedingungen über den Brenner zu bringen, brauchte

---

[26] Die Frage, ob Frauen gefahrlos die Alpenübergänge passieren konnten, war immer auch ein Zeichen für den Grad der Gangbarkeit und Gebahntheit der Wege in Richtung Süden. Schon 1580 hatte Michel de Montaigne seinen Alpenübergang als einen einfachen Spaziergang für seine achtjährige Tochter bezeichnet: „er würde, wenn er für seine achtjährige Tochter einen Spaziergang zu suchen hätte, sie ebenso gern hier auf diesen Wegen wie in einer Allee seines Gartens sehen ...". Michel de Montaigne: Tagebuch einer Reise durch Italien die Schweiz und Deutschland in den Jahren 1518 und 1581. Frankfurt/M. 1988, S. 82.
Fanny Bullock Workmann wurde bekannt durch ihre Photos und Bergbesteigungen im Himalaya und Karakoram Gebirge. Sie durchradelte Europa und Nordafrika mit dem Fahrad. Vgl.: Mary Russel: Vom Segen eines guten festen Rocks. Außergewöhnliche Lebensgeschichten weiblicher Abenteurer und Entdeckungsreisender, die auf der Suche nach ihrem Lebensziel mit allen Konventionen brachen. Bern/München/Wien 1987.
[27] Marianne Stark: Briefe über Italien in den Jahren 1792. 1798. Aus dem Englischen von Valentini. Gießen 1802, S. 2.
[28] Stark 1802, S. 2. Der Weg wurde im Jahr 1785 nach 17jähriger Arbeit im Auftrag des Königs von Sardinien fertiggestellt.
[29] Esther Lynch Piozzy: Bemerkungen auf der Reise durch Frankreich, Italien und Deutschland. Aus dem Englischen mit einer Vorrede und Anmerkungen von Georg Forster. Band 1 und 2. Frankfurt/M. 1790, Band 1, S. 39. Zu den Reisen von Esther Lynch Piozzy vgl. Kuczynski 1987, S. 33-63.

man zwei bis vier Doppelgespanne und, wie es in dem 1796 erschienenen Reisebericht *Wanderungen durch die Niederlande, Deutschland, die Schweiz und Italien in den Jahren 1793 und 1794* heißt:

> eine Menge Männer, die mit Stäben und Stricken auf beiden Seiten gingen um sie bald auf dieser, bald auf jener Seite zu unterstützen.[30]

Aufgrund dieser Reiseerleichterungen ließen sich die Alpen gegen Ende des 18. Jahrhunderts problemloser als bisher, jedoch noch nicht „im Fluge", unmerklich und ohne Brüche und Gefahren in einer Weise passieren, wie es die Touristen des 19. Jahrhunderts beschreiben. Diese werden bald bemerken, daß ihnen die Wege, die das Gebirge schneiden, bahnen und zerlegen, „fast nichts mehr von der gewohnten Form"[31] übrig gelassen haben.[32] Um 1800 aber bereiten die Umstände und die Unannehmlichkeiten der Reise den Reisenden noch die physische Erfahrung eines Übergangs, die das Aussteigen, Umsteigen und die Unterbrechung der glatten Fahrt mit sich brachte. Für Friederike Brun, Elisa von der Recke und die Engländerin Marianne Stark, die wie die meisten ihrer Zeitgenossinnen nach Italien reisten, um dort zu kuren und sich physisch und psychisch zu regenerieren[33], brachte schon die Alpenüberquerung der italienischen „Körper-

---

[30] Verf. anonym: Wanderungen durch die Niederlande, Deutschland, die Schweiz und Italien in den Jahren 1793 und 1794. Leipzig 1796, Erster Theil, S. 258.

[31] Ernst Bloch: Alpen ohne Photographie (1930). In: Verfremdungen II: Geographica. Frankfurt/M. 1978, S. 132.

[32] Für Fanny Mendelssohn waren die Alpen schon 1834 nur noch ein Anlaß, die „alte Gotthardtbegeisterung lediglich wieder aufleben" zu lassen (Fanny Mendelssohn: Italienisches Tagebuch. Hg. von Eva Weissweiler, Frankfurt/M. 1982, S. 19.) Fanny Lewald spricht 1845 in ihrem „Italienischen Bilderbuch" davon, daß die Alpen Schaulust provozieren und „wunderbar poetische Effekte" machen. (Fanny Lewald: Italienisches Bilderbuch. Hg. Therese Erler, Berlin 1983², S. 7-19). Aber schon in Anna Löhns „Reisetagebuch einer alleinreisenden Dame in Italien", das erst mit der Ankunft in Florenz beginnt, sind die Alpen überhaupt kein Thema mehr (Anna Löhn: Reisetagebuch einer alleinreisenden Dame in Italien, Leipzig 1861). Im 19. Jahrhundert sind die Alpen, wie Robert Prutz schreibt, nicht mehr Ziel der Reise, sondern lediglich die „Schwelle" zum Allerheiligsten, die die Ankunft von etwas „Langerstrebtem" ankündigen.

lichkeit" und „Natürlichkeit"[34] näher und wurde zu einer Erfahrung, die nicht nur die Fremde, sondern auch den eigenen Körper nahezu zwangsläufig ins Spiel brachte. Bereits mit dem Alpenübergang, an der „Grenzscheide des Südens und des Nordens" (Goethe) beginnt für die Reisenden eine Schwellenerfahrung, mit der sie sich außerhalb des Gehäuses und im klassischen Sinne als „ganzer Mensch" darzustellen beginnen. So wünscht sich etwa die Landschaftsmalerin Marianne Kraus, bei der Überquerung des Brenner im Jahre 1791, den ganzen Weg über die Alpen zu wiederholen und dabei alle Herrlichkeiten mit Augen, Händen und Füßen „betrachten" zu können:

> kurz wenn ich diesen weeg nochmals zu machen häte, (...)
> ich würde zu fuss laufen und die herrlichkeiten mit Aug
> hänt und füss bedrachden...[35]

Bei den Reisenden des 18. Jahrhunderts zeigen sich die Auflösungserscheinungen des Gewohnten und die damit verbundene Dezentrierung einer Frau auf der Reise vor allem in der Demontage der Kutsche und in den Beschreibungen der Transportmittel

[33] Vgl. Shirley Foster: Engländerinnen der viktorianischen Zeit in Italien. In: Treder (Hg.) 1988, S. 56.

[34] Joh. Wilhelm von Archenholz arbeitet in „England und Italien" mit einem Länderstereotyp, das auf der Seite der Italiener Körperlichkeit, Natürlichkeit und eine mimetische Sprache ausmacht. Die Alpen sind die Scheidelinie für die Licht-Schatten-Metaphorik seines Reisebuches. Vgl. Stefan Ostwald. Italienbilder. Beiträge zur Wandlung der deutschen Italienauffassung 1770-1840. Heidelberg 1895. Goethe beschreibt sich auf dem Brenner als „auf der Grenzscheide des Südens und Nordens eingeklemmt". Goethe 1987[4], S. 15.

[35] Marianne Kraus: Tagebuch einer Italienreise aus dem Jahre 1791. Hg. und eingeleitet von Fritz Muthmann. In: Neue Heidelberger Jahrbücher. Neue Folge. Hg. von der Gesellschaft der Freunde der Universität und von Historisch-Philosophischen Verein Heidelberg. Jahrbuch Heidelberg 1931, S. 106. Zu Kraus vgl. Brosch 1987. Zu Friedrich Hegels siebentägiger Reise über die Berner Alpen nach Luzern schreibt Beat Wyss, im Vordergrund seiner Erfahrung habe nicht die Erhabenheit, sondern die eiternden Blasen an seinen Füßen gestanden, seine Aufmerksamkeit habe eher den Mahlzeiten als dem Panorama gegolten. Beat Wyss: Trauer der Vollendung. Von der Ästhetik des deutschen Idealismus zur Kulturkritik der Moderne. München 1985, S. 195f.

und Apparate, die im unwegsamen Gelände und am Ende der „Kunststraßen" für den Frauentransport gedacht waren.

Abb. 25: Nina Mazuchelli in ihrem Tragsessel.

Marianne Stark beschreibt im Jahr 1792, wie ihr Wagen auf dem Weg über den Mont Cenis nach Novalese von mehr als zwanzig Leuten auseinandergeschlagen und auf Maultiere verladen wird. Dazu wird der Kutschenkasten vom Wagen getrennt, jedes Rad abgenommen, alle Schrauben herausgezogen, die Achse in vier Teile zerlegt und bei der Ankunft in Lanslebourg wieder vollständig zusammengesetzt. Wenn es der Zustand des Weges erlaubte, wurde auch nur der Kasten des Wagens abgelöst und von den Rädern getrennt über den Berg getragen. Wo dies nicht möglich war, wurden Frauen und andere „schwächliche" Reisende, wie Marianne Stark schreibt, in halb oder ganz verschlossenen Sänften über den Berg getragen:

> Die Passage über diesen Berg wird vermittelst der Tragsesseln, die, nach Art der englischen, zugemacht sind, sehr erleichtert; man sitzt darin sehr bequem und warm. Ein jeder dieser Tragsessel wird entweder von sechs oder acht

Männern getragen, nach dem das Gewicht der darin sitzenden Person ist.[36]

Daß auch dieses Verfahren die Reisenden nicht sicher und ohne Bodenberührung über den Berg bringt, zeigt das Beispiel von Marianne Stark, deren Sänfte

> die unangenehme Eigenschaft hatte, daß sie bodenlos war, weshalb also jedesmal, wenn sie die Träger niedersetzten, um auszuruhen, der arme Passagier in den Schnee zu sitzen kam, indeß war dieser Umstand nicht gut zu vermeiden, denn mit einem Boden würde der Tragsessel für die Träger zu schwer und daher auch bei heftigem Windsturm gefährlich seyn.[37]

Gegen Ende des 18. Jahrhunderts bedeutet ein bodenloses und nach unten durchlässiges Gehäuse in der offenen Landschaft jedoch nicht mehr zwangsläufig den Wegfall des Rahmens, der die Reisende jenem „unhostible terror" aussetzt, von dem Daniel Defoe noch zu Anfang des 18. Jahrhunderts sprach.[38] In den Beschreibungen der Alpenüberquerung von Elisa von der Recke aus dem Jahr 1804/5 und Friederike Brun (1801-1807)[39] wird deutlich, wie durch die Wahrnehmung der „grausigen Natur" als

---

[36] Stark 1802, S. 14. Die Notwendigkeit, sich bei der Überquerung der Alpen dieser aufwendigen Verfahrensweise zu bedienen, macht die Italienreise um 1800 zu einem kostspieligen Unternehmen. Der Autor der „Wanderungen durch die Niederlande, Deutschland, die Schweiz und Italien in den Jahren 1793 und 1794" beschreibt die verschiedenen Arten, die Alpen (in der Kutsche, zu Pferd und zu Fuß) zu bereisen und schreibt über die Kutsche (S. 225): „Diese verschiedenen Schwierigkeiten und der damit (mit der Kutschenreise d.V.) verknüpfte Geldaufwand sind die Ursache, daß die allermehrsten, die eine eigentliche Alpenreise machen, zu Fuße gehen." Bd. I, S. 219-230.

[37] Stark 1802, S. 5.

[38] Daniel Defoe beschreibt im Jahr 1724 den Schrecken seines „unauflöslichen Betroffenseins angesichts der offenen Landschaft" als „unhostible terror". Eckard Lobsien: Landschaft in Texten. Zur Geschichte und Phänomenologie der literarischen Beschreibung. Stuttgart 1981, S. 99ff.

[39] Friederike Brun: Episoden aus Reisen durch das südliche Deutschland, die westliche Schweiz, Genf und Italien in den Jahren 1801, 1802, 1803, 1805 und 1807. Zürich 1809.

Theater- oder Kunstlandschaft[40] der Natur jede Fremdheit genommen ist. Elisa von der Recke beschreibt Aussichten auf weite
„Amphitheater von Bergen" und den Wechsel der Landschaften
als einen ständigen, „hinter einem zurückgeworfenen Vorhang"
hervorleuchtenden Szenenwechsel, bei dem die Wahrnehmung
des zwischen Betrachterin und Landschaft geschobenen Vor-
hangs oder Rahmens oftmals wichtiger ist als die eigentliche
Landschaftsbetrachtung. Elisa von der Recke schreibt:

> Von einem Ufer des tiefen Felsenbettes zum anderen hat
> sich ein hoher Bogen, gleich einem Felsenthore, gebildet.
> Hinter der Öffnung dieses gewölbten Bogens fällt die Was-
> sermasse, und stürzt glänzend ins Freie hinaus. Der Was-
> serfall erscheint durch den Bogen wie ein silberner Vor-
> hang, der vor einem geheimnißvollen romantischen Hei-
> ligthume niederfällt. (...) Welch ein Wechsel der Scenen!
> Hier eine romantische Wildniß, für Salvator Rosa's Pinsel;
> dort ein freundliches Thal voll Leben und Licht, für den
> Pinsel eines Claude Lorrain![41]

Wenn der Blick nicht mehr von dem Fenster des Kutschen-
kastens oder der Sänfte gerahmt wird, erfüllen die „Fer-
tigbegriffe" und vorgeschriebenen Perspektiven der Landschaftsbetrachtung die Funktion eines Rahmens oder einer Rampe, die
sich zwischen die Reisende und die durchreiste Landschaft
schiebt. Deutlich wird diese trennende Funktion der Rahmenschau auch in den Beschreibungen von „am Berg entlanglaufen-
den Berggalerien" oder „an Häusern hinlaufenden Arkaden"[42],
beim Durchwandern einseitig offenener Bogengänge, über-
deckter Bogenreihen, wie auch beim Durchwandern einer Zy-
pressenallee, deren Bäume gleich den Arkaden die Bewegung
durch einen Wechsel stets neuer gerahmter Bilder begleiten. Weil
die Bogenausschnitte sich hier im Laufe der Bewegung immer
wieder sichtbar in Form eines Balkens wie von selbst zwischen die

---

[40] Zur Amphitheatermetapher vgl.: Gisela Dischner: Ursprünge der Rheinromantik in England. Zur Geschichte der romantischen Ästhetik. Frankfurt/M.
1972, S. 37ff.
[41] Recke 1815, Bd. 1, S. 53.
[42] Recke 1815, Bd. 1, S. 201.

reisende Frau und die durchreiste Landschaft in das Blickfeld schieben, erweisen gerade sie sich als die ideale Perspektive in der Ebene und in der offenen Landschaft.

Als ein Muster der ästhetischen Aneignung von Landschaft ist die Rahmenschau in diesen Texten mehr als die Adaption des üblichen rationalistischen Wahrnehmungsmusters ihrer Zeit.[43] Die mit der Rahmenschau gegebene Möglichkeit, ein diffuses und mannigfaltiges Gegenüber ästhetisch zu begrenzen und von sich abzuhalten, d.h. durch ihr Vermögen, die Landschaft aus ihrer Umgebung abzusondern, einzufassen und losgelöst zu betrachten, ist für eine Bildungsreisende, die um 1800 nicht außerhalb ihres Rahmens existieren kann, die Voraussetzung ihrer freien Beweglichkeit in der offenen Landschaft.

Rom

Rom ist, wie Goethe in *Das römische Carneval* schreibt, eine „wohnbare" Stadt. Die Reisenden beschreiben Rom nicht als eine fremde, sondern als eine bereits bekannte und vertraute Stadt, die in den eigenen urbanen Erfahrungshorizont eingebunden ist.[44] So

---

[43] Brüggemann beschreibt die Rahmenschau als das rationalistische Wahrnehmungsmuster des ausgehenden 18. Jahrhunderts. Konstitutive Elemente sind: „1. die Begrenzung oder Umrahmung des Erkenntnisobjekts, „sein Herausheben aus der Fülle der in den Gesichtskreis fallenden Dinge"; 2. die damit verbundene Möglichkeit einer Sicht- und Deutungsweise, die typisiert oder (...) stilisiert und so erlaubt, das (...) empirisch Verstreute zu konzentrieren und gleichzeitig zu übersehen; und (...) 3. ist mit dieser Perspektive unmittelbar verbunden die kontemplative Distanz, die versucht, auch das Bewegte, Diffuse und Mannigfaltige zu fixieren als Situation, Figurenkonstellation oder bedeutende Einzelheit". Heinz Brüggemann: „Aber schickt keinen Poeten nach London!". Großstadt und literarische Wahrnehmung im 18. und 19. Jahrhundert. Texte und Interpretation. Reinbek bei Hamburg 1985, S. 13. Brüggemann zitiert die Dissertation von August Langen aus dem Jahr 1931. August Langen: Anschauungsformen in der deutschen Dichtung des 18. Jahrhunderts. Rahmenschau und Rationalismus, Darmstadt 1968.

[44] Erich Kleinschmidt hat diese mentale Disposition, die in der Fremde das Vertraute wiedererkennt, als Grundmuster urbaner Erfahrung im 18. Jahrhundert beschrieben. Erich Kleinschmidt: Zur Bewußtseinsgeschichte urbaner Erfahrung im 18. Jahrhundert. In: Rom – Paris – London. Erfahrung und Selbsterfahrung deutscher Schriftsteller und Künstler in den fremden Metropolen. Ein Symposion. Hg. von Conrad Wiedemann. Stuttgart 1988, S. 48-63.

schreibt Ingeborg Bachmann in Rom über Wien[45], Fanny Lewald vergleicht Rom mit Berlin: „Der Corso", schreibt sie, „ist eine lange, nicht breite Straße, welche mich immer an die Königsstraße in Berlin erinnert".[46] Marianne Kraus, Malerin und Gesellschafterin der Gräfin Erbach, die im „Hotel d'Allemagne" logiert und dort gleich deutsch angesprochen wird, glaubt sich „auf einmal wider in Teutschland versezt zu sehen."[47] Michel de Montaigne, der die Stadt mit Paris vergleicht, bezeichnet die Stadt als einen „Sammelplatz der Völker", in dem Fremdheit nicht ins Gewicht falle. Rom ist „die bequemste Stadt der Welt", „jeder ist hier wie zu Hause".[48] Goethe entzieht sich wie gesagt der allgemeinen Integrationskraft dieser Stadt, indem er in Rom in einem „Halbincognito" verschwindet. Aufgrund ihrer Geschichte und der großen Wirksamkeit der Stadt als „Weltzentrum", als „Ewige" und „Hauptstadt der Welt", beschreiben Michel de Montaigne und

---

[45] „Zugegeben, daß ich nicht mehr weiß, warum ich hier lebe; denn ich schreibe ja über Wien, oder ich bin vielmehr, wenn ich schreibe, in Wien." Ingeborg Bachmann: Zugegeben. In: Werke. Hg. von Chr. Koschel, Inge von Weidenbaum, Clemens Münster. Essays, Reden, vermischte Schriften. München/Zürich 1982, Bd. 4, S. 340f.

[46] Lewald 1983², S. 140.

[47] Kraus 1931, S. 117.

[48] Montaigne 1988, S. 165. Montaigne bemühte sich, in Rom „wohnhaft" und „angesessen" zu werden, er erhielt römisches Bürgerrecht. Zu Montaignes Romreise und dem Romtourismus im 17. Jahrhundert vgl. Jacques Solé: Christliche Mythen. Von der Renaissance bis zur Aufklärung. Frankfurt/M./Berlin/Wien 1982, S. 96: „Während der zweiten Hälfte des 17. Jahrhunderts wurde die heilige Stadt von einer religiösen Hauptstadt zum touristischen Zentrum. Als die Königin Christine, die um dieses bestrickenden Aufenthaltes willen ihren Glauben und ihren Thron aufgegeben hatte, einem ihr befreundeten Kardinal die Vorzüge des Ortes rühmte, stützte sie ihre Wahl eher auf die Ästhetik als auf das Heil. In der Stadt Corellis war das Leben der Privilegierten ein nie endendes Fest; ob sie dabei überhaupt noch das Bewußtsein hatten, im Zentrum des christlichen Universums zu leben? Besonders bezeichnend ist die Entwicklung des Tonfalls in den Berichten über Romreisen. Binnen kurzer Zeit gehen sie von der traditionell naiven Bewunderung für das Heilige zur herablassenden Persiflage der Entheiligung, wenn nicht der Profanierung über. Damit öffnete sich der Weg für die Ansichten eines Montesquieu und eines de Brosses. Für solche Herren des Robenadels, die im übrigen gute Katholiken waren, war die Stadt der Päpste nur noch die der Kunst und der Intrigen, ein Ort der Schönheit und der Zerstreuungen; jeder mystische Sinngehalt war verschwunden."

Georg Simmel Rom auch als „abstrakte" Stadt: „nichts <bietet>
sich den Sinnen unmittelbar dar."[49]

Auch Elisa von der Recke spricht nach ihrem ersten sechsmo-
natigen Aufenthalt in Rom davon, daß sie sich in Rom „so heimisch, so angesiedelt fühlte!"[50] Rom erscheint auch hier als die
bereits erschlossene und bekannte Innenraum-Landschaft, die sie
für die Fremden immer schon war.[51] Die Stadt, von der nach
Montaigne die Volksmeinung sagt: „daß Rom für die Füße schäd-
lich und für den Kopf vorteilhaft sei"[52], wird bei Elisa von der
Recke zu einer Stätte, die die eigene Ankunft auf dem Dach und
im „Zentrum der Welt" beschreibt.

Wie schon Montaigne und die Touristen des 16. und 17. Jahr-
hunderts läßt sie sich durch die Stadt führen[53] und bewegt sich am
Leitfaden der Geschichte und mit Hilfe eines Planes sicher im
Innern einer topographischen Anordnung, die zwischen den sie-
ben Hügeln einen Kreis beschreibt. Am 14. November 1804, eine
Woche nach ihrer Ankunft in Rom, schreibt sie:

> Der Fremde kann wegen eines Plans seiner Wanderungen
> in der Stadt der sieben Hügel nicht lange in Verlegenheit
> seyn. Der Kreis eben dieser Hügel giebt dazu den Leitfaden
> in die Hand.[54]

Obwohl ihr Romaufenthalt einen äußeren, städtischen Raum
beschreibt, bleibt Elisa von der Reckes „Gang" durch Rom eine
seltsam unkörperliche Bewegung, die an Sophie von La Roches
Reise durch das eigene Interieur erinnert. Nicht die Straßen und
Plätze, die die Stadt und den Blick in horizontaler Richtung

---

[49] Montaigne 1988, S. 135.
[50] Recke 1815, Bd. 2, S. 438.
[51] Vgl. Günter Samuel: Vom Stadtbild zur Zeichenstätte. Moderne Schriftwege
mit Rücksicht auf die Ewige Stadt. In: Klaus R. Scherpe (Hg.): Die Unwirklichkeit
der Städte. Großstadtdarstellungen zwischen Moderne und Postmoderne. Reinbek bei Hamburg 1988, S. 153-172.
[52] Montaigne 1988, S. 163.
[53] Wie Friederike Brun, die in „Römisches Leben" über ihren Romaufenthalt
von Oktober 1802 bis Juni 1803 berichtet, läßt sich auch Elisa von der Recke durch
den dänischen Altertumsforscher Johann Georg Zoega umherführen. Vgl. Friedrich Noack: Das Deutschtum in Rom seit dem Ausgang des Mittelalters in zwei
Bänden. Aalen 1974 (Stuttgart 1929), Bd. 2, S.665.
[54] Recke 1815, Bd. 2, S. 3.

ordnen, bestimmen die Wahrnehmung, sondern die Treppen und damit eine vertikale Zeitstruktur, die entlang der „wundersam ineinander geschobenen"[55] Ablagerungen und Zeitschichten der Stadt ein Auf- und Absteigen durch die verschiedenen Jahrhunderte erlaubt: „Das Wandern in Rom", schreibt Elisa von der Recke,

> ist gleichsam ein Auf- und Absteigen durch die verschiedenen Jahrhunderte, die auf diesem klassischen Boden ihre Spuren zurück ließen.[56]

Und:

> Es gewährt ein hohes Interesse, welches nirgend so als in Rom zu befriedigen ist, die wundersam in einander geschobenen Spuren der ganz alten und mittleren Zeit, und dann der neueren und neuesten neben einander vor sich zu haben, und abwechselnd aus der einen Periode in die andere hinüber zu schauen.[57]

Innere und äußere Treppen[58], detailliert beschrieben als schöne, weißmarmorne Prachttreppen oder als Büßertreppen, mit einer jeweils genau bezeichneten Stufenzahl, strukturieren die Stadtbetrachtung. Am unteren Ende dieser Treppen offenbaren sich die Dinge in ihrer erschreckenden Vielfalt und Zerstreuung, die es der Reisenden unmöglich macht, die Stadt unter einen Blick zu fassen. Unten, wo sich auch die Gefängnisse befinden, aus denen grauenerregende Arme nach der Reisenden greifen, werden die Verhältnisse als begrenzt, beengt und abgeteilt erfahren. Unten überläßt sich auch die Masse des Volkes dem karnevalistischen Treiben, das, wie Elisa von der Recke schreibt, „den Lauf <ihrer> Wanderungen" hemmt.[59]

„Um das Zerstreute dieser Züge unter einen Gesichtspunkt zu fassen"[60], werden Aussichtspunkte in der Höhe, Klosterdächer,

[55] Recke 1815, Bd. 2, S. 226.
[56] Recke 1815, Bd. 2, S. 285.
[57] Recke 1815, Bd. 2, S. 226.
[58] Der Herausgeber Böttiger verweist an dieser Stelle auf Piranesi.
[59] Recke 1815, Bd. 2, S. 372.
[60] Recke 1815, Bd. 2, S. 219.

der Petersdom, der Coelische Berg und die Dächer der Villen und Paläste aufgesucht. An ihrem oberen Ende führen „prächtige Haupttreppen", wie zum Beispiel die im Innern des Palastes Braschi, zu den „reizenden Aussichten" über die Dächer der Stadt. („Welch eine Aussicht eröffnet sich hier, welch ein Gesichtskreis!"[61]) Diese Städtepanoramen sind das Ziel und die Höhepunkte der jeweiligen Stadtbegehungen, bei denen sich die Aussichten auf die Stadt wiederholen, übertreffen und steigern.

Im Unterschied zur vorgestellten und fertigformulierten Landschaftsbeschreibung wird hier die Vorstellung der Stadt allmählich aus einer ganzen Sequenz sich stets wiederholender Perspektiven aufgebaut, die ein vielschichtiges Bild der historisch gewachsenen Stadt vermitteln. Diese Serien von Perspektivwechseln und Städtepanoramen bilden die Etappen in einem Wahrnehmungsprozeß, der, stets auf ein- und denselben Gegenstand bezogen, die schrittweise Annäherung der Beobachterin an die Stadt bewirken. Die aufeinanderfolgenden descriptiven Einheiten der Reisebeschreibung zeichnen die Stadtbetrachtung jeweils bis zu dem Punkt nach, an dem die Betrachterin selbst als zentrale Figur ins Bild rückt, d.h. bis zu dem Punkt, an dem die Autorin selbst mit dem Blick des Souveräns („Von hier aus übersah und beherrschte <König Tullus Histilius> sein Volk."[62]) das alte, jetzt ohnmächtige Weltzentrum („Wie ohnmächtig ist, was einst so mächtig war!"[63]) überschaut. Mit dem Blick in das steinerne Geschichtsbuch des alten Weltmittelpunktes, der vor ihr ihre jahrtausendealten „Thatenverzeichnisse"[64] aufblättert, läßt Elisa von der Recke wie Sophie von La Roche „ihren Geist" „Erinnerungsfeste" feiern. Sie schreibt:

> Jeder Marmortrümmer, jede Säule in hoher Vollendung, zu der ich hinauf, und jeder alte Leichenstein zu dem ich hinunter blickte, weckte in mir eine neue Gedankenreihe.[65]

---

[61] Recke 1815, Bd. 2, S. 323.
[62] Recke 1815, Bd. 2, S. 271.
[63] Recke 1815, Bd. 2, S. 324.
[64] Recke 1815, Bd. 4, S. 216.
[65] Recke 1815, Bd. 2, S. 213.

Die geschlechtsspezifische Dimension der Selbstbemächtigung dieser Perspektive auf die Stadt wird bei Elisa von der Recke sichtbar im Vergleich der Blicke vom Dach eines Männer- und eines Frauenklosters in Rom. Während der Ausblick der Nonnen auf die Stadt durch eine hohe Gartenmauer beschränkt ist, so daß diese sich den begehrten Blick über Rom vom Dachboden, dem Trockenboden des Klosters, förmlich stehlen müssen, sind die Mönche in ihrem Kloster mit einem weiten Ausblick von der Bibliothek über die Stadt weit weniger „ausgeschlossen" von diesem „Genuß".[66] Der Wunsch Elisa von der Reckes, sich auch als Frau gleich den Mönchen dauerhaft in der Höhe über der Stadt anzusiedeln, wiederholt sich in einem „stillen Erinnerungsfest" auf dem Montorio, dem Lieblingsaufenthalt der Fürstin Luise von Dessau, einer Freundin Elisa von der Reckes. Von diesem Panorama, vor „welchem (.) Nähe und Ferne sich ausbreitete", fühlt sie sich „so angezogen und festgehalten", daß sie „hier verweilen, hier wohnen möchte."[67]

J.J. Bachofen hat in *Der Mythus von Orient und Occident. Eine Metaphysik der alten Welt* Italien als den historischen Umschlagplatz von Orient und Okzident beschrieben. Die italienische Kultur habe, so schreibt Bachofen, „orientalische Ideen und Gebräuche im weitesten Umfange" bei sich aufgenommen und aus ihrer „rezeptiven Kraft die Macht der Umbildung aller aus der Fremde zugeführten Elemente und der Unterwerfung derselben unter sein eigenes Denkgesetz" geschöpft.[68] Rom ist für Bachofen der Ort, an dem sich (mit der Zerstörung Karthagos) „die Beerbung des Orients durch den Occident für immer entschieden" hat. Die „entgültige Übertragung der leitenden Kulturmacht aus dem Osten nach dem Westen"[69], die Verdrängung und die geistige Überwindung des Orients (die Ersetzung des Naturstandpunktes des Orients durch den geschichtlichen des Okzidents) bezeichnet Bachofen als die „welthistorische Seite der römischen Geschich-

---

[66] Recke 1815, Bd. 2, S. 265.

[67] Recke 1815, Bd. 2, S. 137.

[68] J.J. Bachofen: Der Mythus vom Orient und Occident. Eine Metaphysik der alten Welt. Mit e. Einleitung von Alfred Bäumler, Hg. Manfred Schröter. München 1924, S. 555.

[69] Bachofen 1924, S. 562.

te", ihren „Zentralgedanken" und einen ihrer „Hauptwende-
punkte"[70]. Rom ist nach Bachofen der „Ursprungsort unseres
okzidentalen Lebens" und Italien der Ort der „Befreiung unseres
Geistes aus den lähmenden Fesseln einer kosmisch-physischen
Lebensbetrachtung."[71]

In Rom als einem Wendepunkt anzukommen, heißt dement-
sprechend für Elisa von der Recke, sich in das historische Zentrum, das „mit einer unvertilgbaren Zuneigung"[72] auf sie ein-
wirkt, hineinziehen zu lassen und darin als ein Ich präsent zu sein,
das gleichermaßen den eigenen „Orient" verdrängt und den eigenen Geist aus den lähmenden Fesseln einer kosmisch-physischen
Lebensbetrachtung befreit hat. Die wiederholten Städtepanoramen (der kühle, distanzierte Blick, der „von keiner Grenze des
Körperlichen mehr eingeengt"[73] und „von des Daseins engen
Schranken" (Recke) befreit ist), der eigene, vom Anblick der
Fremde gereinigte Blick[74], betonen stets die repräsentative Anwesenheit der Betrachterin in diesem für „Personen <ihres> Ge-

---

[70] Bachofen 1924, S. 562.

[71] Bachofen 1926, S. 571.

[72] Recke 1815, Bd. 4, S. 290.

[73] Oettermann 1980, S. 13.

[74] Die visuelle Ausblendung des Fremden aus Rom läßt sich im Text von Elisa
von der Recke in einer genauen topographischen Analyse ihrer Stadtgänge nach-
zeichnen. Während das Panorama – das alles sehende Bild ohne Rahmen – im
horizontalen Blick der kreisförmigen Anordnung Roms entspricht, treten bei den
Spaziergängen in der Ebene in und um Rom die Arkaden und damit die Rahmenschau wieder in den Vordergrund der Wahrnehmung. Die unendliche Reihe von
Torwölbungen der Claudiusschen Wasserleitung bzw. Acqua Felice, die Bögen-
trümmer in der Campagna, die hohen Bogenöffnungen an der Rotondo Sto
Stefano, die in alle Richtungen eine malerische Ansicht darbieten, verleihen der
offenen Landschaft hier wieder „freundlichen Aussichten", während man dort,
wo von einem glanzvollen Arkadengang nicht mehr die geringste Spur vorhanden
ist, wieder durch wüste, öde Gegenden ohne jede Lebendigkeit wandert. Elisa von
der Reckes Rom-Blicke sind von Arkaden umstellt, die am Rande Roms wie die
Triumphbögen für den Blick die Funktion haben, die Perspektive auf Rom vom
Anblick der Fremde zu reinigen. Vgl. hier Ferdinand Noack: Triumph und
Triumphbögen (in: Vorträge aus der Bibliothek Warburg 1925-1926. Veröffentlichung der Bibliothek Warburg Bd. 2.2., Leipzig, Berlin.), der sich auf Arnold van
Gennep bezieht und die Durchgangs- und Schwellenriten der römischen Triumphbögen als Reinigungs- und Trennungsriten beschreibt. Vgl. auch van Gen-
nep 1986, S. 29.

schlechts"[75] schwer zugänglichen Geschichtsraum. Ihre „Bemerkungen über die Andeutungen dessen, was einst hier war"
schreibt sie „mit einer Art begeisterten Vergnügens nieder, <...>
wovon der keine Vorstellung haben kann, welcher diese Über-
reste alter Zeit nur aus der zweiten Hand und nicht durch Anschauung, kennt".[76]

Abb. 26: Die Romtouristin. „Die Briten in Rom". Kupferstich (1829).

Neapel

Während Rom ein Ort ist, an dem die Fremderfahrung sich auf
Bilder des Eigenen, Nicht-Fremden reduziert, läßt sich die Reise
nach Neapel als ein Schritt zum Anderen beschreiben, der das
Eintauchen in die Sphäre des Fremden mit sich bringt. In Neapel
treten die porösen Züge, die italienische Durchlässigkeit zur
Fremde hin, in das Wahrnehmungsfeld des Reisenden. Die Reise

---

[75] Recke 1815, Bd. 1, S. VI.
[76] Recke 1815, Bd. 2, S. 274.

von Rom nach Neapel durch die „Gränzsperre" der Pontinischen Sümpfe läßt sich als ein Stellungswechsel beschreiben, der die Reisenden von einer einheitlich geschlossenen nicht-fremden, auf ein Drinnen reduzierten Welt (in der alles Fremde abstrakt abgeblendet ist) in eine konkret räumliche Welt der äußeren Sinnlichkeit versetzt. Der Wechsel von Rom nach Neapel ist gleichbedeutend mit der Erfahrung eines inneritalienischen Übergangs[77], der mit der veränderten Stellung des sprechenden Subjekts auch ein anderes Ich des Reisenden zum Vorschein bringt. Während die Fahrt nach Rom eine Bewegung beschreibt, die eine Ähnlichkeitsbeziehung zwischen dem eigenen unkörperlichen Ich und der römischen Geschichte herstellt, so führt der Besuch in Neapel zu einer Begegnung, bei der das Aussteigen aus dem Gehäuse und damit die körperliche Selbstbemächtigung der Reisenden in der Fremde in den Bereich des Möglichen rückt.

Für die Vereinnahmung Roms als einen abstrakten „Ich-Pol" Elisa von der Reckes spricht die Bedeutung der Zeitlichkeit sowie die Betonung der originalen Seh- und Selbsterfahrung, die in historischen Vor- und Rückblicken Erlebnisreihen in Gang brachte, historische „Thatenverzeichnisse" aufblätterte und den Horizont des eigenen zeitlichen Seins enthüllten.[78] Neapel dage-

---

[77] Nach Elisa von der Recke dürfen diese „Gränzsperre" zwischen Rom und Neapel „nur Personen mit einer zuverlässigen Gesundheit zu überschreiten wagen". Recke 1815, Bd. 3, S. 283. Die Pontinischen Sümpfe wurden wegen ihrer „schädlichen Sumpf-Stoffe" „nicht ohne Furcht" (Recke) durchfahren. Man befürchtete Straßenräuber und zwielichtige Gestalten, da nach Süden hin die Wegesicherheit immer mehr abnahm. Vgl. Ludwig Schudt: Italienreisen im 17. und 18. Jahrhundert. Wien, München 1959, S. 159. Sinnigerweise hat Elisa von der Recke auf dem Weg nach Neapel in Mola den einzigen Unfall während der ganzen Reise. Sie spricht von ihrem „zerbrochenen Wagen" und von dem „Schatten, den jeder Unfall auf die Nähe wirft". Recke 1815, Bd. 3, S. 13. Auch Mme de Staël beschreibt die Passage durch die Sümpfe als einen Durchgang durch eine Todeszone. „Einige krank aussehende Leute spannen die Pferde vor und empfehlen, ja nicht zu schlafen, während man durch die Sümpfe fährt; denn hier ist der Schlaf der sichere Vorbote des Todes." Auch ihr Neapel ist anderswo: „Dieses Land von Neapel, diese glückliche Gegend ist vom ganzen übrigen Europa getrennt, sowohl durch das umgebende Meer als durch den gefahrvollen Landstrich, den man durchwandern muß, um dahin zu gelangen." Mme de Staël: Corinna oder Italien. Hg. Arno Kappler. München 1985, S. 239.

[78] Vgl.: Edmund Husserl: Konstitution der Intersubjektivität. In: Phänomenologie der Lebenswelt. Ausgewählte Texte II, Hg. Klaus Held. Stuttgart 1986, S. 180 und 240.

gen erscheint als ein Ort, aus dem der Orient, d.h. die konkrete raumgegenständliche Leiblichkeit nie ganz verdrängt wurde. Neapel und seine Umgebung ist eine „fremde Welt"[79], die, wie Goethe schreibt, bereits „nach Asien und Afrika" deutet[80]. Für Elisa von der Recke wie für meisten Reisenden des ausgehenden 18. Jahrhunderts bildete Neapel das südlichste Ziel und den Wendepunkt der Italienreise, an dem Europa endete:

> Apulien, Kalabrien und Sizilien galten noch als heiße Gebiete mit afrikanischem Klima.[81]

Mit Neapel erreichen Elisa von der Recke und ihre Zeitgenossen in Italien die Vorboten des Orients und damit auch „das eigentlichste Element des Landschafters"[82]. Nach Neapel reiste man in Begleitung eines Malers,[83] denn nur in der Malerei konnte diese Gegend, das „irdische Paradies" Italiens, adäquat dargestellt werden. Bei Goethe macht sich der Stellungswechsel, der auch die Bedeutung der Schrift und die Situation des Schriftstellers veränderte, in Neapel in Passagen bemerkbar, die einen Übergang in eine andere, mimetische Schreibweise andeuten, bei der sich die Landschaft ohne intellektuelle Färbung auf das Papier zu malen scheint. Angesichts der ihn „anlachenden"[84] neapolitanischen Landschaft und des Unvermögens, diese in Worte zu fassen:

> Wenn ich Worte schreiben will, so stehen mir immer Bilder vor Augen, (...) und mir fehlen die Organe, das alles darzustellen[85],

überläßt Goethe sich seiner „laufenden Feder" und schreibt, „ohne zu denken", damit er „nur schreibt".[86]

---

[79] Goethe 1987[4], S. 227.

[80] Goethe 1987[4], S. 229.

[81] Corbin 1990, S. 64.

[82] Goethe 1987[4], S. 221.

[83] Goethe reiste in Begleitung von Tischbein nach Neapel und weiter in den Süden mit Kniep, Elisa von der Recke mit Maler Reinhart. Die Prinzessin Gonzaga spricht von Neapel als dem „Vaterland der Musik". Vgl.: Briefe der Prinzessin von Gonzaga auf ihren Reisen. Aus der französischen Urschrift. Gotha 1791, 150.

[84] Goethe 1987[4], S. 186.

[85] Goethe 1987[4], S. 218.

[86] Goethe 1987[4], S. 186.

Elisa von der Recke, die im Gegensatz dazu vom Kartenzeichnen als von einer „Ausdrucksform der Ungebildeten" spricht,[87] hat ihren ersten Eindruck von Neapel und seiner Umgebung, d.h. von einer Landschaft, die bereits von den Römern als Sinnbild der Schönheit[88] und als „Schauplatz der ausschweifendsten Lüste"[89] begriffen wurde, als „überhaupt nicht angenehm"[90] beschrieben. Im Vergleich zur „stillen Oede"[91] Roms erscheint ihr der Eintritt in die Stadt wie ein Sturz in eine „Menschenfluth"[92] und in ein betäubend wirkendes „außerordentliche<s> Menschengewühl".[93] Das lebhafte, bunte und lärmende Gedränge, die chaotische Vielfalt und die diffusen Sinneseindrücke erfüllen sie mit dem Gefühl, daß dem Ganzen „die Idee von Aufruhr zum Grunde lag".[94] Erst aus der zurückgezogenen Position der eigenen Wohnung[95] (einem „wahren Pallast", der von einer etwa drei Fuß hohen Mauer eingefaßt wird) und indem sie die Stadt auf die Dimensionen einer „Zauberlaterne"[96] verkleinert, wird die Wahrnehmung der Stadt und ihres wilden Volkes[97] (das in Neapel

---

[87] Recke 1815, Bd. 1, S. 105.

[88] Vgl. Corbin 1990, S. 63.

[89] Recke 1815, Bd. 3, S. 27.

[90] Recke 1815, Bd. 3, S. 23.

[91] Recke 1815, Bd. 3, S. 262.

[92] Recke 1815, Bd. 3, S. 23.

[93] Recke 1815, Bd. 3, S. 39.

[94] Recke 1815, Bd. 3, S. 23.

[95] „Zur deutlichen Vorstellung der bei meiner gestrigen Ankunft nur im Vorüberfluge und in einer Art Betäubung bemerkten Gegenstände, wiederholte ich den Weg vom Thore bis zu meiner Wohnung." Recke 1815, Bd. 3, S. 39. Die „große Aussicht von meiner Wohnung auf das unendliche Meer hin hielt mich für manche Mißfälligkeiten schadlos." Recke 1815, Bd. 3, S. 169.

[96] Recke 1815, Bd. 3, S. 55. Die 1798 erschienene Zeitschrift „London und Paris" beschreibt die Zauberlaterne als eine „höchst wunderbare, sinnreiche und schöne Maschine, wo man das Leben in allen seinen Farben auf das Erstaunenswürdigste im Kleinen sieht." Journal „London und Paris" 1798. Zit. nach Brüggemann: Zauberlaterne und Schmelztiegel. Wahrnehmungsweisen der großen Stadt. In Brüggemann 1985, S. 11.

[97] In der Reiseliteratur des späten 18. Jahrhunderts erscheinen die Neapolitaner mal als rohe, mal als edle Wilde. Beim Anblick der neapolitanischen Fischer sieht sich Elisa von der Recke nach „Otaheiti" versetzt, Recke 1815, Bd. 3, S. 38, ein Topos, der bereits in den Briefen der Prinzessin Gonzaga auftaucht. Diese hatte die Neapolitaner als lärmende und prunkende „Wilde" beschrieben, deren „Geschmack" noch nicht durch „Civilisierung" geläutert wurde. Gonzaga, 1791, S. 156f.

draußen und „ohne alles Obdach"[98] lebt) überhaupt erst möglich. Besonders nachts, wenn die glühenden Lavaströme des Vesuv „der einzig sichtbare Gegenstand"[99] sind, scheint es, als ob „die Göttin der Freude ihren Thron in Neapel aufgeschlagen hätte: ein so fröhliches lautes Getöse rauscht in der Straße, und schallt aus den Häusern."[100] Das „lebhafteste Gewühl des Volkes" bewegt sich durch die Hauptstraße Toledo[101], während auf beiden Seiten „mit außerordentlicher Lichtverschwendung die Sorbetterien" leuchten, deren „glänzend aufgeputzte(.) und spiegelreiche(.) Zimmer (...) die lebhafteste Helligkeit auf die Straße zurück(werfen)".[102]

Durch die Erfahrung des Dunklen und Unheimlichen in Neapel (in den Katakomben, den Höhlen und Grotten der Umgebung, den „mumisierten" Städten[103] Pompeji, Portici, Cumae und Herkulaneum, dem Eingang zur Unterwelt am Avernersee und der „unterirdischen Feuerwerkstadt"[104] des Vesuv) bildet Neapel und seine Umgebung insgesamt den Rohstoff für eine Textpraxis, in der das reisende Ich seine ideale Distanz gegenüber sich selbst und gegenüber der durchreisten Landschaft aufheben könnte, um Verborgenes und Verschüttetes zum Thema zu machen. Neben der eigentlich auf Reisen gesehenen mannigfaltigen und lichten Vorderseite der Erfahrung kann in Neapel die dingliche Rückseite, der dunkle Untergrund, die „Schattenwelt"[105] der Wahrnehmung appräsentiert werden. In Neapel ist es möglich, „den ganzen Kreis

---

Esther Lynch Piozzi beschreibt in ihren „Bemerkungen auf der Reise durch Frankreich, Italien und Deutschland", daß auch die „Italiener aus anderen Provinzen ein großes Aergerniß an der Roheit ihrer unaufgeklärten Nachbarn nahmen". Esther Lynch Piozzi: Bemerkungen auf der Reise durch Frankreich, Italien und Deutschland. Aus dem Englischen mit einer Vorrede und Anmerkungen von Georg Forster. Frankfurt/M./Mainz 1790, Bd 2, S. 11.

[98] Recke 1815, Bd. 3, S. 25.
[99] Piozzi 1790, Bd. 2, S. 1.
[100] „Roms Abendruhe bildet davon einen auffallenden Gegensatz." Recke 1815, Bd. 3, S. 54.
[101] lt. Baedecker die „Pulsader" Neapels.
[102] Recke 1815, Bd. 3, S. 54.
[103] Goethe 1987[4], S. 208.
[104] Recke 1815, Bd. 3, S. 156.
[105] Recke 1815, Bd. 3, S. 283.

der mythologischen Unterwelt an wirkliche Gegenstände zu knüpfen" (Elisa von der Recke)[106] oder, wie es in den *Briefe der Prinzessin von Gonzaga auf ihren Reisen* heißt, zu einer „Bewohnerin von Städten" zu werden, „die nicht mehr sind."[107]

Diese Möglichkeit, zeitlich und räumlich Fernes konkret zu bewohnen, wird für Elisa von der Recke zur Voraussetzung ihrer Erfahrungen in Neapel und Umgebung. An verschiedenen Stellen des dritten Bandes ihres „Tagebuches"[108] werden die „Eingänge zur mythologischen Unterwelt" und die „unterirdischen Wanderungen" gleich einer Einfahrt in ein Bergwerk als ein Eintauchen in Erdinnenwelten beschrieben. Dabei zeigt sich, daß sich auch dieser Dialog mit mythisch und zeitlich fernen Welten nur auf der Basis von Gehäuseformationen führen läßt. Die Bedeutung der Straße und des Kutschengehäuses, das in der zweiten, unterirdischen Welt das dunkle Treiben von der Reisenden abhält, ist ebenso augenfällig, wie auch beim Herabsteigen in die Dampfbäder von San Lorenzo die unterirdische Ummauerung dem Bedürfnis nach Ordnung entspricht.[109] In der „schwarzen Finsterniß" bei der Durchfahrt durch die Grotte des Posilipo ist die Durchlässigkeit des Gehäuses das Unerträglichste:

> Oben sind in gewissen Zwischenräumen zwei Oeffnungen angebracht, durch welche aber, wegen der Dicke der Wölbung, kaum ein dürftiger Schimmer in die schwarze Finsterniß fällt; und gleich über diese beiden matten Lichtpunkte hinaus, beginnt wiederum die dichteste Nacht, die

---

[106] Recke 1815, Bd. 3, S. 155.

[107] Gonzaga 1791, S. 173.

[108] „Der dritte Band umfaßt den Aufenthalt der Verfasserin in Neapel selbst, ihre Kunst- und Naturbeschauungen über und unter der Erde..." Recke 1815, Bd. 3, Vorbericht des Herausgebers C.A. Böttiger.

[109] Recke 1815, Bd. 3, S. 25. Besonders deutlich wird die Abwesenheit des eigenen Körpers bei Elisa von der Recke, wenn man ihren Text mit dem – ebenfalls in Italien kurenden – Montaignes vergleicht. Montaigne beschreibt gleichsam zwei Reisebewegungen. Zum einen seine Reisebewegung durch die italienische Landschaft und zum anderen die Bewegung der Gallensteine, die durch seinen Körper reisen. Die Verbindung beider Körper stellt sich durch das Trinken des Wassers aus den verschiedenen Heilquellen her.

mit hundert Stimmen unsichtbarer Wesen den Wanderer unaufhörlich umtoset. Fußgänger, Herden von Kühen und Schafen mit Glockengeläut, Eseltreiber und Fuhrleute, alles schreit in dieser Dunkelheit wild durcheinander; die letzteren, um das Zusammenstoßen zu vermeiden, rufen: alla montagna, oder alla marina (nach der Bergseite; nach der Seeseite). Wer eine Kleinigkeit bezahlen will, nimmt beim Eingange eine Fackel mit, die man daselbst immer bereit findet. Das Unerträglichste aber ist, außer der Kälte, die in dieser Tiefe herrscht, der Staub, gegen den uns selbst die zugezogenen Fenster unseres Wagens nicht zu schützen vermochten. Einige hundert Schritte vor dem Ausgang dämmerte uns das Tageslicht entgegen, und wir waren endlich recht froh, den vollen Tag zu begrüßen.[110]

Auch in Resina, einem Städtchen, das auf der Aschendecke über dem verschütteten Herkulanum erbaut ist, bleibt nach dem Stellungswechsel in das unterirdische Herkulaneum das Leben auf der überirdischen Straße der Orientierungs- und Ausgangspunkt für die Beobachtungen auf der tiefer gelegenen Ebene:

Unten umfängt den Wanderer der düstre Schatten einer längst abgeschiedenen Welt, die stumm von allen Seiten ihn anstarrt; oben donnert es dumpf von dem Getöse der über der weiten Wölbung hinrollenden Wagen. Man wird von nie gefühlten Schauern ergriffen, und hat Mühe zu einer ruhigen Anschauung sich zu sammeln; dann aber erstaunt man über den Reichthum der Pracht dieses Gebäudes. Bald bewundert man den schönen marmornen Fußboden....[111]

Insbesondere bei den Wanderungen durch die aufgegrabenen Häuser, Straßen und Fußwege in Portici, Herculaneum und Pompeji zeigt sich, daß die Wahrnehmung der versunkenen Städte an einer Doppelung der häuslichen Dingwelt orientiert bleibt. Das Prinzip des Reisens in homologen Räumen, das für die Bürger des 18. Jahrhunderts die konkret-räumliche Erfahrung des fremden

[110] Recke 1815, Bd. 3, S. 60.
[111] Recke 1815, Bd. 3, S. 107.

städtischen Raumes bestimmt, kehrt bei Elisa von der Recke auf der Ebene fremder Zimmerwelten wieder. Unterirdisch aufgedeckte Häuser und Überbleibsel von Geräten im Museum von Portici bringen das Thema des Versunkenen und Verschütteten – die „recht anschauliche Idee von dem Leben der Alten"[112] – gerade deshalb hervor, weil es sich um fremde Wohnwelten handelt:

> Er führte uns in das Zimmer, welches die in den aufgedeckten Häusern zu Pompeji gefundenen Geräthe, Werkzeuge und andere Gebrauchsachen enthält. Wie lebhaft wird das Gemüth bewegt, bei solchen Dingen, die das häusliche Leben der Alten so nahe vor die Anschauung bringen! Das Alterthum theilt seinen Überlieferungen, ohne irgend eine moralische Rücksicht zuzulassen, eine Ehrwürdigkeit mit, die eine Art von Heiligung ist. Im vollen Gefühl von einer solchen Heiligkeit trat ich zu dem Behältniß antiker weiblicher Putzsachen; hier fand ich Ohrgehänge, Armspangen, Ringe, goldne Ketten, Riechfläschen und – Schminkdosen. [113]

Daß die Aufrechterhaltung der Gehäusewelt in der Fremde unabdingbar ist und der Schritt in die fremde Welt bei Elisa von der Recke sich wiederum nur als eine Doppelung kulturell überformter Innenwelten vermittelt, zeigt sich auch in der Beschreibung eines heftigen Erdbebens infolge eines Vesuvausbruches, im

---

[112] Durch die Beschränkung auf bewohnbare Welten unterscheidet sich Elisa von der Recke von dem gelehrten Amateur, der etwa zur gleichen Zeit beginnt, seinen naturwissenschaftlichen Forschungsdrang durch unmittelbare Berührung zu befriedigen: „Der Lehrling der Geologie will die Dicke der Schichten nicht nur sehen, er will sie auch körperlich empfinden. Er klettert die Felsen hinauf, folgt den seitlichen Ausläufern, bewegt sich über die höchsten Gipfel, schreitet das Ufer unter den Steilhängen ab oder dringt in die Tiefe der Höhlen ein. Er ist begierig, die Ordnung der konstitutiven Elemente einer chaotisch erscheinenden Gesteinsmasse zu entdecken und Orte aufzusuchen, die von der ursprünglichen Erde erzählen. Er ist fasziniert von unterirdischen Öffnungen, in deren tiefstem Innern die Elemente sich verbinden. Die Neugier wächst angesichts eines Untergrunds, den man sich nicht mehr nur als Ursprung und Grab des Menschen vorstellt, der möglicherweise auch die Geheimnisse einer indifferenten Erde enthüllen kann." Corbin 1990, S. 151.
[113] Recke 1815, Bd. 3, S. 71f.

August des Jahres 1805. Das Bedrohliche dieses Ausbruches besteht in dem realen Poröswerden der Gehäusewelt, die nicht als ein Akt der Befreiung, sondern als eine Katastrophe, als der Einbruch des Chaos in die eigene mythologisch geformte Welt erlebt wird. Die Entfesselung von Naturgewalten in einer sich selbst gestaltenden Natur, begleitet von unterirdischem Getöse und von Erdstößen, die die Erde verdunkeln und bersten lassen, die Erdrinde zerreißen und eine „über alle Geschichte" hinausreichende „entsetzliche Wüste" entstehen lassen, wird bei Elisa von der Recke als ein Zusammenbruch der neapolitanischen Häuser und als eine fundamentale Erschütterung der eigenen Wohnwelt beschrieben:

> Ich hatte mich kaum niedergelegt, so entstand gegen halb zehn Uhr an den Thüren meines Gemaches ein so lautes Gerassel, daß ich aufsprang. Der Betthimmel über mir bewegte sich heftig. Eine Thüre ward krachend aufgesprengt, eine Oelflasche im Nebenzimmer zerbrach, und von den Schränken stürzten die kleinen Zieraten herab. Im Hofe erhob sich zu gleicher Zeit ein furchtbares Angstgeschrei. Bald drängten sich nun alle, die sich im Hause befanden, bleich und zitternd zu mir in das Zimmer, und wir machten uns fluchtfertig. (...) Wir traten hinaus auf das Dach des Hauses. (...) Aus dem fernen Vesuv stieg ein lebhaftes Feuer auf, das nach gewissen Zwischenräumen verschwand und wieder erschien. Die Nacht wurde schlaflos zugebracht; die Gesellschaft blieb versammelt in meinem Zimmer.[114]

Alexander von Humboldt hat in *Ansichten der Natur* das Ausbrechen eines Vulkans als eines der seltenen Ereignisse beschrieben, bei denen heute noch das Phänomen der „ursprünglichen Porosität"[115] beobachtet werden kann. Die Eruption eines Vulkans wird durch eine „Reaktion des Innern gegen die Rinde" hervorgerufen, die sich mit dem „äußeren Luftkreis" austauscht

---

[114] Recke 1815, Bd. 3, S. 245.
[115] Alexander von Humboldt: Ansichten der Natur mit wissenschaftlichen Erläuterungen. Gesammelte Werke Bd. 1, Stuttgart 1849 2/3, S. 214. Dort verweist A.v.H. auch auf seine kleine Abhandlung „Über die ursprüngliche Porosität".

und so in eine Art ursprünglichen Dialog der Elemente über die Erdkruste eintritt. Im „gegenwärtigen Zustande des Erdkörpers, bei dem (...) fast gänzlich hergestellten (...) Stabilitätsverhältnis" der heute erkalteten und erstarrten Erdkruste kann dieses Ereignis einer unmittelbaren Verbindung des Erdäußeren mit dem geschmolzenen Innern jedoch nur noch an den Öffnungen einiger weniger Vulkane beobachtet werden.

Der Vesuvausbruch des Jahres 1805, der Elisa von der Recke dieses von allen Touristen erwartete Phänomen vor Augen führt, läßt diese Reisende merkwürdig verstummen. Während ihr bisher nicht gerade die Worte fehlten, zitiert sie jetzt – anstelle ihrer eigenen Beobachtungen, die sie in einer Gesellschaft mit Alexander von Humboldt machte – seitenlang aus einem Brief ihres Freundes und Reisebegleiters Tiedge und wendet sich an ihre Leserinnen mit der Bitte, man möge ihr die Beschreibung des „großen Gegenstandes"[116] erlassen, denn „wie könnte ich auch beschreiben, was ich sah, was ich, empfand*!".[117]

Auch an diesem Beispiel wird deutlich, daß die Vereinnahmung Neapels als einen konkret-räumlichen Ich-Pol bei dieser Reisenden der Jahrhundertwende gleich der Romerfahrung vertikal und entlang der Zeitachse organisiert bleibt. Daß auch in Neapel die Fremderfahrung die Funktion der historisch geformter Gebäude nicht überschreitet, zeigt sich ebenso, wenn Elisa von der Recke sich nach fast 2000 Jahren von dem Begrüßungswort »salve« an der Schwelle der verschütteten Häuser von Pompeji besonders angesprochen fühlt:

---

[116] Recke 1815, Bd. 3, S. 273.

[117] Recke 1815, Bd. 3, S. 273. In Goethes Beschreibung des Vesuvausbruchs kurz vor seinem Abschied von Neapel erscheint Juliane Herzogin Giovane als Übergangsfigur zwischen dem erhabenen Ereignis und dem Betrachter: „der unerwartete Anblick des glühenden Vesuvs von den Fenstern der Herzogin von Giovane aus gesehen" und „die schöne Frau, vom Monde beleuchtet, als Vordergrund dieses unglaublichen Bildes", dies alles ist etwas, „was man in seinem Leben nur einmal sieht." Zit. nach Paul Requadt: Die Bildersprache der deutschen Italiendichtung von Goethe bis Benn. Bern, München 1962, S. 90. Der Text ist abgedruckt in: Dieter Richter (Hg.): Der brennende Berg. Geschichten vom Vesuv. Köln 1986, S. 51-54.

Nicht ohne Rührung las ich beim Eintritt in ein Haus auf der Schwelle das Wort *Salve*, mit weißen Buchstaben auf schwarzem Grunde. Welch freundliches Wort am Eingange einer Wohnung! Der gute Mensch, der seinem Hauspförtchen diesen Bewillkommungsgruß auftrug, ist längst verschwunden, sein Name ist vergessen, und noch sprach seine Stimme zu meinem Herzen.[118]

Das Thema des Verschütteten und Verborgenen der Städte, die nicht mehr sind, eröffnet ihr in Neapel einen Kosmos zeitlicher Schwellen, in dem die Zäsur eines plötzlich zum Stillstand gekommenen Lebens dauerhaft konserviert ist. Fasziniert betrachtet sie auf einem „Stück zu Stein gewordener Krater-Asche die eingedrückte Form einer weiblichen Brust, unter welcher einst das Herz so plötzlich aufgehört hatte zu schlagen":

Ich fühlte mich über die vielen Jahrhunderte zurückgehoben, ganz in die Kreise der Menschen, in jenen verschütteten Städten versetzt: es war als flüsterte mir eine Stimme die Geschichte manches zarten Weihgeschenkes zu.[119]

Beim Wandern über Fußbodenmosaike aus den aufgedeckten Häusern in Pompeji ist es die räumliche Nähe zu dem historischen Ereignis, die sie tief bewegt,

auf demselben Fußboden umher zu gehen, auf dem vor beinahe zweitausend Jahren die Unglücklichen wandelten, die ein so schrecklich plötzlicher Stillstand des Lebens überfiel, daß mehrere Gerippe noch in der Stellung einer ruhigen häuslichen Beschäftigung gefunden wurden.[120]

Bei Elisa von der Recke zeigt sich in Neapel die paarende Assoziation, der Schritt in die Sphäre des Anderen als ein Vor- und Zurückschreiten in der Geschichte und als eine vertikale Doppelung in einer porös gewordenen Zeit jenseits einer schroffen Trennung von Gegenwart und Vergangenheit. „Frauenzimmer<n>, welche von ihrer Reise in die merkwürdigen Gegenden

---

[118] Recke 1815, Bd. 3, S. 118.
[119] Recke 1815, Bd. 3, S. 72.
[120] Recke 1815, Bd. 3, S. 68.

Unter-Italiens einen erhöhten Genuß für Geist und Fantasie ziehen wollen", rät sie,

> durch gute Übersetzungen mit den Schriften der Alten,
> besonders mit ihren Dichtungen sich bekannt zu machen.
> (...) denn noch haften sie an den Gegenständen, von denen
> die Sänger ihre Bilder hernahmen.[121]

Von Neapel als einem „Wohnraum des Kollektivums"[122], in
dem sich die fundamentale Zweideutigkeit im Sinne von Walter
Benjamin/Asja Lacis Denkbild *Neapel* im 20. Jahrhundert auch
auf die Erschütterung des Gehäusewesens bezieht, bekommt Elisa
von der Recke wenig zu sehen. Gleich dem reisenden Bürger, der,
am „nordischen Hauskasten" orientiert, „bis Rom sich von
Kunstwerk zu Kunstwerk wie an einem Staket weitertastet, wird
<ihr> in Neapel nicht wohl."[123] Angesichts der Formen der unge-
wohnt porösen Architektur, in der sich die Gegensätze durchdringen und in der „all dieses Heimliche und Aufgeteilte zu einem
lauten Fest zusammenschießt"[124], versagt ihr in Neapel merkwürdig die Sehkraft:

> So mächtig anziehend der Anblick der Stadt ist, so wenig
> können ihn die Augen lange ertragen: denn die fast senk-
> rechten Sonnenstrahlen, von den weißen Gebäuden zu-
> rückgeworfen, wirken nachtheilig auf das Gesicht. Diesem
> Umstande ist es zuzuschreiben, daß in Neapel eine solche
> Menge Blinder und Augenkranker sich befindet.[125]

Die „geheime Pforte für den Wissenden"[126], die sich nach
Benjamin/Lacis in Neapel nur dem Doppelwissenden öffnet, will
sich ihr jenseits des eigenen Gehäuses (des trennenden Asyls)

---

[121] Recke 1815, Bd. 3, S. 139.
[122] Walter Benjamin schreibt: „... gibt sich die Straße selber als ausgewohntes
Interieur zu erkennen: Als Wohnraum des Kollektivums, denn die wahren Kollektive als solche bewohnen die Straße: das Kollektiv ist ein ewig waches, bewegtes
Wesen, das zwischen Häuserwänden soviel erlebt, erfährt, erkennt, ersinnt wie
Individuen im Schutze ihrer vier Wände." Benjamin 1983, Bd. 2, S. 994.
[123] Benjamin/Lacis 1972, S. 307.
[124] Benjamin/Lacis 1972, S. 312.
[125] Recke 1815, Bd. 3, S. 38.
[126] Benjamin/Lacis 1972, S. 310.

nicht öffnen. Gleich dem Römischen Karneval, der den Lauf ihrer Wanderungen hemmte, kommen bei Elisa von der Recke die verkehrten Weltverhältnisse in Neapel nur im Begriff des „verlorenen Paradieses"[127] zum Ausdruck.

PORÖSES ITALIEN

Die Erfahrung des römischen Karnevals versetzte auch die Romreisenden um 1800 unversehens in eine Welt der konkret-sinnlichen Verkehrungen und Umstülpungen, die den gesamten städtischen Raum in eine Welt des Porösen und in einen Schauplatz simultan belebter Spielflächen verwandelt. Das Geschehen auf dem Karnevalsplatz, das für die Dauer des Karnevals nur in der Zeit, nicht aber im Raum beschränkt ist, führt die Reisenden am Ende des 18. Jahrhunderts an die Schwelle der Entdeckung einer anderen, egalitären Raumerfahrung:

> Der Karneval vermittelte vor der bürgerlichen Revolution zumal den deutschen Reisenden die erste, ebenso zwiespältig wie staunend und ahnungsvoll wahrgenommene Möglichkeit einer egalitären sozialen Raumerfahrung.[128]

Besonders in der karnevalesken Durchdringung von Straße und Wohnung kündeten sich in Italien und auf dem Karnevalsplatz bereits die Wohnformen des zwanzigsten Jahrhunderts („mit seiner Porosität, Transparenz, seinem Freilicht- und Freiluftwesen"[129]) an, die das Gehäusewesen erschüttern, die Funktionen der Gebäude überschreiten und das Wohnen im alten Sinne zunichte machen. Im Hinblick auf ein Fortschreiten des gesamten Textkörpers der Reiseliteratur von Frauen auf der eigenen Körperkarte in Richtung Orient, d.h. in der horizontalen Dimension des Raumes, wird der Karnevalsplatz, der ja ein Schauplatz „ohne Rampe"[130] ist, zu einem Umschlagplatz, auf dem das Erlebnis dieses Wechsels im Raum erfahrbar wird.

---

[127] Recke 1815, Bd. 3, S. 290.
[128] Brüggemann 1985, S. 72.
[129] Benjamin 1983, Bd. 2, S. 1035.
[130] Bachtin 1985, S. 48.

Wie Michail Bachtin in *Literatur und Karneval* schreibt, ist der
Karneval ein aus der Bahn des Gewöhnlichen herausgetretenes,
exzentrisches und deplaziertes Leben, das in einer Sprache konkret sinnlicher Symbolformen (durch freie Familiarisierung von
Mensch und Welt[131], Mesalliance, Profanation, die karnevalistischen Erniedrigungen und »Erdungen«, die unanständigen Reden
und Gesten, die auf die Zeugungskraft der Erde und des Leibes
hinweisen[132]) das kollektive Eintreten in die Sphäre des Anderen
feiert. In einer unüberschaubaren Menge parodistisch-tra-
vestierender Formen taucht für die Zeit des außer Kraft gesetzten
normalen Lebens im Karneval auch, wie Bachtin schreibt, ein
anderes, lachendes und verlachendes Rom wieder auf.[133] Das von
Zwang und Hierarchie befreiende Karnevalslachen ist auf die
Menschen, auf ihre Handlungen und auch auf ihre Ideen gerichtet,
die sich für die Dauer des Karnevals aus ihren abgekapselten,
„hierarchischen Nestern" losreißen und in einem »absoluten«,
durch nichts begrenzten Dialog aufeinander stoßen.[134] Im ambivalenten Karnevalslachen, das von dem Einwirken zwanghafter
äußerer Kräfte befreit, bringt sich, wie Renate Lachmann schreibt,
die Erfahrung der Ur-Opposition ins Spiel[135], die hier als die
Wiederkehr des aus der Romerfahrung und aus dem weiblichen
Ich verdrängten Orients verstanden werden muß.[136]

---

[131] Renate Lachmann spricht vom „Familiären" als Berührung auf der Horizontalen, die die Vertikale der Hierarchien ablöst. Lachmann 1988, S. 31.

[132] Bachtin 1985, S. 49.

[133] „Das Lachen war eine ebenso tief produktive und unsterbliche Schöpfung
Roms wie das römische Recht (...). Lachen und Verlachen haben die europäischen
Kulturen von Rom gelernt." „Allgemein bekannt sind das legitime rituelle Lachen
der Soldaten über den Triumphator, das römische rituelle Lachen auf Beer-
digungen, die verbürgte Freiheit des Lachens der Mimen; über die Saturnalien
viele Worte zu machen, ist überflüssig." Michail Bachtin: Aus der Vorgeschichte
des Romanwortes. In: Die Ästhetik des Wortes. Hg. Rainer Grübel. Frankfurt/M.
1979, S. 316, S. 315. Georgina Masson beschreibt das andere, sinnenfreudige Rom
der Renaissance als einen „Magnet, der Frauen aus ganz Europa und aus der
Levante anzog." Masson 1975, S. 49.

[134] Bachtin 1985, S. 70.

[135] Renate Lachmann (Hg.): Michail Bachtin: Rabelais und seine Welt. Volkskultur als Gegenkultur. Frankfurt/M. 1987, Vorwort, S. 19.

[136] Über die Frage, wie sich im Lachen der Körper zur Geltung bringt, vgl.
Marianne Schuller: „Wenn's im Feminismus lachte...". In: Schuller 1990, S. 199ff.

Goethes *Römischer Carneval* hat die Karnevalserfahrung in klassischer Weise vom Betrachter abgerückt und in einem als „wohnbar" gedachten städtischen Raum, in einem „großen Festsaal"[137], einer ästhetischen Darstellung zugänglich gemacht:

> Denn wie alle Fenster mit Teppichen behängt sind, so stehen auch alle Gerüste mit alten gewirkten Tapeten beschlagen; die vielen Stühle vermehren den Begriff von Zimmer, und der freundschaftliche Himmel erinnert selten, daß man ohne Dach sei. So scheint die Straße nach und nach immer wohnbarer. Indem man aus dem Hause tritt, glaubt man nicht im Freien und unter Fremden sondern im Saale unter Bekannten zu sein.[138]

Goethes Deutung des Karnevalsplatzes als ein geschlossenes Interieur ermöglicht eine durchgängig distanzierte Perspektive auf ein fremdes und fernes Karnevalsgeschehen. Seine Gesamtschau des Karnevalsplatzes ist an einen statuarischen Autorstandpunkt gebunden, auch wenn dieser sich auf dem Balkon, d.h. auf der Schwelle zwischen Interieur und Exterieur zeigt. Aus der Position der topographischen Auf- und Übersicht hat Goethe den Karnevalsplatz mit dem Corso als polarem Zentrum (zwischen dem Obelisken auf dem Piazza del Popolo als unterem und dem Pallazzo di Venezia als oberem Ende) in einen Schriftschauplatz verwandelt, der das Hin und Her der Kutschen auf dem Corso und das Abrennen der Pferde in geordnete Bahnen lenkt (vgl. den Kartenausschnitt: „Der Corso und seine Nebenstraßen"). Das Problem eines weiblichen Ich, auf dem Karnevalsplatz zu erscheinen, besteht jedoch darin, daß in der konkret-sinnlichen Symbolsprache des Karnevals der weibliche Körper als das zentrale Zeichen fungiert, auf dem und über den die Stirb- und Werderiten, die freie Familiarisierung von Mensch und Welt und die »Erdungen« des Karnevals geschrieben werden. In der Masse der konkret-sinnlichen Karnevalssymbole ist vor allem der schwangere Körper die groteske Doppelfigur, in der sich alle Polaritäten des Wechsels vereinigen. Goethes Platz auf dem Balkon oder am

---

[137] Goethe 1987[4], S. 499.
[138] Goethe 1987[4], S. 499.

Abb. 27: Der Corso und seine Nebenstraßen (18. Jhd.).
Oben im Bild: Piazza del Popolo, unten Palazzo di Venezia.

römischen Fenster ist zudem traditionell von der Kurtisane besetzt, die sich dort öffentlich zur Schau stellt. Georgina Masson beschreibt das Spiel von Verbergen und Enthüllung am römischen Fenster als eine weibliche List, die die Reize erhöht, weil das Auf-der-Schwelle-gelagert-Sein die groteske Gestalt des weiblichen Leibes einmal als „lebendes Bild" (Montaigne[139]) und einmal als konkret-sinnlichen Körper betont:

> Als die Malerin Madame Vigée-Lebrun nach Rom kam, sah sie die Huren an ihren Fenstern, »das Haar mit Blumen und Federn geschmückt, die Gesichter angemalt, in fabelhaften Korsagen«. Aber ihr wurde berichtet, daß der nichtsahnende Kunde, der sie aufsuchte, feststellen mußte, daß das schiere Irreführung war – von der Taille abwärts hatten sie nichts an als einen schmuddeligen Unterrock.

> „Und obwohl ich ohnedies schön war", sagt Nanna, „so machte dieses Aufblitzen meiner Reize ein Wunder an Schönheit aus mir, und man sprach in ganz Rom bloß noch von der neuangekommenen Fremden". (...) ebenso wie Nanna stellten viele Kurtisanen ihre Reize zur Schau, indem sie sich am Fenster aufhielten.[140]

Ein aus der Familiarisierung, der horizontalen Verschmelzung mit der Welt herausgetretenes reisendes weibliches Ich hat auf dem Karneval weder am Fenster, wo ihm im Blick von der Straße die abwesende zweite Körperhälfte appräsentiert wird, noch auf der Straße, wo es maskiert, als Nicht-Ich oder als schwangerer Körper erscheint, einen Ort. Es sieht sich im Karneval in eine verkehrte Welt versetzt, in der Fassaden und Trennwände nicht mehr als schroffe Zäsur fungieren und auch das eigene Privatleben porös und von den „Strömen des Gemeinschaftslebens durchsetzt"[141] ist. Das weibliche Ich wird auf dem Karnevalsplatz glei-

---

[139] „Montaigne bewunderte, wie sie sich darzubieten verstanden, fast wie lebende Bilder." Masson 1975, S. 299.
[140] Masson 1975, S. 41/63. Vgl. hier: Brüggemann: Das andere Fenster. Einblicke in Häuser und Menschen. Zur Literaturgeschichte einer urbanen Wahrnehmungsform. Frankfurt/M. 1989, S. 121-152.
[141] Benjamin/Lacis 1972, S. 314.

chermaßen zu einem ambivalenten, in Bewegung versetzten Ich, dessen Problem es ist, aus dem Innern eines fundamental zweideutigen Raumes zu sprechen.

In den Karnevalsdarstellungen italienreisender Autorinnen der Jahrhundertwende fällt auf, daß Goethes distanzierte Perspektive der Außenan- und Aufsicht nicht durchgehalten wird:

> Wir fuhren während des Karnevals maskiert im Korso, und unser Begleiter warf einen Engländer mit Konfetti, wie dies bei diesem Feste ganz gebräuchlich ist,

schreibt Henriette Herz *Aus Rom* im Jahr 1818[142], und bei Fanny Mendelssohn heißt es in einem Brief an die Familie Mendelssohn Bartholdy in Berlin vom 25. Februar 1840:

> Wir haben es auf alle Weise versucht, auf drei verschiedenen Balkons im Korso, zu Fuß und zu Wagen. Letztere Art ziehe ich durchaus vor; denn nicht nur, daß man sich auf bequeme und sichere Weise mitten im Gewimmel bewegt und alles gut übersehen kann, sondern der Hauptspaß besteht eigentlich in dem kleinen Kriege, den alles gegen die Wagen führt, und die beiden Wagenreihen untereinander.[143]

Auch die Malerin Louise Seidler, die sich 1819 zusammen mit Dorothea Schlegel in Rom aufhält, wird von dem allgemeinen Karnevalstreiben erfaßt. Louise Seidler schreibt:

> Auch ich konnte nun der allgemeinen Lustigkeit nicht widerstehen und ließ mich verlocken, mit Frau von Schlegel, welcher das Zusehen vom Fenster aus schon längst nicht mehr amysant genug war, einen Wagen zu besteigen und unter die bunte Menge zu mischen.[144]

---

[142] Henriette Herz in Erinnerungen, Briefen und Zeugnissen. Hg. Rainer Schmitz, Leipzig und Weimar 1984, S. 138.
[143] Mendelssohn 1982, S.72.
[144] Louise Seidler: Erinnerungen der Malerin Louise Seidler. Hg. Hermann Uhde, Weimar 1965, S. 210.

Der feste Standpunkt auf dem Balkon oder am Fenster wird gegen den beweglichen Wagen getauscht, die distanzierte Perspektive wird zugunsten einer Annäherung und Vermischung mit der Volksmenge durchbrochen, aber das Gehäuse, die mythische zweite Natur des Weiblichen, bleibt auch im Karneval die „Sprachmaske", über deren konkret-räumliche Grenzen hinweg ein weibliches Ich am Karneval partizipiert.

Diese Beobachtung zur Erscheinungsweise von Frauen auf dem Karnevalsplatz bestimmt im folgenden die Auseinandersetzung mit den Karnevalsdarstellungen der deutsch-dänischen Dichterin und Italienreisenden Friederike Brun, einer Zeitgenossin Goethes. Friederike Bruns Karnevalsbeschreibungen, die sich mit dem literarischen Vorbild kritisch auseinandersetzen, zeichnen die Bewegungen einer Reisenden über den Karnevalsplatz nach, die dort für sich als Frau nach einer eigenen Position sucht. Von Friederike Brun gibt es zwei Karnevalsdarstellungen, die erste aus dem Jahr 1796 erschien in ihrem zweibändigen Romtagebuch *Römisches Leben*[145], und die zweite zum Karneval von 1809 ist in ihrem *Briefen aus Rom*[146] enthalten, die über die Verfolgung, Gefangenschaft und Entführung des Papstes Pius VII. zur Zeit der Napoleonischen Kriege berichten. Beide Texte umfassen eine Zeitspanne von dreizehn Jahren und sind zu Beginn und gegen Ende ihrer mehrfachen Italienaufenthalte geschrieben.[147]

Einfacher Karneval

Zum Karnevalsbeginn im Februar 1796 ist Friederike Brun erst seit drei Monaten in Rom. Bald nach ihrer Ankunft hat sie Angelika Kauffmann aufgesucht und sich von Zoega, Fernow und Hirt durch Rom führen lassen. Zu ihrem Bekannten- und Freundeskreis gehören die Maler Carstens, von Kniep, Hackert und

---

[145] Brun, Friederike, geb. Münter: Römisches Leben. 2 Bde., Leipzig 1833.

[146] Friederike Brun: Briefe aus Rom, geschrieben in den Jahren 1808, 1809, 1810. Über die Verfolgung, Gefangenschaft und Entführung des Papstes Pius VII. Dresden 1816.

[147] Dieser Textabschnitt ist die überarbeitete Fassung eines 1986 in Florenz auf der Tagung „Viaggio e Scrittura" gehaltenen Vortrags.

Tischbein, und ihr Haus wird bald zu einem Zentrum der deutschen Geselligkeit in Rom.[148] Dennoch schreibt sie, sie habe eines
der begehrten Corsofenster, von dem sie den Karneval hätte gut
beobachten können, mangels Bekanntschaft nicht bekommen
können. Dieser Mangel ist ihr jedoch ein willkommener Anlaß,
sich selbst im Wagen in das Geschehen zu mischen und zunächst
einmal „erst recht in den kleinen Straßen"[149] und auf den Neben-
schauplätzen des Karnevals umherzufahren, wo sich die Men-
schenmenge „zu Wagen und zu Fuß, auf Stühlen, Bänken und in
den Fensterrahmen"[150] zusammendrängt.

Die Figuren auf dem Karnevalsnebenschauplatz sind ebenso
marginal wie das Terrain, auf dem sie sich bewegen. Neben Harlekinen, »Puckelhänsen«, »verstellten Greisen« und kleinen Bu-
ben begegnet sie Kindern, deren Jubel, nun auch einmal verkleidet
in der Menge auftauchen zu dürfen, »unaussprechlich« ist, oder
einem Armen, der die Gunst der Stunde nutzt, um „hinter seiner
schwarz wachstuchenen Nase wie von einem mächtigen Amulet
beschirmt, alle Sorgen seines Lebens jauchzend"[151] zu vergessen.
„Totenköpfe und Leichengesichter"[152] tauchen neben Satyrn und
Faunen auf, Geschöpfe des Waldes, der ungebärdigen Natur und
der Nacht bestimmen im karnevalesken Nebeneinander mit
Leblosigkeit und Tod eine Szenerie, die Friederike Brun als
»Karnevalsvorspiel« bezeichnet. Zu den Erscheinungen des
Karnevalsnebenschauplatzes gehören auch die Motive des Ge-
schlechtertausches, die der Autorin als „drollig" und „niedlich"
erscheinen:

---

[148] Zu Friederike Brun, ihren gesellschaftlichen Beziehungen in Rom insbes.
zu Caroline von Humboldt vgl.: Ilse Foerst-Crato (Hg.): Frauen zur Goethezeit.
Ein Briefwechsel. Caroline von Humboldt. Friederike Brun. Briefe aus dem
Reichsarchiv Kopenhagen und dem Archiv Schloß Tegel. Düsseldorf 1975.
In den „Briefen eines reisenden Nordländers. Geschrieben in den Jahren 1807 bis
1809" (hg. von J.F. Reichhardt, Leipzig und Altenburg 1816) ist das „gastfreie
Haus" Friederike Bruns in Rom beschrieben. Die Dichterin und Freundin von
Matthisson und Bondstetten erscheint hier als eine eitle und komische Figur.
S. 21-34.
[149] Brun 1800, S. 254.
[150] Brun 1800, S. 254.
[151] Brun 1800, S. 254.
[152] Brun 1800, S. 255.

Drollig war der Anblick von zwey Kutschen, auf deren hohem Bock zwey zarte niedliche Weiblein die Ladung wohlbeleibter Herren darin kutschieren.

Niedlich war ein Whysky, vor dem schöne, schwarze feurige Rappen, in Rosen-Guirlanden angeschirrt, von einer jungen Dame geleitet wurden.[153]

Auch unverkleideten Römerinnen begegnet sie hier und bemerkt kritisch deren bunte, überladene und nach der fremden (englischen) Mode „drappierte" Kleidung, die diesen „starre" Züge[154] verleiht. Nicht von Frauen, sondern von Harlekinen und Quakeri (das sind bei Goethe, den sie hier zitiert, die fremden, altfränkisch Gekleideten) wird sie auf diesem Terrain bald als Fremde erkannt. Sie wird mit Süßigkeiten beworfen, mit Scherzen und mit Schmeicheleien bedacht, denen sie aber entgegen ihrer Absicht („wir waren zum Wiederausteilen gewafnet"[155]) mit Sprachlosigkeit begegnen muß, da es ihr für eine angemessene Verständigung an dem entsprechenden „Wort- und Zuckermagazin"[156] fehlt. Trotz ihrer allgemeinen Geschmücktheit erscheinen ihr daher die Nebenstraßen bald als trübe, entfärbt und abgespannt, und sie verläßt den Nebenschauplatz in Richtung Corso, dem Zentrum des Karnevalsgeschehens.

Im Zentrum des Karnevalsgeschehens geht die Fahrt jedoch nur „im langsamsten Schritt und durch manche lange Pause unterbrochen"[157] voran. Das Hin und Her der vielen tausend in den Corso einströmenden Menschen wird beidseitig von „wahren Palastbergen eingeschlossen"[158], während es unter „vielstimmigem Getöse"[159] in eine „ungeheure formlose Masse"[160] zusammenfließt. Weil auf dem Corso zudem die Grenzen nach draußen undurchdringlich erscheinen und an ein „Ausbiegen in eine Seitenstraße

---

[153] Brun 1800, S. 255.
[154] Brun 1800, S. 256.
[155] Brun 1800, S. 257.
[156] Brun 1800, S. 257.
[157] Brun 1800, S. 257.
[158] Brun 1800, S. 258.
[159] Brun 1800, S. 258.
[160] Brun 1800, S. 258.

(...) nicht zu denken"[161] ist, verstärkt sich das Gefühl von atemberaubender Enge und Haltlosigkeit. Ein Zustand, der der Autorin „Flimmer"[162] vor den Augen tanzen läßt und ihr Wahrnehmungsvermögen in einer Weise schwächt, die an Ohnmacht grenzt. Die Rettung in diesem fortschreitenden Prozeß der Selbstauflösung in der Masse ist einzig durch den jetzt einsetzenden Lauf der Pferde gegeben. Friederike Brun schreibt, sie wäre

> in einen ohnmachtähnlichen Schlummer gesunken, wenn nicht der Schall der 24 daher fliegenden Pferde und der zum Himmel steigende Volksjubel mich erweckt hätte.[163]

Durch ihr „leichtes Dahinfliegen in der Bahn"[164] teilen die Pferde die Menge und bringen sie – wenn auch nur für Sekunden – in eine lineare Ordnung:

> Gehört, gesehen und verschwunden! ist die Sache von zwey Sekunden! Schnell, wie der Wind die Meereswellen, theilen diese zephirähnlichen Pferdchen die Volksmassen, die dicht hinter ihnen wieder zusammenfließen, ohne daß eine Spur von ihren Hufen zurückbleibt im Sande,...[165]

Einem Aufblitzen gleich hinterläßt das Ereignis in der ungeordneten Menge die Andeutung einer linearen Ordnung, ein Schauspiel, das aber in den Augen Friederike Bruns gerade dadurch an Interesse verliert, weil es nur einen flüchtigen Augenblick währt und die chaotische Menge nicht dauerhaft zu ordnen vermag. An diesem Lauf der Pferde orientiert Friederike Brun ihre eigene, in das Geschehen eingetauchte Perspektive, die sich explizit gegen Goethes objektivierenden „wahren" Karneval wendet:

> Goethe's Beschreibung, so wahr sie auch immer ist, war doch viel zu reitzend, und durch das Medium seines ord-

---

[161] Brun 1800, S. 257.
[162] Brun 1800, S. 258.
[163] Brun 1800, S. 258.
[164] Brun 1800, S. 258.
[165] Brun 1800, S. 258.

nenden Geistes viel lebendiger hervorgegangen, als die Wirklichkeit auf dem belebten Cannevas erscheint.[166]

Friederike Bruns Kritik an der geordneten Lebendigkeit in Goethes Karneval ist durch ein anderes Verhältnis zur Maske begründet. Goethes Außenperspektive auf die Maske gewährt dem Geschlechtertausch im Innern der Maske freies Spiel, ohne seine Objekte daraus hervortreten zu lassen. Goethe sieht auf den Rängen, im Wagen und auf der Straße Frauen, die sich als Männer und Männer, die sich als Frauen verkleidet haben – ein Wechsel, der den Reiz der Maske erhöht, ihr Rätselcharakter verleiht und sich auf die Phantasie anregend auswirkt.

Friederike Brun unterscheidet dagegen zwei Arten von Masken: die äußere und die doppelte. Die äußere Maske bestimmt das einfache Karnevalsgeschehen, sie hält das Maskenspiel in Gang. Für Friederike Brun ist diese aber eine Maske ohne Reiz, denn sie bestimmt die Erscheinung einer Frau sowohl innerhalb als auch außerhalb des Karnevals: „Die Frauen", schreibt Friederike Brun, „sind größtenteils von so gelbem Teint und dabey so bemahlt, daß wir oft Mühe hatten, zwischen Maske und Nicht-Maske zu entscheiden".[167] Aus Friederike Bruns Perspektive ist die äußere Maske mit der „Nicht-Maske" einer Frau identisch, d.h., auch die verkehrte Welt des Karnevals, die die herrschende symbolische Ordnung einfach außer Kraft setzt, kann von ihr nur als ein Spektakel bezeichnet werden, das »gar wenig Abwechslung« vom Gewohnten bietet, als eine »gänzliche Gedankenlosigkeit«, die sie „angreift":

Allein ich finde in diesem bunten Narrengewühl gar wenig Abwechslung; eine zerplatzende Schaumblase ist der anderen ähnlich, und die gänzliche Gedankenlosigkeit, die mich angreift, wenn ich eine Viertelstunde dem Spektakel zugesehen, verleidet es mir ganz.[168]

Aufgrund der Identität von Maske und „Nicht-Maske" des weiblichen Körpers will es Friederike Brun auch nicht gelingen,

---

[166] Brun 1800, S. 261.
[167] Brun 1800, S. 261.
[168] Brun 1800, S. 260f.

bei den Römerinnen „das Ende der Maske vom Anfang des auf
die unsittlichste Weise entblößten Busens zu unterscheiden."[169]
Für die „Nordländerin" ist der im Karneval sichtbare weibliche
Körper „ein ganz neuer", jedoch „mehr widrig als lächerlich<er>"
Anblick, denn, so sagt Friederike Brun, die weibliche Form be-
darf, „je weiblicher sie ist, um desto mehr der sanften Umhül-
lung".[170]
Für ein weibliches Ich, das nicht als Körper und auch nicht
anonym auf dem Karnevalsplatz erscheinen will, ist die Umhül-
lung des Kutschengehäuses gleichsam der einzig greifbare Ich-
Körper, die Maske, die an ihrer Stelle auf dem Karnevalsplatz
agiert.[171] Durch dessen Bewegungen, das langsame Vorwärts-
schieben der „Kutschenkolonne" auf dem Corso, das Sich-„Fort-
wälzen" im „Kutschenstrom", dem sie passiv überlassen ist, wenn
sie „jedesmal, in der Stromenge des Pallastes Ruspoli" „die immer
lebhafter spielende Artillerie der immer an Größe wachsenden
Gips-Bonbons (...) aushalten"[172] muß, bringt sich auch Friederike
Brun auf dem Karnevalsplatz zur Sprache. Am letzten Karnevals-
abend beschreibt sie sich in ihrem Wagen im Corso wie zwischen
zwei feindlichen Linien festgefahren und dem Beschuß der Gips-
Confetti durch das offene Wagenfenster ausgesetzt. Durch die aus
Sorge um die Glasscheiben »herniedergelassenen Fenster« dringt
der erbitterte Kampf der Werfenden, die „Wuttöne der Ver-
larvten" und das Geschrei der Getroffenen von beiden Seiten auf
sie ein. Dabei wird der Wagen insgesamt von einem „ans Convul-
sivische gränzende<n> Geschrey, von der unverschleyerten Ge-
berde der niedrigsten Lust", von »jauchzender und lechzender
»Genußwuth« und »dürstenden Genießern« »belagert«, so daß
die Reisende ein »Schrecken ergriff« und »zu schwindeln be-

---

[169] Brun 1800, S. 262.
[170] Brun 1800, S. 272.
[171] In E.T.A. Hoffmanns „Prinzessin Brambilla" erscheint auf dem Karneval
eine geschlossene Kutsche aus Spiegelglas, die den Neugierigen ihr eigenes Spiegelbild zurückwirft. Vgl.: Requad 1962, S. 128f. Vgl. Susanne Asche: Die Liebe,
der Tod und das Ich im Spiegel der Kunst. Die Funktion des Weiblichen in
Schriften der Frühromantik und im erzählerischen Werk von E.T.A. Hoffmann.
Königstein/Ts. 1985.
[172] Brun 1980, S. 273.

gann«, während ihre beiden Kinder sich mit »verhüllten Köpfen« und »zugehaltenen Ohren« auf den Boden der Kutsche legten.[173] Über die poröse Fassade des Kutschengehäuses hinweg wird hier die gewaltsame Veröffentlichung eines weiblichen Ich auf dem Karnevalsplatz beschrieben, das aus seinem individuell abgeschlossenen, seine Identität fixierenden Gehäuse-Leib nur heraustreten kann, um auf dem Karnevalsplatz als „geerdeter" weiblicher Körper usurpiert zu werden. Für Friederike Brun bedeuten diese einfach verkehrten Formen des Karnevals einen Verlust an Deckung, sie bedeuten schwindelerregenden Identitätsverlust und Schrecken, denn – mit Bachtin – ignoriert die Logik der grotesken Gestalt

> die verschlossene, ebenmäßige und taube Fläche des Leibes und fixiert nur das Hervorstehende, seine Schößlinge und Knospungen, sowie seine Öffnungen, das heißt: nur das, was über die Grenzen des Leibes hinausgeht oder aber in die Tiefen des Leibes hineinführt.[174]

Da das Kutschengehäuse die einzige Maske ist, die diese Reisenden der Jahrhundertwende von der „Nicht-Maske" des eigenen Körpers unterscheidet, verlieren Frauen (wie Mme de Staël in *Corinna oder Italien* anläßlich Corinnas Erscheinen auf dem Karnevalsplatz schreibt) „oft sehr viel, wenn sie diese Maske abnehmen."[175] Eine adäquate Maske, die eine Beteiligung am Karneval ermöglichte, müßte nach Friederike Brun eine doppelte sein, eine äußere, die das Maskenspiel in Gang hält, und eine doppelte, die darunter die „taube", undurchdringliche Fläche des weiblichen Körpers erhält. Diese doppelte Maske ist auf dem Karneval des Jahres 1796 noch nicht gefunden. Friederike Brun schreibt: „Man kann vielleicht mit Wahrheit sagen, daß heute noch niemand deren zwey übereinander trug."[176] Ohne die doppelte Maske wird die außer Kraft gesetzte Ordnung im Karneval wie ein Zusam-

[173] Brun 1800, S. 275.
[174] Bachtin 1985, S. 17.
[175] de Staël 1985, S. 202.
[176] Brun 1800, S. 254.

menbruch der symbolischen Ordnung erlebt, bei dem es für Frauen nichts zu lachen gibt.[177]

Doppelter Karneval

Die zweite Karnevalsbeschreibung von Friederike Brun aus dem Jahr 1809 verdankt sich der besonderen historischen Situation, in der sich Italien und Rom zur Zeit der napoleonischen Kriege befindet. Im Jahr 1809 ist Rom eine besetzte Stadt, und die Repressionen der Fremdherrschaft, das „immer wachsende Misvergnügen, über erdrückende Abgaben, die jugendmordende Conscription, schlechte Verwaltung, und verhaßten Druck jeder Art"[178], machen sich im ganzen Land bis in die einzelnen Familien hinein bemerkbar. Bisher unterdrückte Konflikte und vereinzelte Aufstände drohen zum Karneval, der ja ein Fest ist, das das Volk sich selber gibt, zu eskalieren. Der greise Papst Pius VII., der „rechtmäßige und nie abgesetzte (.) Souverain"[179], ist von dem französischen Machthaber und dessen Statthalter Miollis unter Arrest gestellt. Sogar in seinem eigenen Hause ist er – einer bürgerlichen Hausfrau gleich – »isoliert«. Zu den einschneidensten Repressionen gehört jedoch die Schließung seiner Buchdruckerei – ein Umstand, der zur Folge hat, daß seine „Proklamationen und Befehle (...) nur durch Abschriften und insgeheim, wie verbotene Waare"[180], verbreitet werden können. Eine derart zirkulierende Erklärung besagt, daß der Papst „kein Carnaval wolle noch erlaube"[181], vielmehr „alle(.) und jede(.) Art von Carnavals-Belustigungen"[182] verbiete, solange „die Kirche und ihr Oberhaupt, der rechtmäßige Souverain des Landes, in Gefangenschaft Gram und Erniedrigung schmachte".[183] Diesem Verdikt steht von

[177] Vgl.: Kristeva 1982, S. 257.
[178] Brun 1816, S. 44.
[179] Brun 1816, S. 44.
[180] Brun 1816, S. 44.
[181] Brun 1816, S. 47.
[182] Brun 1816, S. 48.
[183] Brun 1816, S. 48.

offizieller Seite ein „öffentlich und gedruckter Befehl"[184] entgegen, der die Karnevalsfeier verordnen und unter Zwang durchführen will. Aus diesem Versuch, den Karneval aus dem römischen Volk »hervorzupressen«, ergibt sich für Friederike Brun die »hochkomische« Wendung dieses Karnevals, in dem sich das ganze römische Volk in Opposition zu dem offiziellen Karnevalsgeschehen befindet:

> Es hat hier in Rom ein Kampf begonnen, der bei allem Traurigen des Zustandes, in welchem sich dies Land befindet, jedoch wie wir alle gewiß sind, einen hochkomischen Charakter annehmen wird. Da aber das Lächerliche desselben in der Progression der Kraft besteht, welche man aufwendet, um ein ganzes Volk zur Freude par force zu jagen; so will ich etwas zurückgehen, und Dir die vergeblichen, und daher lächerlichen Anstrengungen der französischen Machthaber zu erzählen, ein römisches Carneval (immer das lustig-thörichste von ganz Italien, wann es gelingt) hervorzupressen.[185]

Das italienische Volk ist solidarisch mit dem Papst. Überhaupt zeigt sich das „so oft verläumtete römische Volk" jetzt, „wo Nichtsthun wahre Großmuth ist", auf eine glänzende Art.[186] Die Zimmerleute und Maurer verweigern ihre Hilfe bei der ordnungsgemäßen Herrichtung des Corso und des Platzes, und besonders die Pflasterer und Carrettieri, die Karrenführer, die den Corso mit Puzzolane bestreuen, rühren sich nicht. Erst als sie durch Soldaten und Waffengewalt zur Arbeit gezwungen werden, leisten sie unbezahlte Arbeit, denn sie sind nicht bereit, sich für die unter Zwang geleisteten Arbeiten entlohnen zu lassen. Da jedoch „keine Herrschermacht", so Friederike Brun, „dahin reicht"[187], einen Karneval zu erzwingen, verfolgt die ganze Stadt die Ereignisse mit „feinspöttischen Minen"[188] und hält sich bereit,

---

[184] Brun 1816, S. 48.
[185] Brun 1816, S. 46. Der Brief ist an ihren Bruder gerichtet.
[186] Brun 1816, S. 52.
[187] Brun 1816, S. 49.
[188] Brun 1816, S. 54.

der offiziellen Erlaubnis, so „toll und thöricht zu sein, wie (ihm) beliebe"[189], auf eigene Weise zu entsprechen.

Als die Glocke vom Capitol das offizielle Zeichen zur Eröffnung des Karnevals gibt, verläßt das Volk in aller Eile die öffentlichen Plätze, um die Karnevalsverhältnisse auf seine Art zu verkehren. Masken, herausgehängte Teppiche, Stühle und Bänke verschwinden von den öffentlichen Plätzen, die Fenster bleiben geschlossen, und der Corso ist „plötzlich wie rein gefegt von Menschen!"[190] Friederike Brun schreibt:

> Alles stob, wie vor einem Wirbelwinde die Spreu auseinander und rechts herunter bis nach Piazza del Popolo und links herauf bis nach St. Marco, unter dem Capitol, schlüpfte alles zu beiden Seiten aus dem Corso, in die Nebenstraßen und Gäßchen hinein! Männer, Weiber, Kinder, Equipagen! Als begönne in dieser Stunde ein feierlicher Buß und Bettag und als flöhe jeder ins Innere seiner Wohnung zu Gebet und Kasteiung. Zugleich schlossen sich die Persianne (die hölzernen Läden und Latten, durch die man sieht, ohne gesehen zu werden) vor den Häusern und Palästen, und die Boutiken des Corso – Kurz, es schien am hellen Mittage plötzlich tiefe Nacht zu werden.[191]

Bis auf die Repräsentanten von Macht und Hierarchie bleibt auf diesem Karneval der öffentliche Raum leer und totenstill. In ihrer blinden Dienstbereitschaft gegenüber dem selbsternannten Herrscher zeigen Offiziere und Gendarmen das „unaussprechliche Ridicule"[192] ihrer Existenz, indem sie mit sinnleeren Gesten angesichts der leeren Bänke, Stühle und Plätze nichts weiter als die „leeren Lüfte in Ordnung"[193] halten und „die Schatten der Römer (denn leibhaftige waren nicht zu sehen!) zur gehörigen Carnavals-Zucht und Ordnung anzuhalten"[194] scheinen. Der Höhepunkt des offiziellen Karnevals nähert sich, als ein Trupp französischer

[189] Brun 1816, S. 51.
[190] Brun 1816, S. 53.
[191] Brun 1816, S. 53.
[192] Brun 1816, S. 56.
[193] Brun 1816, S. 54.
[194] Brun 1816, S. 56.

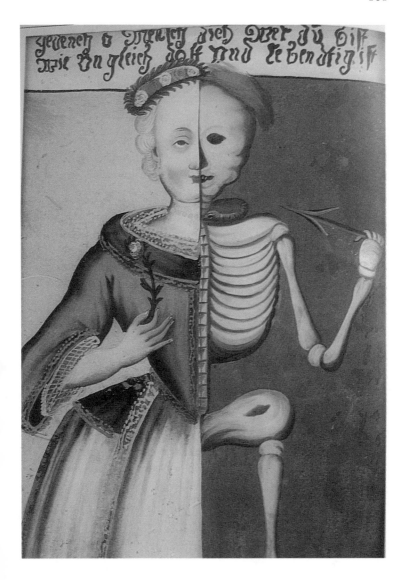

gedenck o mensch dich wer du bist
wie ün gleich dott vnd lebendig ist

Abb. 28: Der groteske weibliche Körper um 1800. Hinterglasmalerei
1810/20. Bildinschrift: „Gedenck o Mensch dich wer du bist
wie ungleich dott und lebendtig ist".

Grenadiere zu beiden Seiten des menschenleeren Corso einen
Cordon zieht, „um die unsichtbaren Menschenströme abzuweh-
ren, und den rennenden Pferden die Carriere offen zu halten."[195]
Angesichts der sinnleeren Gesten einer Macht, die sich vor den
Augen des Volkes selbst persifliert, „können wir", schreibt Frie-
derike Brun,

> kaum das laute Gelächter zurückhalten, und es tönte im
> todtstillen Corso überall hinter den Fensterläden hervor,
> welche sicher gar nicht leer von innerlich ergötzten
> Zuschauern waren![196]

Da der „Papst unter der Hand hatte bekannt machen lassen:
»Daß er seinem lieben getreuen Volke die Freude der Schauspiele
keinesweges versagen wolle«"[197], strömt das Volk in konsequen-
ter Verkehrung des Karnevals erst dann wieder nach draußen, als
der verordnete Karneval am Sonntag offiziell unterbrochen ist.
Über die ganze Stadt verteilt und überall auf den öffentlichen
Plätzen findet es sich jetzt zu einer anderen Karnevalsfeier ein, die
in diesem Fall ein „Nicht-Karneval" ist. Jetzt erst schlagen Arle-
quine und Pulchinelle ihre ambulanten Theater auf, sparen nicht
mit Witz und Anspielungen auf den Vortag und lassen unter den
tausenden Versammelten ein „ewiges unauslöschliches Gelächter"[198] erschallen.

Das erschallende und von Angst und Hierarchie befreiende
Gelächter dieses Karnevals richtet sich auf den Usurpator und mit
ihm auf das Höchste, auf die Karnevalsordnung selbst, die als
Instrument in der Hand des fremden Herrschers an der kollektiven Freude des Volkes scheitert:[199]

> Dieser stille Kampf aber ist merkwürdiger, als die Frivolität
> des Gegenstandes es glaublich macht; denn er zeigt, wo
> wenigstens einer der Marksteine des Despotismus gesetzt

---

[195] Brun 1816, S. 56.
[196] Brun 1816, S. 56.
[197] Brun 1816, S. 55.
[198] Brun 1816, S. 59.
[199] Zum usurpierten Karneval bei Bachtin, vgl. Lachmann 1988, S. 13.

ist, und wo seine ganze Macht scheitert? An der kindlichen, leichtgeflügelten Freude![200]

„Jede Richtung, jede Schaffensmethode gibt der Karnevalisierung einen anderen und neuen Sinn"[201], schreibt Michail Bachtin. In dem Ausblick, den Friederike Brun mit dem Ende des zweiten Textes gibt, zeigt sie, wie sie sich den Karneval und seine Möglichkeiten zur Erneuerung anzueignen gedenkt: die Auswanderung der „schönen Welt", die neben dem „wahren", einsträngigen und hierarchisierten Corso einen zweiten, doppelten halten könnte, eröffnet ihr die Perspektive auf ein doppeltes Karnevalsgeschehen, das konsequenterweise auch zwei Corsi abhalten müßte. „Hätte es nicht", schreibt Friederike Brun,

> den ganzen Tag dergestalt mit Eimern vom Himmel gegossen, daß weder an Pferderennen noch Corso gedacht werden konnte. – Währe dieser wahre Deus ex machina nicht erschienen, so würde er (der fremde Herrscher, A.P.) den Äerger gehabt haben, die ganze schöne Welt von Rom, den Quirinalischen Palast vorbei zur Porta Pia hinaus, einen glänzenden Corso halten zu sehen! Während er mit dem französischen Militär allein im wahren Corso carnevallierte.[202]

Der einfache Karneval des späten 18. Jahrhunderts kann dieser Reisenden der Jahrhundertwende keine neuen Bewegungsmöglichkeiten eröffnen. Vielmehr bringt er durch die Nivellierung der räumlichen Grenzen die symbolische Gebäudeordnung zum Einsturz, die einer Reisenden im öffentlichen Raum eine Stimme verleiht. Da die spezifisch weibliche Erfahrung von der Beschränktheit im Raum (und nicht in der Zeit), von der Insistenz einer Kehrseite und der Überschreitung einer inneren Grenze bestimmt ist, muß sich in einem ihr entsprechenden Karneval diese Erfahrung zur Sprache bringen lassen. In der doppelten Verkehrung, die die gesamte Karnevalsgesellschaft im Innern der Häuser verschwinden läßt, entsteht in Friederike Bruns doppel-

---

[200] Brun 1816, S. 51.
[201] Bachtin 1985, S. 63.
[202] Brun 1816, S. 60.

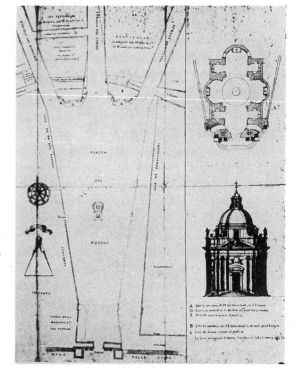

Abb. 29/30:
Der Piazza del
Popolo, das un-
tere Ende des
Karnevalsplat-
zes, als Aus-
gangspunkt für
Friederike
Bruns doppel-
ten Karneval.

tem Karneval ein doppelt grotesker, vierfacher Karneval. Mit der Abspaltung des Interieurs und dem Einzug der vielstimmigen Karnevalsgesellschaft ins Innere wird im Gehäuse neben dem äußeren (den gesamten städtischen Raum erfassenden) ein zweiter Karnevalsplatz eröffnet, der den inneren ambivalenten Raum betrifft. Die besondere Situation zweier Herrscher und die groteske Verkehrung des gesamten Karnevals führen in diesem Karneval zu einer kollektiven Aufwertung des Interieurs, die es der Reisenden ermöglicht, die eigene Ambivalenz gegenüber dem homogenisierten öffentlichen Raum zu behaupten.[203]

Um 1800 kam nach Brüggemann dem italienischen Karneval insgesamt die Bedeutung eines Umschlagplatzes zu, der die zwei wesentlichen Aspekte der modernen Raumerfahrung des 19. Jahrhunderts, die Annäherung von Orient und Okzident und die Erfahrung der modernen Großstadt, vorwegnahm. Während sich aber, wie Fanny Lewald in *Carneval und Ostern* schreibt, das italienische Karnevalserlebnis im Laufe des 19. Jahrhunderts entleerte und allmählich zu einem von „Karnevalscomités" organisierten „Festprogramm"[204] und zu einem „vorgespielten" Karnevalsvergnügen für die Fremden wurde[205], rückte die verkehrte Welt des Orients mehr und mehr an seine Stelle und avancierte zu einem privilegierten Ort der europäischen Raumerfahrung.

---

[203] Auch von Elisa von der Recke gibt es eine ausführliche Karnevalsbeschreibung. Ihre nach Datum und Tageszeit eingeteilte fünfteilige Karnevalsbeschreibung hält sich konsequent an die Szenenfolge des klassischen Dramas. Die Karnevalsdarstellung ist darin in Exposition und Höhepunkt gedoppelt, es gibt zwei parallele Volksaufläufe, zwei Züge oder „Abläufe", die ein in Schatten und Lichtseite des Karnevals gespaltenes Karnevalserlebnis darstellen. Zwischen der Hinrichtung, der Verabschiedung des Gesetzes am Übergang in die Karnevalsfestlichkeiten zu Beginn, der Katastrophe zum Schluß am Übergang von heiterem Leben und der Zeit der Entsagung, liegt das Karnevalsfest.
[204] Fanny Lewald: Carneval und Ostern. In: Vom Sund zum Posilip! Briefe aus den Jahren 1879 bis 1881. Berlin 1883, S. 247.
[205] Lewald 1883, S. 245.

Dritter Teil

ORIENT

Abb. 31: Sebastian Münster: Cosmographey. Basel 1628, Bd. 4, S. 1644.

Im Zusammenhang mit der Allegorie der Europa betrachtet, bildet der Nil und seine Quellen die Fortsetzung und Verwurzelung der „Fruchtbarkeitslinie" in Afrika. Vgl. auch Münster 1628, S. 54, dort ist die Allegorie der Europa als stehende Figur abgebildet.

IMAGINÄRE GEOGRAPHIE DES ORIENTS

Der Orient war für die Europäer seit jeher ein privilegierter Ort des Raumes und eine Region des Denkens in Bildern des Anderen. Im folgenden soll er als ein Reiseraum beschrieben werden, in dem die Reisenden im Laufe des 19. Jahrhunderts Reterritorialisierungsversuche unternehmen, um an der Schwelle der Fremde zu sich selber in ein vollkommen neues Verhältnis zu treten. Entsprechend den Besonderheiten des deutschen Orientalismus[1], der im Unterschied zu dem der beiden ersten Kolonialmächte England und Frankreich „fast ausschließlich wissenschaftlich oder zumindestens klassisch"[2] geprägt war, waren es englische Übersetzungen, wie Lady Mary Montagus *Briefe während ihrer Reisen in Europa, Asia und Afrika*[3], wie die *Briefe eines reisenden Frauenzimmers über Ostindien*[4] der Engländerin Jemima Kindersley und die *Briefe der Lady Elizabeth Craven über eine Reise durch die Krimm nach Konstantinopel*[5], die das deutschsprachige Lesepublikum mit dem Phänomen und den Texten orientreisender Frauen bekannt machten. Um die Mitte des 19. Jahrhunderts erst traten neben Übersetzungen von Fredrika Bremers *Leben in der Alten Welt. Tagebuch während eines vierjährigen Aufenthalts im Süden und im Orient*[6] auch deutschsprachige Reisende wie die

---

[1] Vgl.: Andrea Fuchs-Sumiyoshi: Orientalismus in der deutschen Literatur. Germanistische Texte und Studien. Hildesheim, Zürich, New York 1984.

[2] Edward W. Said: Orientalismus. Frankfurt/M, Berlin Wien 1981, S. 28.

[3] In deutscher Sprache erschienen Lady Mary Montagus „Briefe während ihrer Reisen in Europa, Asia und Afrika" zum ersten Mal 1764 (2 Bde., Leipzig 1764, 1767) und wieder Mannheim 1784 (Bd 1-2).

[4] Anonym: (Jemima Kindersley): Briefe eines reisenden Frauenzimmers über Ostindien. Frankfurt/M. und Leipzig 1787. Zuerst erschienen unter dem Titel: „Briefe von der Insel Teneriffa, Brasilien, dem Vorgebirge der guten Hoffnung und Ostindien." Aus dem Englischen der Mistreß Kindersley. Leipzig 1777.

[5] Briefe der Lady Elizabeth Craven über eine Reise durch die Krimm nach Konstantinopel. An Sr. Durchlaucht den regierenden Markgrafen von Brandenburg-Anspach. Leipzig 1798. Zu Craven vgl.: Uta Fleischmann: Elizabeth Craven 1750-1828. Lady on Tour – anno 1785, S. 86. In: Potts 1988, S. 20-31 und Hans Ley: Die litterarische Tätigkeit der Lady Craven, der letzten Markgräfin von Ansbach-Bayreuth. Dissertation, Erlangen 1904.

[6] Frederike Bremer: Leben in der Alten Welt. Tagebuch während eines vierjährigen Aufenthalts im Süden und im Orient von Frederike Bremer. Aus dem Schwedischen Teil 1 – 16, Leipzig 1861- 1863.

Östereicherinnen Ida Pfeiffer, Anna Hafner-Forneris[7], die Grazer Lehrerin Maria Schuber[8], die „Schweizerische Amazone" Regula Engel[9], die Berliner Ida Gräfin Hahn-Hahn[10] und die Tochter eines Hamburger Bankiers Marie Esperance von Schwartz[11] unter dem Eindruck der Orientmoden des 18. Jahrhunderts[12] und dem beginnenden Orienttourismus im 19. Jahrhunderts[13] als Orientreisende in Erscheinung.

Diese Reisenden waren nicht die ersten und einzigen Frauen, die je in den Orient gereist sind und über ihn geschrieben haben.[14]

---

[7] Anonym (Anna Forneris, geb. Hafner): Schicksale und Erlebnisse einer Kärntnerin während ihrer Reisen in verschiedenen Ländern und fast 30jährigen Aufenthaltes im Oriente, als: in Malta, Corfu, Constantinopel, Smyrna, Tiflis, Tauris, Jerusalem, Rom ec. Beschrieben von ihr selbst. Geordnet und hg. v. M.S. Mit einem Nachwort neu hg. v. Adolfine Misar. Klagenfurt 1985 (Laibach 1849). Für den Hinweis auf diesen Text danke ich Bettina Wellacher aus Klagenfurt.

[8] Maria Schuber: Meine Pilgerreise über Rom, Griechenland und Egypten durch die Wüste nach Jerusalem und zurück. vom 4. October 1847 bis 25. September 1848. Maria Schuber aus Graz in Steiermark. Graz 1850.

[9] Frau Oberst Regula Engel: Die Schweizerische Amazone. Abenteuer, Reisen und Kriegszüge einer Schweizerin durch Frankreich, die Niederlande, Egypten, Spanien, Portugall und Deutschland mit der französischen Armee unter Napoleon. Von ihr selbst beschrieben und hg. v. einem ihrer Verwandten. Zweite verbesserte Auflage. St. Gallen 1825 (1821). Zu Regula Engel vgl. Doris Stump: „So gewiss ist es, dass wir wo Brod finden, unser Vaterland ist." Die Lebensbeschreibung der Schweizer Offiziersgattin Regula Engel-Egli (1761-1858). In: Burkhard, Marianne/Joeres Ruth-Ellen B.: Out of Line/Ausgefallen: The Paradox of Marginality in the Writings of Nineteenth-Century Women. Amsterdam 1989 (Amsterdamer Beiträge).

[10] Ida Gräfin Hahn-Hahn: Orientalische Briefe. Band 1 – 3, Berlin 1844.

[11] Verf. Anonym (Marie Esperance von Schwartz): Blätter aus dem africanischen Reise=Tagebuche einer Dame. Erster Theil, Algerien. Zweiter Theil, Tunis, Braunschweig 1849.

[12] Vgl. Monika Kopplin: Turcica und Turquerien. Zur Entwicklung des Türkenbildes und Rezeption osmanischer Motive vom 16. bis 18. Jahrhundert. In: Exotische Welten. Europäische Phantasien. Ausstellung des Instituts für Auslandsbeziehungen und des Württembergischen Kunstvereins Stuttgart im Kunstgebäude am Schloßplatz 2. September bis 29. November 1987. Maria Elisabeth Pape: Turquerie im 18. Jahrhundert und der „Recueil ferriol". In: Europa und der Orient 800-1900. Hg. v. Gereon Sievernich und Hendrik Budde. Berlin 1989, S. 305ff.

[13] Louis Stangen eröffnet sein Reisebüro um 1863. Vgl.: Hans Magnus Enzensberger: Eine Theorie des Tourismus (1958). In: Einzelheiten I. Bewußtseins-Industrie. Frankfurt/M. 1979, S. 179-204.

[14] Naval El Saadawi spricht von einer Zahl von mehr als eintausend Pilgerinnen, die innerhalb eines Jahres die Kreuzritter auf ihren Kriegszügen in das

Besondere Bedeutung erhalten ihre Texte jedoch dadurch, daß ihr Erscheinen seit dem 18. Jahrhundert in einen Zeitraum fällt, den Edward W. Said als den Beginn des modernen Orientalismus bezeichnet. In dem Maße, wie der Orient sich unter der Perspektive des Orientalismus in ein domestiziertes und systematisiertes geographisches Feld verwandelt, rückt er auch für die europäischen Touristinnen als Reiseland in erreichbare Nähe. Betrachtet man diese im 18. Jahrhundert neu entstehende Beziehung von Europäerinnen und Orient auf dem Hintergrund der allegorischen Europakarte, so sind die Reisenden mit der Ankunft im Orient nicht nur in der Fremde, sondern zugleich auch in einer Region angekommen, die schon immer eine spezifische Beziehung zum eigenen geographisch überschriebenen und orientalisierten weiblichen Körper unterhielt. Auf dem Umweg über die Orientreise und über die Perspektive des Orientalismus läßt sich somit auch der eigene Orient in eine Region des Denkens verwandeln.

Die Grundlage der Beziehung zwischen Orient und Okzident ist nach Edward W. Said eine Sichtweise, in der der Orient kein „freies Objekt des Denkens und Handelns"[15] ist. Als „eines der ältesten und am häufigsten wiederkehrenden Bilder des europäischen Anderen"[16] ist der Orient aus europäischer Sicht „weniger ein geographischer Ort als ein *topos*, ein Satz von Referenzen, eine Anhäufung von Charakteristiken"[17], die ihren Ursprung in dem europäischen Wissenssystems hat, das den Orient ausmacht. Nicht ein realer, wie auch immer gegebener Orient bestimmt den Orientalismus, vielmehr bringt das Interesse, aus einer Position der Autorität und der imaginären Exteriorisation (der Erhaben-

---

Heilige Land begleiteten (Saadawi 1980, S. 65). Die Nonne Egeria reiste im vierten Jahrhundert vier Jahre lang durch den vorderen Orient (vgl. Campbell 1988). Das legendäre „Weib von Bath" pilgerte mehrmals nach Jerusalem, angeblich „nicht um sich zu kasteien, sondern zu unterhalten" (Schmugge 1979 H. 1-2, S. 30). Die englische Pilgerin Margery Kempe (vgl. Louise Collis 1986) und die Schwedin Brigitta sind zwei weitere berühmte Pilgerinnen des MA. Die italienische Familie Conti gelangte im 14. und 15. Jahrhundert von Venedig aus auf dem Landweg über Persien bis nach Indien und in das südliche China (vgl. Laming 1965, S. 302).

[15] Said 1981, S. 10.
[16] Said 1981, S. 78.
[17] Said 1981, S. 201.

heit über den nur geographischen Orient[18]) zu sprechen, die Andersartigkeit des Orients hervor:

> Der Orientalismus *ist* eher (als daß er ausdrückt), ein bestimmter *Wille* oder eine *Absicht*, das zu verstehen oder in einigen Fällen zu kontrollieren, zu manipulieren und sich selbst einzuverleiben, was eine deutlich andere (oder alternative oder neue) Welt ist.[19]

Als Ausdruck eines geopolitischen Bewußtseins ist der Orientalismus nach Said eng an den Eurozentrismus und die Geschlechtsidentität des weißen Mannes, d.h. an einen spezifischen Stil gebunden, von der Realität, von der Sprache und vom Denken Besitz zu nehmen. Als „männliches Konzept"[20] von Welt begünstigt der Orientalismus eine streng binäre Aufteilung der Welt, in eine eigene ausschließlich „männliche Region"[21] des Wissens und der Geschichte und einen – statisch eingefrorenen und ewig festgestellten – weiblichen, fruchtbaren, passiven, trägen und geographischen Orient:

> Der Orientale ist als fixiert, stabil gegeben; er verlangt nach Untersuchung (...). Keine Dialektik ist erwünscht und erlaubt. Es gibt eine Informationsquelle (den Orientalen) und eine Wissensquelle (den Orientalisten); kurz, einen Schriftsteller und ein Thema, das sonst untätig ist. Die Beziehung zwischen den beiden ist eine radikale Machtangelegenheit, für die es zahlreiche Bilder gibt.[22]

> Wichtig hierbei ist, daß der Raum der schwächeren oder unterentwickelten Region wie der des Orients als etwas gesehen wurde, das zum französischen Interesse, zur Penetration, Besitznahme – kurz gesagt: Kolonialisierung – einlud.[23]

---

[18] Vgl. Said 1981, S. 203.
[19] Said 1981, S. 20.
[20] Said 1981, S. 233.
[21] Said 1981, S. 233.
[22] Said 1981, S. 348.
[23] Said 1981, S. 246.

Durch eine enge und merkwürdig fortdauernde Assoziation von Orient und Sex (verschleierte östliche Braut, unerforschlicher Orient[24]) erfahren der Orient wie die europäische Frau als zwei kontrastierende Bilder und integrale Teile der europäischen Zivilisation ein ähnliches Diskursschicksal. Weder „der Orient" noch „die Europäerin" ist einfach da und natürlich gegeben, noch sind beide rein imaginativ. Der Orientalismus ist genausowenig wie die imaginierte Weiblichkeit ein wahrheitsgemäßer Diskurs über Orient und Frau, vielmehr bilden beide ein sich gegenseitig befruchtendes und stabilisierendes mythisches System, das der europäisch-männlichen Macht und freien Verfügungsgewalt über die orientalisierte Europäerin und über den weiblichen Orient seinen Ausdruck verleiht.

Edward W. Saids Thesen zum Orientalismus erlauben es, zwischen den Einheiten, in denen der Orientalismus die Welt ordnet und systematisiert, und der „ideellen Kasernierungsabsicht" (Bovenschen), von der auch Europäerinnen als ein weiteres Bild des europäischen Anderen betroffen sind, eine direkte Ähnlichkeitsbeziehung herzustellen. Edward W. Said spricht von der Repräsentation des Orients im dominierenden Rahmen, von der Domestizierung und Reduktion des Orients auf eine geographische, kulturelle, linguistische und ethnische Einheit durch den Orientalismus. Im okzidentalen Bewußtsein wird der Orient zu einem geschlossenen Interieur, zur „Bühne" des europäischen Anderen verdichtet:

> Der Orient wurde so gesehen, als ob er durch das Klassenzimmer, das Kriminalgericht, das Gefängnis, das illustrierte Handbuch begrenzt wurde. Der Orientalismus ist damit die Kenntnis des Orients, welche die orientalischen Dinge in der Klasse, im Gefängnis oder im Hand-

---

[24] Said 1981, S. 249. Gérard de Nerval „ortet in Ägypten besonders jenes mütterliche »Zentrum, mysteriös und erreichbar zugleich«, von dem sich alle Weisheit ableitet". De Nerval: Voyage en Orient. In: Oeuvres II, S. 181. Zit. nach Said 1981, S. 208. „Der Orient symbolisiert Nervals Traumsuche und die flüchtige Frau, die darin zentral ist, sowohl als ein Begehren als auch als ein Verlust". Said 1981, S. 209.

buch zur genauen Überprüfung, Studium, Beurteilung und Disziplinierung oder Beherrschung plaziert.[25]

Der Orient ist eine Bühne, auf welcher der ganze Osten eingeschlossen ist. Auf der Bühne werden Figuren erscheinen, deren Rolle es ist, das größere Ganze zu repräsentieren, aus dem sie hervorgehen. Der Orient scheint demzufolge nicht eine unbegrenzte Ausdehnung jenseits der bekannten europäischen Welt zu haben, sondern eher ein geschlossenes Feld darzustellen[26].

Wichtig ist es, daß in jedem der Fälle der Orientale durch den dominierenden Rahmen beinhaltet und repräsentiert wird.[27]

Die Repräsentation des Orients im späten 18. und frühen 19. Jahrhundert kann – so Edward W. Said – mit Piranesis Kerkern, mit Tiepolos luxuriöser Ambiance, mit der exotischen Malerei des späten 18. Jahrhunderts assoziiert werden.[28] Durch die strukturelle Begrenzung des Orients auf die Dimensionen eines Interieurs werden jene fiktiven Grenzen gezogen, die es dem Orientalisten erlauben, den weiblichen Orient und die orientalisierte Europäerin zusammenzufassen, zu isolieren, zu domestizieren und aus einer Position der Exteriorität zu betrachten. Eine imaginäre Demarkationslinie zwischen Ost und West erlaubt es den Europäern, „im Orient als einem Ort seßhaft" zu werden, „der geeignet (ist), das Unendliche in endlicher Form wiederzugeben."[29]

Als ein anderes, vom eigenen getrennt gedachtes Zimmer gleicht der Orient der Raumvorstellung, die die interne europäische Weiblichkeit, das „Frauenzimmer" beherbergt. Auch dieses ist, wie Lévinas schreibt, „der Straße zugewandt, hat aber auch

---

[25] Said 1981, S. 50.
[26] Said 1981, S. 75.
[27] Said 1981, S. 50.
[28] Said 1981, S. 136 verweist hier auf die Diskussion solcher Motive und Repräsentationen bei Jean Starobinski: Die Erfindung der Freiheit. 1700-1789. Genf 1964.
[29] Said 1981, S. 75.

sein Geheimnis".[30] Über diese innere Ambivalenz des Fremden, die für Edward W. Said im Zentrum der orientalistischen Theorie steht[31], läßt sich zwischen der Wahrnehmung des „internen" Anderen im Bild der europäischen Frau und der „zu besitzenden, zu erwerbenden, innerlich zu machenden Welt"[32] des Orients eine Beziehung herstellen. Das Verhältnis zum Orient wie zur Europäerin ist auf Besitz und auf die Dimension des Weiblichen gegründet, die sich innerhalb der Grenzen eines anderen Raumes entfaltet. Durch die Reduktion des Orients auf die Dimensionen eines fremden Interieurs werden dem Orient wie dem weiblichen Körper seine/ihre Obskurität genommen, um durch „Treibhauseinheiten" ersetzt zu werden. Orient und Frau werden unter der orientalistischen Perspektive zu einer mythischen Insel, die eine unendliche Menge ambivalenter Zeichen hervorbringt, die dem Denken eine westliche oder östliche Richtung weisen. Der Orientalist selbst verhält sich „seinem" ambivalenten Orient gegenüber in einer Position radikaler Exteriorität.

> Der Orientalismus ist auf Exteriorität gegründet, d.h. auf der Tatsache, daß der Orientalist, Dichter oder Wissenschaftler den Orient sprechen läßt, den Orient beschreibt, seine Geheimnisse für den Westen zu dem Westen hin offenlegt. (...) Was er sagt und schreibt, will durch die Tatsache, daß es gesagt und geschrieben wird, anzeigen, daß der Orientalist außerhalb des Orients steht; sowohl als existenzielle wie auch als moralische Tatsache.[33]

Oder anders gesagt, der außerhalb, jenseits oder vor dem Orient stehende Orientalist verhält sich gegenüber dem Orient wie der Mann gegenüber der verkehrten Welt des Hauses in Pierre Bourdieus *Das Haus oder die verkehrte Welt*[34]. Der Orient/das

---

[30] Vgl. hier das Kapitel über „Die Bleibe". In: Emmanuel Lévinas 1987, S. 217 – 243.

[31] Said 1981, S. 56.

[32] Lévinas 1987, S. 225.

[33] Said 1981, S. 30.

[34] Pierre Bourdieu: Das Haus oder die verkehrte Welt. In: Entwurf einer Theorie der Praxis auf der ethnologischen Grundlage der kabylischen Gesellschaft. Frankfurt/M. 1979, S. 48-65.

Haus/der Ursprung ist bei Bourdieu „für den Mann weniger ein Ort, den man betritt, als vielmehr ein Ort, den man verläßt."[35] Für den Mann ist der Orient/das Haus ursprünglich ein Ort, den er beim Ausgehen hinter sich läßt, d.h. die eigentlich männliche Bewegung ist vorrangig nach außen gerichtet.[36] Die „Vorrangstellung der Bewegung nach außen hin, durch die der Mann sich als Mann behauptet, indem er dem Haus den Rücken kehrt, um den Männern gegenüberzutreten und so seine Schritte gegen den »Osten der Welt« zu lenken"[37], ist, wie Bourdieu schreibt, eine Absage an die Natur, den Ursprung und den Ausgangspunkt jener Bewegung, die sich gleichermaßen vom Orient wie vom „weiblichen" Gehäuse entfernt.

> Hinaustreten oder, genauer gesagt, öffnen, eröffnen (.) ist gleichbedeutend mit »am Morgen aller Dinge stehen«. Der Mann, der auf sich hält, muß bei Tagesanbruch das Haus verlassen, ist doch der Morgen der »Tag des Tages« und das morgendliche Verlassen des Hauses eine Geburt.[38]

Legt man die ethnographische Skizze der verkehrten Welt des kabylischen Hauses von Bourdieu der Analyse des spezifischen Verhältnisses von reisenden Frauen und Orientalismus zugrunde, so erhält man jene doppelt verkehrte, vierfache Welt, die sich bereits in der doppelten Verkehrung der Karnevalsbeschreibung von Friederike Brun angedeutet hatte. Zum einen wird das kabylische, in sich heterogene und die Welt verkehrende Haus zu einem Synonym für die *Verkehrten Welten* des Orients, den die imaginäre Ethnographie des ausgehenden 18. und 19. Jahrhundert entwirft.[39] Zum zweiten ist die Skizze der verkehrten Welt des kabylischen Hauses eine Haremsskizze, die die topographische Anordnung eines zweiten, im Orient des Orients liegenden weiblichen Mikrokosmos innerhalb der weiblichen Welt „Orient" vorstellt. Über die komplementäre Beziehung zwischen dem Ha-

---

[35] Bourdieu 1979, S. 63.
[36] Bourdieu 1979, S. 61.
[37] Bourdieu 1979, S. 65.
[38] Bourdieu 1979, S. 62.
[39] Vgl. Fritz Kramer: Verkehrte Welten. Zur imaginären Ethnographie des 19. Jahrhunderts. Frankfurt/M. 1981.

rem/Haus als Ganzem und der übrigen Welt schreibt Pierre Bourdieu:

> *Haram* (genau: Tabu), das ist hauptsächlich (...) das Drinnen und, genauer, die weibliche Welt, die Welt des Geheimnisses, der geschlossene Raum des Hauses im Gegensatz zu Draußen, zu der offenen Welt des Versammlungsplatzes (.), die den Männern vorbehalten ist.[40]

> *haram*, d.h. zugleich heilig und verborgen für jeden Mann, der nicht zu ihr <der Welt des Intimen und Geheimen> gehört.[41]

Nach Bourdieu ist der Harem/der Ursprung/das Haus, das selbst eine zweifache Bedeutung besitzt, ein „Reich innerhalb des Reiches", ein „Mikrokosmos, der nach denselben Gegensätzen und denselben Homologien aufgebaut ist, die auch für das ganze Universum gelten"[42]. Das Haus beherbergt in sich einen Topokosmos, der alle Eigenschaften der archetypischen Welt aufweist und sie spiegelt, wie eine „verkehrte Welt". Umgekehrt ist der Orient als Ganzes aus europäischer Sicht mit der Intimität eines Hauses oder Harems vergleichbar, in dem die europäischen Imaginationen von einer freien nicht-institutionalisierten Sexualität wohnen. Wenn also der Orient der Ort war, an dem man eine sexuelle Erfahrung suchen konnte, die in Europa nicht erhältlich war („fast kein europäischer Schriftsteller (...) nahm sich von dieser Suche aus"[43]), dann kann der Orient insgesamt als ein europäischer Harem angesehen werden. Der so betrachtete weibliche Orient wird zu einer doppelten Fremde, in der der miniaturisierte Orient „Harem" ein Reich im Reich des großen Harems „Orient" bildet.

---

[40] Pierre Bourdieu: Ehre und Ehrgefühl. Drei Studien kabylischer Ethnologie. In: Bourdieu 1979, S. 35.
[41] Bourdieu 1979, S. 54.
[42] Bourdieu 1979, S. 56.
[43] „Fast kein europäischer Schriftsteller, der über den Orient schrieb oder ihn in der Zeit nach 1800 bereiste, nahm sich von dieser Suche aus: Flaubert, Nerval, (...) Burton und Lane sind nur die bekanntesten. Im 20. Jahrhundert denkt man an Gide, Conrad, Maugham und viele andere". Said 1981, S. 216.

Bei der „strategischen Ortung" orientreisender Europäerinnen
(Edward W. Said versteht darunter eine „Beschreibung der Position des Autors in einem Text hinsichtlich des orientalischen
Materials, über das er schreibt"[44]) haben daher die Haremsdarstellungen innerhalb der Reiseberichte orientreisender Frauen des 18.
und 19. Jahrhunderts ihren festen und, wie ich glaube, zentralen
Ort. Gleich einem Fokus, der alle Orientalismen auf kleinstem
Raum verdichtet, kommt ihnen die Bedeutung einer orientalistischen Metapher zu, die auf dem Weg ins zwanzigste
Jahrhundert über Louise Mühlbachs *Im Harim der Prinzessinnen*[45], Emily Ruetes *Leben im Sultanspalast*[46], Prinzessin Djavidan Hanums *Harem*[47], Kenzie Mourads *Im Namen der toten
Prinzessinnen*[48], Vittoria Alliatas *Harem*[49] bis hin zu Julia Kri-
stevas *Chinesin* dazu tendiert, den Platz des Reiseberichts zu
verdrängen, um sich mehr und mehr als ein Topos auf die Repräsentation des gesamten „weiblichen" Orients auszudehnen. Wie
das eigene Zimmer innerhalb Europas den Ich-Pol abgibt für die
individuelle Emanzipation und Selbstdarstellung einzelner Autorinnen von Sophie von La Roches *Schreibetisch* über Virginia
Woolfs *Ein Zimmer für sich allein*[50] zu Unica Zürns *Das Haus der*

---

[44] Said 1981, S. 29.

[45] Vgl. bei Louise Mühlbach: Reisebriefe aus Aegypten. Band 1 und 2. Jena
1871, Bd. 2, die Kapitel: „Im Harim der Prinzessinnen" und „Prinzessin-Mutter".

[46] Emily Ruete, geborene Prinzessin Salme von Oman und Sansibar: Leben im
Sultanspalast. Memoiren aus dem 19. Jahrhundert. Hg. und mit einem Nachwort
versehen von Annegret Nippa. Frankfurt/M. 1989.

[47] Prinzessin Djavidan Hanum. Harem. Erzählungen. Erinnerung der früheren
Gemahlin des Khediven von Ägypten. Niederschrift durch Prinzessin Djavidan
Hanum und ihre Schwester Thea Ronay. Mit einem Vorwort von Cornelia
Stabenow. Berlin 1988 (1930).

[48] Kenzie Mourad: Im Namen der toten Prinzessinnen. München 1989.

[49] Vittoria Alliata: Harem. Die Freiheit hinter dem Schleier, München 1981.
Wie Vittoria Alliata vertritt auch Lesley Blanch die These von der Freiheit der
türkischen Frauen gegenüber den Europäerinnen. „Selbst wenn wir die unfreieste
unter ihnen betrachten, Aimée Dubucq, das Klosterfräulein, das von Korsaren
geraubt und in den Harem des türkischen Herrschers verschlagen wurde, können
wir feststellen, daß sie als Sklavin im Serail noch mehr Freiheit hatte, ihr weibliches Wesen zu entfalten, als viele Frauen, die heute in dem komplizierten Mechanismus unserer technischen Zivilisation eingefangen sind." Lesley Blanch: Sie
folgten ihrem Stern. Frauenschicksale im Orient. Frankfurt/M./Berlin/Wien 1984
(1954), S. 220.

[50] Virginia Woolf: Ein Zimmer für sich allein. Berlin 1978.

Krankheiten[51], so läßt sich auch die Vereinnahmung des Orients bzw. des im Orient des Orients gelegenen Harems als die Grundlage der Frauenbewegungen des 18. bis 20. Jahrhunderts beschreiben. Für Westeuropäerinnen ist die Begegnung mit dem fremden Weiblichen im Orient der Ursprung und die Wiege ihrer kollektiven Emanzipation.[52] Nur wird hier, im Unterschied zu reisenden und schreibenden Europäerinnen wie Sidonia Hedwig Zäunemann, George Sand, Mathilde Franziska Annecke, Flora Tristan und Louise Aston, die im 18. und 19. Jahrhundert innerhalb Europas und *in Männerkleidern* dem eigenen Gehäuse den Rükken kehren, um den europäischen städtischen Raum für sich beanspruchen[53], auf der Folie des Orients und des Orientalismus, die Bewegung der Veröffentlichung, das Heraustreten aus dem eigenen Gehäuse-Ich *als Frau* beschrieben.

Entfremdung und Fremdwerden heißt aus der Perspektive orientreisender Autorinnen daher im doppelten Sinne, im Orient in eine interne Ambivalenz einzutreten, die es erlaubt, sich als Reisende und Schreibende vis-à-vis in einer exterioren Position dem fremden/eigenen Orient gegenüber zu plazieren und gleichzeitig in ihm zu sein. Innerhalb dieser doppelt-doppelten Konzeption einer Begegnung von Orient und Europäerin hält der Harem den traditionellen Pol des Weiblichen. Durch seine fixe Lokalisierung im Orient ergibt sich für die Selbstinszenierung eines weiblichen Ich die Chance, sich an der Schwelle des Harems

---

[51] Unica Zürn: Das Haus der Krankheiten. Berlin 1986 (1958).

[52] Vgl. hier Fanny Lewald, die über den Begriff „Weiblichkeit" am 16. Oktober 1849 schreibt: „Das Wort „Weiblichkeit", das die germanischen Völkerstämme vor den anderen voraus haben, ist kein Zeichen der höhern Ausbildung der germanischen Frauen, sondern vielmehr ein Beweis, daß es im Wesen des Germanischen lag, die Frauen von der allgemein-menschlichen Bildung, von der freien menschlichen Entwicklung zu sondern, indem es sie von der Allgemeinheit schied. Sowenig die goldenen Gitterstäbe, welche die Frauen absperren in dem Harem des Orientalen, ein Beweis sind für die Hochschätzung der Frau im Orient, sowenig ist die Verbannung in den mystischen Bereich der Weiblichkeit die Apotheose der Frau." Fanny Lewald: Gefühltes und Gedachtes. In: Freiheit des Herzens. Lebensgeschichte, Briefe, Erinnerungen. Hg. v. Günter de Bruyn und Gerhard Wolf. Berlin 1987, S. 313.

[53] Flora Tristan beispielsweise schreibt: Über die Notwendigkeit, fremden Frauen (in den Hauptstädten und Zentren der eigenen Kultur) einen guten Empfang zu bereiten. Flora Tristan: Nécessité de faire un bon accueil aux femmes étrangères. Paris 1935. Deutsche Übersetzung in v. Alemann u.a. 1981, S. 244-260.

als diejenige zu beschreiben, die gleich dem Mann dem Gehäuse den Rücken kehrt und gleichzeitig als diejenige, die zu dieser tabuisierten, heiligen und verborgenen Welt des Intimen und Geheimen den privilegierten Zugang und den Schlüssel besitzt.

Die Erfahrung der eigenen inneren Ambivalenz blieb nicht in der Ferne und auf den Orient beschränkt. Vielmehr erregten die Haremsdarstellungen reisender Frauen im Europa des 19. Jahrhunderts zunehmend Aufmerksamkeit, denn in ihnen deutete sich die Aufklärung und Entleerung des Haremsmythos und damit das wachsende Gefühl der Europäer an, selbst in eine östlich-westliche Teilung involviert zu sein: „Ein Haremshimmel hatte fast über der ganzen Zimmereinrichtung des neunzehnten Jahrhunderts gestanden"[54], schreibt Ernst Bloch über die europäischen Interieurs des 19. Jahrhunderts, in denen Haremsprunk und Moscheelampen auch zu Hause „Anregungen zum heimischen Fremdleben"[55] gaben. Während unter den orientalischen Draperien die häuslichen vier Wände selbst unkenntlich, porös und in Richtung Orient durchlässig zu werden begannen, ließ sich die Ankunft der magischen inneren Grenze, die die Reisenden im Orient an der Schwelle zum Harem entdeckten, bereits im eigenen Interieur an der „gerne" quer ins Zimmer gehängten polierten Stange mit einem riesigen Kelim erkennen.[56]

---

[54] Ernst Bloch: Fernwunsch und historisierendes Zimmer im neunzehnten Jahrhundert. In: Ästhetik des Vor-Scheins 1, Frankfurt/M. 1974, S. 102.

[55] Bloch 1974, S. 100.

[56] Vgl. Bloch 1974, S. 100.

WEIBLICHER ORIENT

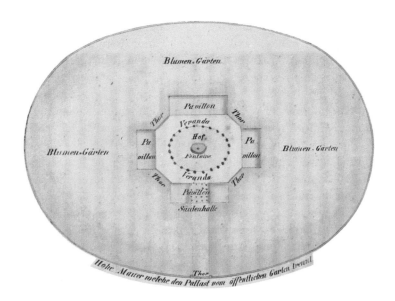

Abb. 32: Der „Grundplan des Ganzen" (1844).

„Wenn man sich nicht für die Frauen, ihre Lebensbedingungen, ihr Anderssein interessiert, so wird man von China nichts verstehen. Man braucht es gar nicht erst zu versuchen"[57], hatte Julia Kristeva in *Die Chinesin* im Anschluß an eine Reise in die Volksrepublik China im April und Mai des Jahres 1974 geschrieben. Für die 70er und frühen 80er Jahre des 20. Jahrhunderts hatte dieser Reisebericht aus der Perspektive einer Europäerin und mit dezidiertem Blick auf „Chinas Frauen" in einem zeitgenössischen

---

[57] Julia Kristeva: Die Chinesin. Die Rolle der Frau in China. Frankfurt/M./Berlin/Wien 1982, S. 234.

Orient[58] ein Interesse an der „Andersartigkeit Chinas"[59] formuliert, das den Versuch unternahm, aus einer anderen als einer Position radikaler Exteriorität über den Orient zu schreiben.

„Auf chinesischer Seite" entdeckt Kristeva, gleich dem Orientalisten mit der Lupe, ein chimärisches China, das zwischen den zwei nebeneinander existierenden Familienmodellen (matrilinear/patrilinear) keinen endgültigen Bruch vollzogen hat, d.h. „kein in sich isolierbares symbolisches Prinzip" besitzt.[60] Das System der polygamen konfuzianischen Familie von Hauptfrauen und Konkubinen, Gruppenheirat und nicht-individuellen Beziehungen, mit der zentralen Gestalt der großen „phallischen" Mutter, die die Organisation des Hauswesens beherrschte sowie dem im Frauentrakt aufgewachsenen „weiblichen Vater" liest sich auf der Folie historischer Reiseberichte von Frauen wie eine moderne Haremsvision. Beschrieben werden hier nicht nur die immer im Harem angesiedelten Deformationen der patriarchalischen Herrschaft (Intrige, Depersonalisation, interne Rivalitäten, weibliche – über den Sohn vom Mann geliehene – Macht), sondern auch ein utopischer weiblicher Mikrokosmos, in dem nach Kristeva die Spuren jenes prähistorischen „mütterlichen Zeitalters" überlebt haben, das heute noch im Verhalten der modernen Chinesinnen, in den chinesischen Mythen und im ideogrammatischen Schriftbild erkennbar sei.

„Auf unserer Seite" mündet die Erfahrung der Andersartigkeit Chinas in eine Kritik des Monotheismus, der sich als Prinzip einer symbolischen väterlichen Überich-Gemeinschaft konstituiert, indem er die Frauen an den Ort des Anderen jenseits der Ausdrucksschwelle verweist. Die »Zwiespaltung«, die Chinas Frauen in China auferlegt ist, kehrt auf unserer Seite auf dem Körper der Frauen und in der fundamentalen Ambivalenz (in den zwei Ex-

---

[58] Die Chinesin ist „unter dem Eindruck des Aufstiegs dieses »schwarzen« Kontinents" geschrieben. Kristeva 1982, Einleitung. Foucault beschreibt China als den zeitgenössischen Orient des 20. Jahrhunderts: „China ist doch in unserem Traum gerade der privilegierte Ort des Raums. (...) Wir denken an sie <die chinesische Zivilisation A.P.> als an eine Zivilisation von Deichen und Barrieren (...), als einen mit Mauern umgebenen Kontinent.." Foucault 1974, S. 21.

[59] Kristeva 1982, S. 234.

[60] Kristeva 1982, S. 26.

tremen Ekstatikerin/Melancholikerin) wieder, in die Frauen im
Bemühen um den Zugang zum Symbolischen, zur Macht und zum
Wissen hineingezogen sind. Sie ist die Ursache eines ständigen
Wechsels, der Frauen zu ahasverischen Erscheinungen in der
eigenen Gesellschaft macht, da sie niemals nur das eine oder das
andere sein können. Diese eigene Andersartigkeit, die von Kristeva wie eine „schockartige" anthropologische Erkenntnis unter
den stummen Blicken der Chinesen berichtet wird („Diese Blicke
erfassen uns nicht als Mann oder als Frau (...), sie entdecken in uns
eine ihnen fremde Spezies Mensch"[61]), eröffnet der Reisenden in
China und mit Blick auf „Chinas Frauen" die Chance, das Andere
zu entdecken oder, wie Julia Kristeva sagt, der eigenen Geschichte
die „Bresche" (»da sind auch noch andere«)[62] zu schlagen. Aus-
gehend von der Wahrnehmung dieser Andersheit will dieser Text
den eigenen und fremden Orient gleichermaßen erschließen. Seine
klare Gliederung in zwei Seiten, in »ihre« und in »unsere« Seite,
die durch die Klammer des Weiblichen zusammengehalten werden, beschreibt das Muster einer weiblichen Selbst- und Fremdwahrnehmung, dessen Traditionslinien eng an die Orienterfah-
rung reisender Europäerinnen und dort an die Harems- und Bä-
derbesuche, an die Begegnungen mit fremden Frauen gebunden
sind.

Die Entdeckung des fremden Weiblichen
im Harem des 18. Jahrhunderts

Lady Mary Montagu, die im Januar 1717 Wien und damit
Europa unter dem Eindruck, „als wenn <sie> im Begriffe wäre,
die Bresche zu besteigen"[63], verlassen hatte, hat den Adressaten

---

[61] Kristeva 1982, S. 232.
[62] Kristeva 1982, S. 233.
[63] Montagu im folgenden zitiert nach: Briefe der Lady Marie Montagne während ihrer Reisen in Europa, Asia und Afrika, an Personen vom Stande, Gelehrte
in verschiedenen Theilen von Europa geschrieben; welche außer anderen Merkwürdigkeiten Nachrichten von der Staatsverfassung und den Sitten der Türken
enthalten; aus Quellen geschöpft, die für andere Reisende unzugänglich gewesen.
Leipzig 1764, 3 Teile, Teil 1, S. 74.

und Adressatinnen ihrer *Briefe von ihren Reisen in Europa, Asien und Afrika* „Nachrichten" versprochen, die vollkommen „verschieden von denen sind, welche die gewöhnlichen Reisebeschreiber geben".[64] Ihre Begegnungen mit Türkinnen, Griechinnen und Armenierinnen in den Harems- und Badehäusern von Adrianopel und Konstantinopel zeugen – im „wahren weiblichen Geiste des Widerspruches"[65] geschrieben – davon, daß sie als europäische Frau tiefer als alle bisherigen Reisebeschreibungen in den Orient einzudringen vermag, „weil nicht weniger als der Tod darauf steht, wenn eine Mannsperson sich an einem solchen Hause <Harem/Badehaus A.P.> finden läßt."[66] Zwar „ermangeln", wie sie sagt, auch andere Verfasser nie, eine „Nachricht von Weibern zu geben"[67], doch »schwatzen« diese nur „von der Gemütsart der Mannsleute"[68] , da sie diese „gewiß niemals gesehen haben".[69] Montagus Briefe dagegen versprechen, so Lady Mary Astell in ihrer „Vorrede von einem Frauenzimmer, geschrieben 1724", der Reiseliteratur „eine neue Straße zu bahnen" und „zu zeigen, „mit wie viel bessern Absichten die Damen reisen, als die Herren", die die Welt „mit Mannsreisen", die „alle in den gleichen Ton gestimmt" und „mit den gleichen Kleinigkeiten angefüllt sind", überladen haben.[70]

In zwei einander entgegengesetzten Bildern, die beide ihre Kleidung betreffen, hat Montagu das Besondere ihrer spezifischen An- und Abwesenheit im Orient zum Ausdruck gebracht. Als sie beim Besuch im Bad von Adrianopel von den unbekleideten Türkinnen höflich aber bestimmt aufgefordert wird, sich ebenfalls zum Bade zu entkleiden, kommt unter ihrem Reisekleid ihr europäisches Korsett zum Vorschein. Ein weiteres Entkleiden, sprich eine Angleichung an die Sitten und Gebräuche der Orientalinnen,

---

[64] Montagu 1764, Teil 2, S. 144.
[65] Montagu 1764, Teil 3, S. 215.
[66] Montagu 1764, Teil 1, S. 100.
[67] Montagu 1764, Teil 2, S. 177.
[68] Montagu 1764, Teil 2, S. 177.
[69] Montagu 1764, Teil 2, S. 177.
[70] Vorrede der Dame Mary Astell (1723) zu den „Briefe(n) aus dem Orient" von Lady Mary Montagu. Montagu 1764, Vorrede. Vgl.: Ingrid Kuczynski: „The Ladies Travel to Much Better Purpose than their Lords". Reisebeschreibungen englischer Frauen des 18. Jahrhunderts. Halle/S. 1987, S. 33-63.

wird dadurch ebenso verhindert, wie es die unüberbrückbare Differenz zwischen diesen schönen – an Milton, Reni und Tizian erinnernden – Orientalinnen und dem europäischen Eindringling betont. Die identitätsstiftende und -bewahrende Funktion des europäischen Korsetts erklärt sich angesichts der Türkinnen im Bad, die alle „ohne Verschiedenheit vom Range in ihrer Kleidung (...) in dem Stande der Natur, das heißt auf gut Deutsch mutternackend"[71] waren. Durch ihren Anblick, sagt Montagu,

> ward ich von der Wahrheit einer Anmerkung überzeuget, die ich oft gemachet habe: daß, wenn es mode wäre, nakkend zu gehen, man kaum auf das Gesicht achten würde. Ich ward gewahr, daß die Frauenzimmer mit der feinsten Haut und schönsten Leibesbildung auch den größten Anteil an meiner Bewunderung hatten, obgleich ihre Gesichter zuweilen weniger schön waren, als die von ihren Gefährtinnen.[72]

Während die Nacktheit also den Blick vom Gesicht ab- und auf den Körper hinlenkt, wird Montagus kulturelle Identität im Innern der türkischen Häuser gegenüber den mit Gesicht und Körper doppelt anwesenden Türkinnen durch die europäische Kleidung nahezu zwangsläufig bewahrt.

Nach außen hin, im öffentlichen städtischen Raum, kann dieser Unterschied jedoch durch den Jaschmack, den türkischen Schleier, wieder zum Verschwinden gebracht werden. In dieser Verkleidung genügend „unkenntlich" gemacht[73], schwärmt Montagu im selben Gewand wie die Türkinnen „alle Tage", wie sie schreibt, „in mein Ferigee und Asmack gewickelt, in Constantinopel herum, und beschäfftige mich, alles was darinne merkwürdig ist, zu besehen."[74] Eine Erfahrung, die gleich Friederike Bruns zweitem Karneval die Perspektive auf den Schleier um- und in einen Blick aus dem Schleier verkehrt. Der umgekehrte Blick durch die Sehschlitze des Schleiers nach außen befreit den Blick auf die Tür-

---

[71] Montagu 1764, Teil 1, S. 98.
[72] Montagu 1764, Teil 1, S. 98.
[73] Montagu 1764, Teil 2, S. 157.
[74] Montagu 1764, Teil 3, S. 214f.

kinnen aus der Perspektive des Eingekerkertseins und macht sie zu Subjekten ihrer eigenen Wahrnehmung. Es sei, schreibt Montagu, im Gegensatz zur Sicht der fast »zärtlich« um diesen Topos bemühten „reisebeschreibenden Brüderschaft" nicht die „elende Einsperrung der türkischen Damen"[75] zu beklagen. Die Türkinnen sind

> doch vielleicht freyer als alle übrigen Frauenzimmer auf dem Erdboden, und die einzigen Weiber in der Welt (.), die ein Leben von ununterbrochenem sorglosen Vergnügen führen.[76]

Die „beständige Maskerade giebt ihnen schlechterdings die Freyheit, ihren Neigungen ohne Gefahr der Entdeckung zu folgen."[77] „Im Ganzen betrachtet", schreibt Montagu, „scheinen mir die türkischen Frauenzimmer die einzigen freyen Leute im Kaiserthume; sogar (...) der Großherr selbst entheiliget (...) niemals die Freyheiten des Harams (oder des Frauengemachs)."[78]

Montagus Haremsbesuche sind unsichtbare Reisen im Innern einer Bedeckung. Sie beschreiben einen Blick aus der Fremde, der immer auch das Trennende des eigenen Gehäuses in den Blick nimmt. Zum Bad wie zum Harem fährt sie „inkognito" im Innern einer reich ausgestatteten türkischen Kutsche, aus deren Innern „das Frauenzimmer" durch das Gitterwerk sieht".[79] Der Besuch bei der Gemahlin des Großvesirs, der schönen Fatima und einer spanischen Christin, die, einst entführt, sich freiwillig zum Bleiben entschlossen hatte, macht mit einem aufgeklärten Harem bekannt, der seines obskuren Glanzes und seiner erotischen Konstanten entkleidet ist. Die Damen sind tugendhaft und mildtätig, zivilisiert und durchaus würdig, auf den „allergesittetsten Thron von Europa gesetzt"[80] zu werden. Nichts deutet bei Montagu auf eine Figur wie die der Roxane in den Türkendramen Lohensteins, auf ein listiges und machthungriges Haremsgeschöpf, das seine

[75] Montagu 1764, Teil 3, S. 216.
[76] Montagu 1764, Teil 3, S. 216.
[77] Montagu 1764, Teil 2, S. 122.
[78] Montagu 1764, Teil 2, S. 123.
[79] Vgl. Montagu 1764, Teil 1, S. 96.
[80] Montagu 1764, Teil 2, S. 152.

Reize zur Durchsetzung politischer Ziele einzusetzen weiß[81], keine Spur mehr von einem Harem, der sich im Sinne der barocken Orientstereotypen von „Liebe, Luxus und Despotismus"[82] als ein „Sündenpfuhl voller erotischer Verirrungen und Intrigen"[83] präsentiert.

Montagu beschreibt einen ihr zugänglichen Harem mit gastfreundlichen Bewohnerinnen, die ihr die Freundschaft anbieten. Ausdruck einer stummen, jenseits aller kulturellen Determinierungen bestehenden Gemeinsamkeit zwischen ihr und den Türkinnen ist die Zeichensprache und vor allem das Gastmahl, das gemeinsame Essen als wesentliche Haremserfahrung.

Das Mahl, die Nahrungsgemeinschaft, taucht bei Kristeva auf als eine Form der Begegnung, die die Fremden verschmelzen läßt im Ritus der Gastfreundschaft. Bei Kristeva erscheint das Essen als eine „Utopie des Fremden" außerhalb der Zeit. Aus der Nahrungsgemeinschaft, in der sich zwei wechselseitig Fremde begegnen, ohne sich zu fixieren, entsteht für Momente ein „Kosmopolitismus für einen Augenblick", der die Unterschiede des Fleisches und des Geistes beschwichtigt und vergessen macht.[84] Der gemeinsame Genuß von Gastmahl, Poesie und Tanz verbindet auch bei Montagu die Fremden, trennend wirken dagegen die Sprache („sie bedauerte, daß sie mich nicht in meiner eigenen Sprache unterhalten könnte"[85]) und der Blick, der die „herrlichschöne" Fatima den europäischen Lesern vor Augen führt.

Montagus Begeisterung darüber, Fatimas unaussprechliche Schönheit mit eigenen Augen gesehen zu haben, ist der Ausdruck

---

[81] Vgl. die beiden Türkendramen „Ibrahim Bassa" von 1680 und „Ibrahim Sultan" von 1673 in Giurgius 1972.

[82] Montesquieus „Lettre Persanes" beschreiben zur gleichen Zeit die fiktive Korrespondenz zwischen dem reisenden Usbek und seinen im Harem zurückgebliebenen Frauen. Vgl. hier Winfried Weißhaupt: Europa sieht sich mit fremdem Blick. Werke nach dem Schema der „Lettres persanes" in der europäischen, insbesondere der deutschen Literatur des 18. Jahrhunderts. Band 2, S. 1. Texte in fremden Sprachen. Frankfurt/M./Bern/Las Vegas 1979; vgl.: Claudia Opitz: Der aufgeklärte Harem. Kulturvergleich und Geschlechterbeziehungen in Montesquieus »Perserbriefen«. In: Schilling/Weigel (Hg.) 1991, S. 41–56.

[83] Giurgius 1972, S. 199.

[84] Julia Kristeva: Begegnungen. In: Kristeva 1990, S. 20f.

[85] Montagu 1764, Teil 2, S. 155.

einer Erfahrung, die nun aus der privilegierten Perspektive einer
Frau vorgeben kann, den kosmischen Ort des Weiblichen zu
kennen, um ihn nach außen hin zu repräsentieren. In der Beschreibung Fatimas, der fremden Frau im Harem, zeigt sich bei Montagu das ambivalente Muster einer imaginären weiblichen Exteriorisation, das durch das 18. und 19. Jahrhundert bis heute den
Diskurs über das fremde Weibliche legitimiert. In ihm wird die
fremde Frau zur »Frau der Frau«, der Harem zum »Weiblichen
des Weiblichen«, zu einem Ort, in dem Montagu als Frau einen
„Ehrenplatz" angeboten bekommt, dem sie aber auch als Reisende am Ausgang den Rücken kehren kann.

In den *Briefe<n> der Lady Elizabeth Craven über eine Reise
durch die Krimm nach Konstantinopel*[86] reist die schottische Lady[87] im April 1786 auf den Spuren von Lady Mary Montagu durch
Konstantinopel. Ein dezidiertes Interesse an fremden Frauen sowie eine ganze Reihe von Intertexten lassen durch ihre Reisebeschreibung Lady Mary Montagus *Briefe aus dem Orient* als die
Folie hindurchschimmern, auf der sich diese Reisende durch die
Fremde bewegt. Auch Elizabeth Craven wird im Bad „dringend
gebeten", sich zum Bade auszuziehen und weigert sich, da der
eigene Anblick im Bade sie „auf lange Zeit unzufrieden mit (ihrem) Geschlecht gemacht haben" würde.[88] Auch Elizabeth Craven lobt die Freiheit der türkischen Frauenzimmer:

> Mich dünkt, ich habe nie ein Land gesehen, wo die Weiber
> so viel Freiheit, und so ohne alle Hindernisse genießen, als
> in der Türkei.[89]

Bei ihr sind es aber die Türkinnen, die im Bad ein Korsett
tragen, d.h. in ihrer Kultur befangen sind. Ohne wie Montagu den
eigenen Blick in einen Blick aus der Fremde verkehren zu wollen,
bezeichnet sie die verschleierten Türkinnen in den Straßen von

---

[86] An Sr. Durchlaucht den regierenden Markgrafen von Brandenburg-Anspach. Leipzig 1789.
[87] Zu Craven vgl.: Ley 1904 und Fleischmann 1988.
[88] Craven 1789, S. 230.
[89] Craven 1789, S. 178.

Konstantinopel als „lebendige Mumien"[90]. Bei ihren Gängen durch die Stadt zieht sie der Anonymität des Schleiers die Portechaise des Gesandten vor, die sie eindeutig als Europäerin im Orient ausweist. Da sich in der Portechaise jedoch schwerlich die engen Gassen der Stadt befahren lassen, wird bei Craven die eigene Wohnung im französischen Palast des Grafen Choiseul zum festen und zentralen Standort der Stadterkundung. Mit einem großen Teleskop, das ihrem Blick die notwendige Transparenz verschafft, übersieht Craven von dort aus das Goldene Horn, das Marmora Meer und nimmt Einblick in einen Teil des Serail („sah ich von dem meinigen <Sopha> den Sultan auf einem silbernen Sopha ruhn"[91]). Ein souveräner Blick über die Stadt, der in ihrem Fall nicht zu den Frauen als Haremsbewohnerinnen, sondern zum Sultan und dem Seraglio als dem Sitz der Regierung eine direkte Beziehung herstellt.

Cravens Besuche im Harem sind nicht mehr als ein geselliges Ereignis und ein touristischer Zeitvertreib. Die Tatsache, daß ihre Anwesenheit im Harem eine der Bewohnerinnen in tiefen Schrecken versetzt, unterstreicht ihre Fremdheit an diesem Ort. Auch Craven speist in einem Harem, ihre Gastgeberinnen, mit denen sie sich (im Gegensatz zu Montagu, die türkisch spricht) nur durch nonverbale „Conversation durch Zeichen"[92] verständigen kann, bezeichnet sie aber als „einfältige" und „unwissende Geschöpfe".[93] Einen zweiten Besuch im Harem der „Gattin des Capitän Pascha" unternimmt Elizabeth Craven in Gesellschaft des Grafen von Choiseul und einigen Gesandtschaftsfrauen. Während der Gesandte und die übrige männliche Gesellschaft gelangweilt vor den Toren das Ende des Besuches erwarten, besichtigen die Frauen in aller Eile die Bewohnerinnen und das Innere des Hauses. Durch ihre „Weiblichkeit" wird Craven hier „zur genauen Betrachtung"[94] der Damen verleitet, eine Studie, die jedoch eine dumpfe und stagnierende Haremswelt offenbart. Der eigentliche Höhepunkt des Besuchs nähert sich für Craven erst

---

[90] Craven 1789, S. 178.
[91] Craven 1789, S. 177.
[92] Craven 1789, S. 158.
[93] Craven 1789, S. 196.
[94] Craven 1789, S. 196.

mit dem Abschied aus dem Harem und der Rückkehr zu den Herren, die „sehr begierig auf Nachrichten von dem Harem" waren.[95] Über die Bitte der Bewohnerinnen an die Besucherinnen, sich nun ihrerseits vom „Orient" aus ansprechen und betrachten zu lassen, indem sie „zur Belustigung der Gemahlin des Pascha und des Harems, die hinter den Jalousien zurücksahen"[96], die Wagen zwei- oder dreimal um den Hof fahren lassen, bricht am Ende die ganze Gesellschaft in ein gemeinschaftliches Gelächter aus:

> Diese lächerliche Bitte wurde, wie sie leicht denken können, nicht erfüllt, und wir lachten herzlich über unsere Begebenheit.[97]

Betrachtet man Lady Elizabeth Craven als eine Reisende, die auf der Schwelle zum Harem den Bruch mit dem fremden Weiblichen verlacht und Lady Mary Montagu als eine Reisende, die im Harem weibliche Andersheit aufwerten und zum Sprechen bringen will, so geben die 1787 anonym erschienenen *Briefe eines reisenden Frauenzimmers über Ostindien*[98] der Engländerin Jemima Kindersley eine neutrale, indifferente Haremsbeschreibung. Ohne daß es zwischen den Bewohnerinnen und der Besucherin einen Austausch, ein Gespräch oder Berührungspunkte geben könnte, wird hier ein fremder Erfahrungsraum erhoben, vermessen und zum Westen hin bekannt gemacht. In einer Art Studie notiert Kindersley die Sitten und Gebräuche der „mohammetanischen" und „indianischen" Frauenzimmer, die in ihren „Zannannahs" (Harems) ein gleichförmiges, verborgenes, müßiges und unbewegtes Leben leben. Aufgrund ihres Besuches im Harem eines „vornehmen Mohammedaners" im September 1767 in Alla-

---

[95] Craven 1789, S. 198.

[96] Craven 1789, S. 198.

[97] Craven 1789, S. 198.

[98] Anonym (Kindersley, Jemima): Briefe eines reisenden Frauenzimmers über Ostindien. Aus dem Englischen. Frankfurt und Leipzig 1787. Zuerst erschienen als Jemima Kinderlsey: Briefe von der Insel Teneriffa, Brasilien, dem Vorgebirge der guten Hoffnung und Ostindien. Aus dem Englischen der Mistreß Kindersley. Leipzig 1777.

habad kann Kindersley detaillierte „Nachricht" von orientalischen Frauenzimmern geben.[99] Kindersley beschreibt die von Dienerinnen und Aufwärterinnen umgebenen „Weiber" „alle nach Landesgebrauch"[100] auf Teppichen und Kissen sitzend, berichtet von der Hierarchie der Hautfarben unter den Bewohnerinnen, von Schönheitsidealen wie den Brauch, die Augen durch das Einritzen der Augenwinkel zu vergrößern; beschreibt ihre immergleichen „unveränderlichen" und „außerordentlich leichten" Frauenkleider, die „fast keine Bedeckung" geben; sie beschreibt Schmuck, Ohrgehänge, Fuß-, Finger- und Nasenringe und den Müßiggang, das Baden, das Rauchen und das Tanzen als die Hauptbeschäftigung im Harem.

Kindersleys Beobachtungen im Harem gehören in den Bereich der Ethnographie, die sammelt und zusammenträgt, ohne zu vergleichen, so daß sich ein Dialog der Kulturen nur zufällig und eher unkontrolliert ergibt. Aus ihren Bemerkungen über den eingeschränkten Erfahrungsraum dieser „armen Frauenzimmer", die in „Entfernung von der Welt"[101] leben, „fast nichts von der Welt wissen"[102] und „sich nicht nur außerhalb nicht sehen lassen"[103], sondern öffentlich auch nicht namentlich genannt werden dürfen („Ein Mahometaner spricht niemals von seinen Weibern, und man hält es für eine große Beleidigung und Mangel an guter Lebensart nach ihnen zu fragen."[104]), ergeben sich interessante Analogien zu Kindersley als einer anonym publizierenden europäischen Autorin, die jedoch nicht beabsichtigt sind. Wenn Kindersley resümiert, daß die „eingesperrte und einsame Lebensart (.) für diese Frauenzimmer kein Unglück sei, da sie allzeit daran gewohnt gewesen sind"[105], so entspricht auch diese Bemerkung ihrer Intention, „Nachrichten" aus einer anderen, fremden Kultur zu geben, zu der sie als Frau einen besonderen und privilegierten Zugang hat.

---

[99] Kindersley 1787, S. 180.
[100] Kindersley 1787, S. 180.
[101] Kindersley 1787, S. 105.
[102] Kindersley 1787, S. 184.
[103] Kindersley 1787, S. 185.
[104] Kindersley 1787, S. 185.
[105] Kindersley 1787, S. 184.

190

Abb. 33: Lady Mary Montagu im Bad von Adrianopel.
Daniel Chodowiecki: Frontispiz (1790).

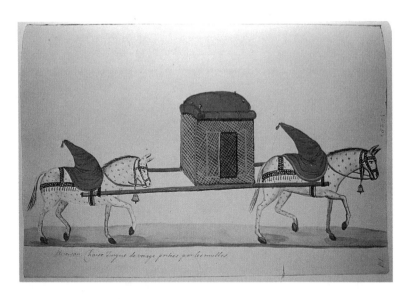

Abb. 34: Reisesänfte einer türkischen Dame (18. Jh.).

Abb. 35: Europäerin im Orient (19. Jh.).

Abb. 36: Jean Etienne Liotard: Türkische Dame mit Dienerin. Pastell auf
Pergament 1742/43.

Abb. 37: Eine Dame aus Lima. Holzschnitt und Druck von Eduard Kretschmar in Leipzig (19. Jh.).

Der Bruch mit der Gehäusekonzeption
im Harem des 19. Jahrhunderts

Hatten sich in der Reiseliteratur von Frauen des 18. Jahrhunderts die Haremsdarstellungen allmählich zu einem Tableau verfestigt, in dem sich Weiblichkeitsbilder mit einer bestimmten räumlichen Vorstellung verbanden und einer Autorin gestatteten, eine Ordnungsarbeit am Weiblichen vorzunehmen; war der Harem in diesen Darstellungen vor allem ein bruchlos zugänglicher Raum, der nicht erst erobert werden mußte und der es dennoch erlaubte, empirisches Wissen über die Ähnlichkeiten und Unterschiede des Weiblichen außerhalb seiner selbst zu formulieren, so besuchen die Reisenden des 19. Jahrhunderts den Harem, um ihn wieder zu verlassen, um am Ausgang des Harems den Bruch mit dem klassischen Raum weiblicher Repräsentation zu inszenieren. In den Haremsbeschreibungen reisender Frauen des 19. Jahrhunderts verkehrt sich die Perspektive von der Beschreibung fremder Frauen auf die Beschreibung der exotischen Situation der Reisenden selbst. Am Ausgang des Harems entdecken und beschreiben sich die Reisenden selbst als Reisende, mit einem diskontinuierlichen Selbst, das weibliche Selbstrepräsentation mit dem Verlassen des Gehäuses in verschiedene Richtungen auseinanderspringen läßt.

In den *Blättern aus dem africanischen Reise-Tagebuche einer Dame*[106], die eine Reise von Rom nach Algerien und Tunesien über Malta und wieder zurück nach Rom (Dezember 1847 bis April 1848) beschreiben, figurieren Orientalinnen, maurische Frauen, Beduinen, Jüdinnen durchgängig als „arme Geschöpfe", die im Gegensatz zu der reisenden Europäerin oft „nicht einmal die Freiheit (haben), in ihrem eignen Garten (...) spazieren zu gehen!"[107] Ein Fernrohr, das die Verfasserin Marie Esperance von

---

[106] Verf. Anonym (Marie Esperance von Schwartz): Blätter aus dem africanischen Reise=Tagebuche einer Dame. Erster Theil. Algerien. Zweiter Theil. Tunis. Braunschweig 1849.
[107] von Schwartz 1849, Bd. 1, S. 60.

Schwartz[108] beim Fenster eines maurischen Hauses in Algier entdeckt, ist für sie ein Zeichen, daß auch die Bewohnerinnen den
„Druck ihrer sklavischen Gefangenschaft verstehe<n> und emp-
finde<n>"[109] und eine Befreiung aus ihrer Lage wünschen, die in
Richtung Europa weist. Wie die französischen eisernen Betten im
Innern der Häuser bereits ein „großer Schritt zur Civilisation"[110]
sind, so ist auch der „sehnlichste Wunsch (.), einem Europäer
vermählt zu werden"[111], ebenso ein Ausdruck des Freiheits-
willens der Bewohnerinnen, wie es ihre „größte Freude <ist>, die
kommenden Fremden oder die vorbeifahrenden Dampfschiffe aus
der Ferne damit <mit dem Fernrohr A.P.> zu beobachten."[112]
Auch sich selbst beschreibt die Verfasserin als einen Teil der
europäischen Kultur, auf die sich die Wünsche der Orientalinnen
richten, wenn diese im Bardo von Tunis von der „Neugierde, eine

---

[108] Bei Pataky findet sich folgender Hinweis auf Marie Esperance von
Schwartz: „Marie Esperance von Schwartz, Pseud: Melena Elpis. Frau Esperance
v., Ps. Elpis Melena, Khalepa b. Canea, Insel Kreta, am 8. November 1821 zu
Southgate in der Grafschaft Hertford geboren, als Tochter eines in England
ansässigen Bankiers aus Hamburg, Namens Brandt. Sie erhielt ihre Erziehung in
Frankreich, Genf und Rom, namentlich durch ihre Tante, die als Erzieherin der
weimarischen Prinzessinnen bekannte Esperance Sylvestre. Für Sprache zeigte
das vielseitig talentierte Kind besondere Befähigung. Später beherrschte sie 8
Sprachen gleichmässig. In ihrem 15. Jahre wurde sie ihrem Vetter, gleichfalls
Bankier, verheiratet, doch wurde sie schon nach einjähriger Ehe Witwe. Sie ging
nach Rom, wo ihre Salons bald einen anziehenden Mittelpunkt für die fremde
Aristokratie und die Künstlerwelt bildeten. 1846 ging sie eine zweite Ehe ein, mit
einem Hamburger, von Schwartz, den sie in Italien kennen gelernt hatte. Mit ihm
bereiste sie – meist zu Pferde – Ägypten und eine Beschreibung dieser Reise
bildete ihren ersten litterarischen Versuch. Die Ehe war jedoch nicht glücklich
und wurde 1854 gerichtlich gelöst. Bereits 1849 hatte sich Esperance in Rom
niedergelassen, von wo aus sie verschiedene Reisen unternahm. Sie wurde mit
Garibaldi bekannt, als er 1849 Rom belagerte, und seit dieser Zeit war sie ihm in
treuester Freundschaft zugetan. Sie rettete ihm zweimal das Leben und war auch
in seiner Gefangenschaft seine treueste Pflegerin. 1865 ging sie nach Kreta, wo sie
sich im Dorfe Khalepa ein Heim gründete, ihren litterarischen Arbeiten lebt und
durch Stiftungen und Fürsorge für Schulen, Krankenhäuser, Asyle etc. die sittli-
che Hebung der Bevölkerung erstrebt. Das Hauptgewicht ihrer Thätigkeit als
Schriftstellerin legt sie auf die Bekämpfung der wissenschaftlichen Vivisektion."
Sophie Pataky: Lexikon deutscher Frauen der Feder. Berlin 1898, Band 2, S. 287,
S. 8; s. auch Melena Elpis, S. 32. Werke vgl. ebd.
[109] von Schwartz 1849, Bd. 1, S. 60.
[110] von Schwartz 1849, Bd. 1, S. 63.
[111] von Schwartz 1849, Bd. 1, S. 66.
[112] von Schwartz 1849, Bd. 1, S. 63.

europäische Frau reiten zu sehen", „an die vergitterten Fenster"[113] des Palastes „gefesselt" werden.

Im Kontrast zu der eigenen Mobilität sind die „unglückliche<n> Gefangene<n>"[114] bei Marie Esperance von Schwartz durchgängig Gegenstand tiefsten Bedauerns. Auch der zunächst neugierige Blick in das Innere eines Beduinenzeltes wird enttäuscht und beschert ihr, ähnlich wie auch Ida Gräfin Hahn-Hahn, die vier Jahre zuvor die Wüste von Jerusalem nach Kairo durchquert hatte, nicht die Erfahrung einer utopischen anderen Welt, sondern den bekannten Anblick patriarchalischer Strukturen:

> Welch' ein patriarchalisches Gemisch wurde ich gewahr![115]

> Mir schien es, als lastete die ganze Besorgung des Hausstandes auf den Frauen, während der Scheik und viele andere ihm untergeordnete Männer müssig einherschritten.[116]

Auch die verschleierten Orientalinnen im Basar von Tunis sind bei Marie Esperance von Schwartz „eine sehr unerfreuliche Erscheinung"[117], die Sänfte beschreibt sie als „Marterkasten"[118], die Eingänge zum maurischen Frauenbad als „Eingänge zu einer finstern Unterwelt"[119] und den eigenen Besuch im Bad als ein schreckliches Experiment. Insgesamt stellt sich die Lebenssituation des „africanisches Weibes" als eine schreiende und widernatürliche Ungerechtigkeit dar, die es nach europäischem Maßstab zu revolutionieren gelte:

> Je mehr ich über die Verhältnisse der maurischen Frauen zu den Männern erfahre und je klarer es mir wird, auf welcher niedrigen Stufe sie hier stehen, desto mehr empören sich meine Gefühle gegen so schreiende Ungerechtig-

---

[113] von Schwartz 1849, Bd. 2, S. 141.
[114] von Schwartz 1849, Bd. 2, S. 141.
[115] von Schwartz 1849, Bd. 1, S. 90.
[116] von Schwartz 1849, Bd. 2, S. 243.
[117] von Schwartz 1849, Bd. 2, S. 41.
[118] von Schwartz 1849, Bd. 2, S. 259.
[119] von Schwartz 1849, Bd. 1, S. 121.

keit, ich möchte Ketten und widernatürliche Gesetze, die seit undenklichen Jahrhunderten von ganzen Nationen geduldet werden, mit einem Male sprengen und vernichten, ich möchte eine allgemeine Revolution hier anschüren, und wissen, ob das arme bedrückte africanische Weib nicht eben so wohl wie das europäische Weib mit Eigenschaften begabt und nicht fähig ist, eine gleiche Stufe wie wir zu erhalten.[120]

Den Harem des Bey von Tunis besucht Marie Esperance von Schwartz dennoch in der Hoffnung, einmal der „ächten" „Spur jenes Orients"[121] zu begegnen, die die Erzählungen und unerschöpflichen Scheherazaden aus *Tausend und eine Nacht* versprechen. Tatsächlich hatte der unendlich prunkvolle und luxuriöse Harem des tunesischen Thronfolgers Sidi Hamda ihre Erwartung nicht nur nicht enttäuscht, sondern sogar bei weitem übertroffen. „Taumelnd und ganz verblendet"[122] und mit einem „Entzücken, welches verstummen machte, und wie vor einem Medusenhaupte versteinerte"[123], läßt sie sich vom Anblick des Patio im Innern des Harems wie von der „Verwirklichung eines köstlichen Theiles"[124] ihres orientalischen Traumes berauschen:

> Mir schwindelte, mir taumelte, ich war ganz verblendet und meine Blicke wußten nicht, auf welchen Gegenstand sie sich heften sollten; ich lebte im Rausche eines verwirklichten Traumes und hätte diesen ersten, feenhaften Eindruck festhalten mögen.[125]

Während der leere Raum des Harems die phantastische und überwältigende Täuschung hervorzubringen vermag, an den Schauplatz des „Tausend und eine Nacht-Traumes"[126] versetzt zu sein, stört der Blick auf die Lage der Bewohnerinnen in ihrem

---

[120] von Schwartz 1849, Bd. 1, S. 301.
[121] von Schwartz 1849, Bd. 2, S. 177.
[122] von Schwartz 1849, Bd. 2, S. 177.
[123] von Schwartz 1849, Bd. 2, S. 181.
[124] von Schwartz 1849, Bd. 2, S. 177.
[125] von Schwartz 1849, Bd. 2, S. 181.
[126] von Schwartz 1849, Bd. 2, S. 203.

„ewigen Gefängnis"[127] die süße Illusion. Bereits am Eingang zum Harem, innerhalb des Palastes, der sich wie ein „zweites Tunis vor unseren Blicken"[128] entwickelt, beim Passieren der „wohl verwahrte(n) Thüre"[129] zum *Sancto sanctorum*, (.) dem den Männern verbotenen Raume"[130] hatte „lautes Riegel- und Kettengeklirr beim Befestigen"[131] des „schleunigst wieder geschlossenen"[132] Tores das „Ohr auf's unangenehmste"[133] berührt. Auch das Angebot des Ehrenplatzes neben der „Haremskönigin"[134] und die bevorzugte Behandlung werden nicht fraglos akzeptiert („... fragte ich sie, warum ich eigentlich die Bevorzugte unserer Gesellschaft sei?"[135]). Das ungeduldig erwartete Ende des Besuches bringt schließlich die Befreiung von der „bedrückenden Atmosphäre"[136], in der die „armen Geschöpfe"[137] unglücklich vor sich hin dämmern. Im Vergleich mit der eigenen Reisefreiheit erweist sich bei von Schwartz selbst der Luxus des Harems letztlich als „hinfälliger Glanz"[138] und als „jämmerlicher Ersatz für des Lebens höchstes Gut – die Freiheit – diesen Schatz, wodurch wir erst Menschen werden".[139]

Mit der Selbstpräsentation als einer von der Raumbindung emanzipierten Europäerin, die sich im Spiegel der im goldenen Weiblichkeitskäfig gefangenen Orientalinnen betrachtet, haben die Haremsdarstellungen reisender Europäerinnen des 19. Jahrhunderts ihr Thema gefunden. Auch die Schwedin Fredrika Bremer beschreibt in *Leben in der Alten Welt. Tagebuch während*

[127] von Schwartz 1849, Bd. 2, S. 182.
[128] von Schwartz 1849, Bd. 2, S. 180.
[129] von Schwartz 1849, Bd. 2, S. 180.
[130] von Schwartz 1849, Bd. 2, S. 181.
[131] von Schwartz 1849, Bd. 2, S. 181.
[132] von Schwartz 1849, Bd. 2, S. 181.
[133] von Schwartz 1849, Bd. 2, S. 181.
[134] von Schwartz 1849, Bd. 2, S. 185.
[135] von Schwartz 1849, Bd. 2, S. 191.
[136] von Schwartz 1849, Bd. 2, S. 198.
[137] von Schwartz 1849, Bd. 2, S. 189.
[138] von Schwartz 1849, Bd. 2, S. 201.
[139] von Schwartz 1849, Bd. 2, S. 201.

eines vierjährigen Aufenthalts im Süden und im Orient[140]
Haremsbesuche in Jerusalem, in denen sie als reisender „Mensch"
die Bewohnerinnen wiederum als Frauen und als Nichtreisende
beschreibt:

> Ich fragte ein paar junge Frauen von lebhaftem Wesen, ob
> sie nicht Lust hätten, zu reisen, um Gottes schöne Welt zu
> sehen., – „Nein" – erwiderten sie mir – „das würde sünd-
> haft für Frauen sein!"[141]

An anderer Stelle heißt es:

> Ich fragte sie endlich, ob sie nicht Lust hätte zu reisen und
> andere Länder zu sehen, z.B. mein Vaterland, das ich ihr als
> sehr schön schilderte. Sie erwiderte darauf, daß sie, wenn
> sie reisen könnte, am liebsten nach Stambul (Konstantino-
> pel), weil ihr Vater daselbst gelebt hätte, und nach Mekka
> reisen möchte; da sich dies aber nicht thun ließe, so hielte
> sie für das Beste, in der Stadt zu bleiben, in der sich Abra-
> ham, David und Jesus aufgehalten hätten. In anderen Städ-
> ten könnte vielleicht mehr fantasia (Belustigung) gefunden
> werden, allein hier fände sich mehr Gelegenheit zur Erbau-
> ung. Darauf antwortete ich: – „Taib, taib!" (Gut, gut!)[142]

Wie der Orientalist den Orient orientalisiert, indem er ihn als
Fremde zu erhalten sucht, so entdecken reisende Europäerinnen
nun ihrerseits im Orient des Orients den Harem als ein kontra-
stierendes Bild des Anderen des Weiblichen. Die Lokalisierung
des Harems im Orient erlaubt ihnen, aus der Perspektive des
Orients *und* aus einer Position der Exteriorität das diffuse Bild
des Weiblichen einzufassen und zu fixieren und nun ihrerseits als
eine von sich selbst abgerückte Einheit nach außen hin zu
repräsentieren.

---

[140] Bremer, Frederike: Leben in der Alten Welt. Tagebuch während eines
vierjährigen Aufenthalts im Süden und im Orient von Frederike Bremer. Aus dem
Schwedischen. Teil 1 – 16, Leipzig 1861-1863.
[141] Bremer 1862, Bd. 8, S. 22.
[142] Bremer 1862, Bd. 8, S. 15.

Marie Esperance von Schwartz hat die vier Stunden, die sie „in der Mitte der Orientalinnen"[143] zugebracht hatte, als eine Schule des Beschreibens und Sehens dieses neuen, nur schwer faßbaren weiblichen Selbstbildes geschildert. Bei von Schwartz wird die ästhetische Selbstwahrnehmung und -darstellung als „widerspenstige", „Freiheit athmende"[144] und vom Gehäuse abgerückte Frau als eine Kunst reflektiert, in der sie und ihre Zeitgenossinnen noch Anfängerinnen sind:

> Wir hatten in der That fast vier Stunden in beständiger Bewunderung in der Mitte dieser Frauen zugebracht; deshalb könnte man freilich erwarten, daß ich im Stande wäre, Alles recht genau wieder zu erzählen; ach! leider nicht. Denn je mehr ich sehe, desto mehr erkenne ich, daß *richtig* sehen eine eigene Kunst ist – eine Kunst, in der ich, wie in allen andern, noch Anfängerin bin.[145]

Wie sehr das Problem des „richtig Sehens" hier zu einem Darstellungsproblem einer anderen weiblichen Selbstwahrnehmung wird, läßt sich anhand Elisabeth Lenks 1976 erschienenen Essay *Die sich selbst verdoppelnde Frau*[146] ermessen. Wenn Frauen anfangen, so Lenk, frei über das Weibliche zu verfügen und ein neues, aus seiner Versteinerung herausgetretenes Selbstbild zu entwerfen, dann muß notwendig das falsche Geheimnis entzaubert werden. Eine Reisende, die sich wie Esperance von Schwartz aus ihrem seltsam entfremdeten und mit einem Blick zu umfassenden Gehäuse-Ich entfernt, tritt in ein Verhältnis zu sich selber, in dem sie „viele ist" und sich augenblicksweise auflöst in reine Bewegung: „Weiblichkeit", so Lenk, „ist ihr dann so fern wie Männlichkeit und die ganze von Eigenschaften durchfurchte Welt".[147]

---

[143] von Schwartz 1849, Bd. 2, S. 201.
[144] von Schwartz 1849, Bd. 2, S. 203.
[145] von Schwartz 1849, Bd. 2, S. 201. Hervorh. im Text.
[146] Elisabeth Lenk: Die sich selbst verdoppelnde Frau. In: Kritische Phantasie. Gesammelte Essays. München 1986, S. 149f.
[147] Lenk 1986, S. 152.

Ida Gräfin Hahn-Hahns[148] *Orientalische Briefe* aus dem Jahr 1843 inszenieren in „Constantinopel", auf der Schwelle von Orient und Okzident[149] und beim Verlassen Europas, den Besuch im Harem als eine räumliche Transitionsphase, durch die die Reisende zu sich selber in ein gleitendes, unablässig von einer Form in die andere übergehendes Verhältnis eintritt. Bei Hahn-Hahn wird der Durchgang durch den Harem als ein Abschied aus Europa und als eine endgültige Loslösung aus der eigenen häuslichen Bindung gefeiert. Ausdruck der Veränderung sind bei Hahn-Hahn, wie schon bei von Schwartz und auch bei Ida Pfeiffer (die in einem Brief vom 25. Mai 1842, kurz nach ihrer Ankunft in Beirut ausruft: „Welch Unterschied zwischen einer Orientalin und einer Europäerin!"[150]), unablässige Hinweise auf die Verschleierung und die „starre Bewegungslosigkeit, zu der sie <die fremde Frau> verdammt ist".[151] Beim Anblick einer zur Hochzeit geschmückten Orientalin schreibt Hahn-Hahn in einem Brief aus Beirut vom 8. Oktober 1843:

> In diesem schweren Anzug saß sie nun da, steif und starr, mit herabhangenden Armen, mehr einer Mumie als einem lebenden Wesen, am wenigsten einer fröhlichen Braut ähnlich.[152]

Hahn-Hahns eigene „Mitgift" beim Übergang in den Orient wird dagegen nicht das starre Gehäuse der „festsitzenden"[153] europäischen Häuser und Schlösser sein, sondern die dünne Haut

[148] Zu Hahn-Hahn vgl.: Gerlinde Maria Geiger: Die befreite Psyche. Emanzipationsansätze im Frühwerk Ida Hahn-Hahns (1838–1848). Europäische Hochschulschriften. Deutsche Sprache und Literatur. Frankfurt/M., Bern, New York 1986. Renate Möhrmann: Die Gleichheitsideen der Ida Hahn-Hahn. In: Die andere Frau. Emanzipationsansätze deutscher Schriftstellerinnen im Vorfeld der Achtundvierziger-Revolution. Stuttgart 1977, S. 85ff.
[149] Vgl.: Suzan Üner: Byzanz, Konstantinopel, Istanbul. Die Stadt als Schwelle von Orient und Okzident in der Reiseliteratur von Frauen. Wissenschaftliche Hausarbeit zur Erlangung des akademischen Grades eines Magister Artium der Universität Hamburg. Hamburg 1989.
[150] Ida Pfeiffer: Reise einer Wienerin in das Heilige Land. Hg. von Ludwig Plakolb nach der Originalausgabe Wien 1844. Frankfurt/M. 1980, S. 104
[151] Hahn-Hahn 1844, Bd. 1, S. 372.
[152] Hahn-Hahn 1844, Bd. 1, S. 372.
[153] Hahn-Hahn 1844, Bd. 2, S. 14.

eines Zeltes.[154] Dieses in jeder Hinsicht dünnwandige und mobile Gehäuse eines Nomaden wird das erste „eigene Haus" sein, das die Reisende durch den Orient begleitet. In einem Brief aus Damaskus im Oktober 1843 heißt es:

> Ich habe zum ersten Mal in meinem Leben *mein* eigenes Haus, und das ist das Haus eines Beduinen: ein Zelt.[155]

Als Zeichen der Selbstverwandlung in eine Reisende nimmt Hahn-Hahn am Übergang in den Orient und nach dem Verlassen des Harem außerdem an sich selbst eine Umkleidung vor, die geeignet ist, den konkret körperlichen und nicht mehr durch das starre Gehäuse getrennten Eintritt in die Welt des Anderen vorzubereiten. Während die Wienerin Ida Pfeiffer ihre „einfache europäische Tracht"[156] beibehält – sie begründet dies mit ihrer dürren, „jünglingshaften" Figur und mit ihrem Alter –, tauscht Hahn-Hahn beim Verlassen des europäischen Kontinents das lange europäische Reisekleid gegen ein neues „costume da gamin"[157], einen „nicht Männer- aber Knabenanzug"[158], der

> ganz namenlos bequem <ist> für diese Reise, wo man im Zelt, also in Kleidern schläft, und sehr steile und steinige Wege zu Fuß bergauf oder bergab macht.[159]

Zu Hahn-Hahns Selbstinszenierung am Übergang in den Orient gehört auch die Verabschiedung konventionell weiblicher Tugenden in Gestalt der „gezierte<n> Kammerjungfer"[160] als „das Klügste", was sie in Constantinopel getan habe, „weil

---

[154] Vgl. hier Dolf Sternberger (1938, S. 170ff.) über die Beziehungen zwischen Wand und Gewand, Zelt und Mantel.

[155] Hahn-Hahn 1844, Bd. 2, S. 12.

[156] Pfeiffer, Heiliges Land 1980, S. 83. Anders als bei Ida Hahn-Hahn ist bei Pfeiffer der Harem nicht der zentrale literarische Ort, an dem Weiblichkeit als Getrenntes dauerhaft abgelagert und durchquert werden kann. Pfeiffers Begegnungen mit fremden Frauen und mit Weiblichkeit auf der Reise wiederholen sich, ohne daß eine endgültige Differenzierung möglich wäre: „Ich war in der Folge noch in mehreren, mitunter auch in bedeutenderen Harems, allein ich fand überall dasselbe." Pfeiffer, Heiliges Land 1980, S. 196.

[157] Hahn-Hahn 1844, Bd. 2, S. 3.

[158] Hahn-Hahn 1844, Bd. 2, S. 3.

[159] Hahn-Hahn 1844, Bd. 2, S. 3.

[160] Hahn-Hahn 1844, Bd. 2, S. 3.

dergleichen Leute nicht für den Libanon und die Wüste taugen".[161]

Im dramatischen Aufbau der *Orientalischen Briefe* beschreibt Hahn-Hahns Besuch im Harem einen Übergangsritus, aus dem Hahn-Hahn am Ende selbst als eine neue, niegesehene und „als Frau" nicht mehr greifbare Erscheinung hervorgeht. Im Hineingehen wird der Harem bei Hahn-Hahn zunächst gleich einem sakralen Ort als „Culminationspunkt" und „Isola bella im großen Styl"[162] eingeführt, um dann aufgrund der eigenen Erfahrung und Beobachtung beim Verlassen umso absoluter wieder verworfen zu werden. Bis die Reise in äußerster Annäherung an den Orient und in äußerster Entfernung von Europa an den Katarakten des Nil an ihren Umkehrpunkt gelangt, bleibt der Wechsel von dramatischer Annäherung, Verweilen und Verwerfen an jedem Ort der Reise, auch in Jerusalem, in der Wüste und an den Pyramiden, das Muster der Hahn-Hahnschen Begegnung mit der Fremde.

„Lieber Bruder", heißt es zur Eröffnung ihres Harembriefes aus Constantinopel vom 22. September 1843,

> es gibt mir eine unglaubliche Satisfaction, daß ich Dir heut einmal von einem Ort erzählen kann, der Deinem Fuß ebenso unzugänglich ist, wie dem meinen jene zahlreichen sind bei denen es heißt: „Ma non le donne", – umsomehr, da auf diesem Ort viel interessantere Geheimnisse der Schönheit, der Liebe, der Leidenschaft zu vermuthen sind, als auf jenen.[163]

Und abschließend wird es heißen:

> denn, mein lieber Bruder, so reizend Du Dir einen Harem vorstellen mögest, – ich muß Dir aufrichtig sagen: hat man zwei besucht, so sehnt man sich nicht nach dem dritten, und nur den ersten betritt man mit jenem Interesse, das auf der Unbekanntschaft beruht.[164]

[161] Hahn-Hahn 1844, Bd. 2, S. 3.
[162] Hahn-Hahn 1844, Bd. 1, S. 127.
[163] Hahn-Hahn 1844, Bd. 1, S. 260.
[164] Hahn-Hahn 1844, Bd. 1, S. 261.

Im topographischen Aufbau der Haremsbeschreibung wird schon die Anreise zu einer unerhört schwierigen und unfallträchtigen Fahrt an das andere Ende der Stadt und die Einfahrt in den „innern Hof", durch den „achteckige<n> Vorsaal"[165] bis in den Salon, der „voll Frauen"[166] war, ein „aufs Allerkünstlichste"[167] bewerkstelligter Übergang. Was bei Lady Mary Montagu einem einfachen Mittagsbesuch ähnelte, stellt sich bei Hahn-Hahn als eine in höchstem Maße dramatisierte „lebensgefährliche Expedition"[168] dar. Hahn-Hahns Anreise führt über eine „baufällige"[169], steil gewölbte und „morsche" Brücke und durch die

> schmalen, gräßlich gepflasterten, auf und ab kletternden Straßen der Stadt, die so eng und kraus gewunden sind, daß die Vorderpferde zuweilen gar nicht zu sehen waren, wenn sie um eine Ecke bogen.[170]

Das Innere des Harems, ein halb orientalisch, halb europäisches Interieur, bildet bei Hahn-Hahn „ein komisches Gemisch von fremden und einheimischen Gebräuchen, Sitten und Speisen."[171] In einem „ganz türkisch<en>"[172] Salon und an einem „ganz europäisch gedeckten langen Tisch"[173] speist Hahn-Hahn ein vollständiges europäisches Diner, eine „Hyperkultur"[174], der die „Damen" (sie essen nach türkischer Sitte mit den Fingern) ihrer Ansicht nach nicht gerecht werden können. Da in der Monotonie und „einförmigen Abgeschiedenheit"[175] des Harems auch „der Geist im Käfig" wohnt,[176] bleibt auch die über einen Dolmetscher geführte Konversation (über die „Verschiedenheit der europä-

---

165 Hahn-Hahn 1844, Bd. 1, S. 262.
166 Hahn-Hahn 1844, Bd. 1, S. 263.
167 Hahn-Hahn 1844, Bd. 1, S. 262.
168 Hahn-Hahn 1844, Bd. 1, S. 260.
169 Hahn-Hahn 1844, Bd. 1, S. 260.
170 Hahn-Hahn 1844, Bd. 1, S. 261.
171 Hahn-Hahn 1844, Bd. 1, S. 273.
172 Hahn-Hahn 1844, Bd. 1, S. 262.
173 Hahn-Hahn 1844, Bd. 1, S. 272.
174 Hahn-Hahn 1844, Bd. 1, S. 274.
175 Hahn-Hahn 1844, Bd. 1, S. 267.
176 Hahn-Hahn 1844, Bd. 1, S. 275.

ischen und türkischen Anzüge"[177] – „besonders lebhaft sprachen sich die Damen gegen Corsets aus"[178]) „auf Aeußerlichkeiten beschränkt".[179] Die Intrige, das „ächte <.> Haremsmittel"[180], sowie die Kindstötung im Kampf um die Macht machen den Harem im Resümee von Hahn-Hahn „nur tauglich zur Erzeugung krüppelhafter Pflanzen".[181]

Wie bei von Schwartz und auch bei Bremer, aber im Gegensatz zu zeitgenössischen Autoren wie Nerval und Flaubert[182], in deren Texten der Harem seine mythische Kraft behält, betont Hahn-Hahns Beschreibung die Langeweile und Leere des Harems, der „auch nicht eine Spur von Schönheit"[183] in sich birgt. Hahn-Hahn gibt sich daher am Ende des Besuches „sehr zufrieden Einmal einen Harem besucht zu haben, und ganz getröstet, wenn es auch nie wieder geschehen sollte".[184]

Hahn-Hahns gesamter Aufbau des Haremsbesuches – die ungeheuer komplizierte Einreise, das Verweilen, das abschließend vollkommen unproblematische „glückliche" Hinausgehen – läßt sich als ein räumlicher Übergang beschreiben, der der von Arnold van Gennep beschriebenen rituellen Abfolge (Errichtung einer Sakralhütte, Prozession in das Innere der Hütte, Umkreisen der sacra, gemeinsames Mahl, Sprechen einer besonderen Sprache, Umkleidung, Reintegration in das gewohnte Leben, Verbrennen der Sakralhütte) vergleichbar ist. Van Gennep erkennt in den räumlichen Übergangs- und Initiationsriten jeweils einen doppelten Handlungsstrang von „Riten, die von der gewohnten Umgebung lösen und (...) an die Sakralsphäre angliedern" und „Riten, die von der örtlich begrenzten Sakralsphäre lösen und (...) wieder in die gewohnte Umgebung reintegrieren."[185] Im Vergleich mit

[177] Hahn-Hahn 1844, Bd. 1, S. 266.
[178] Hahn-Hahn 1844, Bd. 1, S. 266.
[179] Hahn-Hahn 1844, Bd. 1, S. 267.
[180] Hahn-Hahn 1844, Bd. 1, S. 269.
[181] Hahn-Hahn 1844, Bd. 1, S. 299.
[182] Vgl. Thomas Tilcher: Der orientalische Traum der Schriftstellergeneration von 1848. Maxime Du Camp, Literat und Vagabund. Heidelberg 1985.
[183] Hahn-Hahn 1844, Bd. 1, S. 264.
[184] Hahn-Hahn 1844, Bd. 1, S. 277.
[185] Arnold van Gennep: Übergangsriten. (Les rites de passage. 1909) Frankfurt/M./New York/Paris 1986, S. 82, S. 84.

der von van Gennep beschriebenen Abfolge eines räumlichen Übergangs, der abschließend wieder in die gewohnte Welt reintegriert, ist Hahn-Hahns Haremsbesuch ein unabgeschlossener „rite de passage". Bei Hahn-Hahn verliert der alte an das Interieur gebundene Weiblichkeitsmythos im Durchgang durch den Harem seine Macht, ohne daß eine neue Bildlichkeit eine definitive Form angenommen hätte. Hahn-Hahns Gang in den Harem inszeniert einen Trennungsritus, bei dem die Reisende mit der „gezierten Kammerjungfer" die alte depersonalisierte (asexuelle) Welt opfert, um sich im Heraustreten aus dem Gehäuse als ein neues und nie gesehenes „weibliches Subjekt" an Europa und an den Orient anzugliedern. Hahn-Hahn beschreitet den Weg einer dauerhaften Differenzierung und Entzauberung des Harems, der für die Reisende nur teilweise mit der Übernahme in die „Kollektivgruppe" der Europäer endet. Dieses geschieht nach van Gennep durch die Enthüllung und Desakralisierung des Kultgegenstandes und indem die „Novizin" erfährt, daß sich die ehemaligen Schreckensgestalten als einfache „sacra" herausstellen.[186] Als initiierte Autorin und Reisende besitzt Hahn-Hahn nun selbst das Privileg, nach bestimmten Regeln mit diesen „sacra" umgehen zu können.

Indem sie im Schreiben dieses Privileg in Anspruch nimmt, um die offizielle Haremswelt zu profanieren und eine andere inoffizielle Wahrheit von einem langweiligen und nichtssagenden Harem gegen das zähe Fortleben des Haremsmythos zu setzen, hat sich die Reisende zugleich selbst aus dem undifferenzierten Gehäusedasein herausgelöst, ohne über ein neues gleichermaßen eindeutiges Bild für die weibliche Selbstrepräsentation zu verfügen. Am Ausgang des Harems und nach dem „Verbrennen der Sakralhütte" des europäischen Weiblichen tritt die Reisende selbst ein in einen Zustand des permanenten Übergangs und der Ambiguität. Sie sei, so schreibt sie in „Constantinopel", ein „Neuling"[187] und „im Grunde gänzlich fremd".[188] Ein Paß, das amtli-

[186] van Gennep 1986, S. 83.
[187] Hahn-Hahn 1844, Bd. 1, S. 294.
[188] Hahn-Hahn 1844, Bd. 1, S. 294.

che „Reisefirman"[189], welches ihr in Istanbul als angeblich erster orientreisender Frau offiziell ausgestellt worden ist, verschafft ihr in dieser Situation die notwendige Identitätsgewißheit. Während sie im Begriff ist, als Frau die ungewisse Reise ins Innere des Orients anzutreten, vermag sie sich mit einem Blick auf dieses Papier jederzeit zu vergewissern, daß sie sich nun das Recht erworben hat, auch äußere Grenzen zu überschreiten.

---

[189] Hahn-Hahn 1844, Bd. 1, S. 301.

Vierter Teil

WELTREISEN

Abb. 38: Ida Pfeiffer 1858 „im Reise-Costüme".
Lithographie von Adolf Dauthage.

„Nun ging es an die Fußreise. Ich hatte dazu eine sehr zweckmäßige, einfache Kleidung. Ich trug ein kurzes Beinkleid, das mir bis über die Knie reichte, einen Rock und eine Cabaya. Der Rock ging mir zwar bis an die Knöchel, ich schürzte ihn aber während des Marsches auf und ließ ihn erst hinab, wenn die Tagereise vollendet war. Auf dem Kopfe hatte ich einen herrlichen Bambus-Hut von der Insel Bali, undurchdringlich für Regen und Sonnenschein. Um gegen den Sonnenschein gänzlich gesichert zu sein, legte ich noch unmittelbar auf den Kopf ein Stück von einem Bananen-Blatte. Was die Fußbekleidung abnbelangte, so mußte ich den Strümpfen und theilweise auch den Schuhen entsagen, da der Weg häufig durch Sümpfe und Wasser führte. Wer ähnliche Reisen unternimmt, muß abgehärtet sein wie der Eingeborene."

DER AUFBRUCH IN DIE NEUE WELT

In dem Maße, in dem die interne Gehäusestruktur im Laufe des 19. Jahrhunderts die Kraft verliert, Weiblichkeit umfassend zu repräsentieren, ist auch die autogeographische Durchquerung des Weiblichkeitszeichens im äußersten Orient dort angelangt, wo sich die Karte nach draußen, ins Freie öffnet. Die Reise durch die verschiedenen Regionen des europäischen Weiblichen hat jene räumliche und zeitliche Schwelle erreicht, mit deren Überschreitung die Selbstaustreibung aus dem „Weiblichkeitsparadies" beginnt. Im Laufe des 19. Jahrhunderts löst sich die Weiblichkeitsimagination aus ihrer Bindung an die Koordinaten der Alten Welt. Die Reisenden werden als Frauen und als Reisende entdeckt und mit ihnen neue, flüchtige und mobile Weiblichkeitsbilder jenseits aller geographischen Bindungen. Die Reiseliteratur von Frauen hat im Laufe des 19. Jahrhunderts – dem „goldenen Zeitalter des Reisens und der Reiseliteratur von Frauen"[1] – diesen weiblichen Aufbruch und die Emanzipation aus der alten repräsentativen Raumbindung zum Thema.

An der Schwelle des eigenen Körpergehäuses, am Übergang nach Draußen und ins Freie, eröffnen sich den Reisenden die zwei Möglichkeiten einer männlichen und weiblichen Bewegungsrichtung zugleich. Von nun an können sie dem eigenen Gehäuse den Rücken kehren, d.h. die eigentlich männliche Bewegungsrichtung einschlagen, die sie den „männlichen" Gefahren und Prüfungen, was immer auch heißt, dem externen Anderen entgegenführt. Sie können ihre Bewegungen aber auch dem internen Anderen zuwenden, was immer bedeutet, sich dem Körper und den „weibli-

---

[1] Das 18. Jahrhundert gilt als das „Goldene Zeitalter der Reisebeschreibung in Europa" (vgl. Griep/Jäger 1983). Das 19. Jahrhundert entdeckte Frauen als Reisende. Hier liegt auch der Schwerpunkt der neueren Forschung zur Reiseliteratur von Frauen. Vgl.: Allen 1980; Birkett 1989; Foster 1975; Barnes Stevenson 1982; Blanch 1984 (1954); Campbell 1988; Diver Stuecher 1990; Dronsart 1894; Felden-Archibald 1990, Frederiksen/Archibald 1985; Hamalian 1981; Kraus-Worley 1986; Middleton 1982 (1965); Mouchard 1990; Pelz 1988; Potts 1988; Pytlik 1991; Robinson 1990; Russel 1987; Schott 1988; Treder (Hg.) 1988; Wehinger 1986.

chen" Gefahren zuzuwenden. Indem die Reisenden die Grenzen der imaginativen Geographie des weiblichen Körpers überschreiten, gehen sie auch über ihre Anbindung an die einfache Bipolarität von Orient und Okzident hinaus.

Vor den Reisenden liegt der Schritt in eine neue und gänzlich andere, vom eigenen Körper getrennte, externe Welt, in der auch ein weibliches Ich mit der Problematik des außerhalb stehenden fernen Anderen konfrontiert wird. Bei Tzvetan Todorov war diese Erfahrung der völligen Fremdheit eng an die Eroberung Amerikas am Beginn der Neuzeit geknüpft, an die erstaunlichste und einschneidendste Begegnung in der Geschichte unserer Entdeckungen, die mit einem Grad an Fremdheit einhergegangen war, den es bei der Annäherung an die bisher bekannten Kontinente und Menschen nicht gegeben hatte. Im Vergleich zu dem Problem des Anderen, das sich den Europäern mit der Entdeckung Amerikas stellte, war die Existenz Afrikas, Indiens oder Chinas – des Orients im weitesten Sinne – nie gänzlich unbekannt. Die Erinnerung an diese Länder war – wie der Orient im europäischen Weiblichkeitszeichen – seit den Ursprüngen beständig gegenwärtig. Mit der Entdeckung Amerikas im Laufe des 16. Jahrhunderts war dieses interne orientalische Andere jedoch aus dem europäischen Körper abgesondert und in der Begegnung mit der Neuen Welt als getrenntes Anderes außerhalb der europäischen Grenzen neu entdeckt worden.

In der Kulturgeschichte des Frauenreisens vollzieht sich diese Geschichte des „geographischen Exotismus", des Bruches, der mit der Entdeckung der Erde als Kugel zusammenhängt[2], im Laufe des 19. Jahrhunderts unter vollkommen neuen und veränderten Bedingungen. Beispiele für die Deorientierung der Reiseziele, der Abwendung vom Orient und der Hinwendung zur Neuen Welt, geben eine ganze Reihe Texte von Autorinnen, die Reisen im Zwischenraum zwischen der Alten und der Neuen Welt beschreiben. So geht die Schwedin Frederike Bremer in *Heimat*

---

[2] Segalen 1983, S. 74.

in der neuen Welt[3] um die Mitte des 19. Jahrhunderts auf eine zweijährige Reise nach Nordamerika und nach Kuba und dann in *Leben in der Alten Welt*[4] vier Jahre lang in den Orient. Auch in den Texten der Hamburgerin Sophie Döhner *Aus der Alten und Neuen Welt*[5] erschließt sich gegen Ende des Jahrhunderts ein Reiseraum zwischen den Welten.

Was der Aufbruch in die Neue Welt für die Reisenden bedeutet, läßt sich ermessen, wenn man die geographische Abnabelung der europäischen Reisenden von dem europäisch-orientalischen „Mutterkörper" mit der ursprünglichen Erfahrung der Geburt vergleicht, die ein Kind von dem Körper der Mutter trennt. De Certeau hat in *Kunst des Handelns* daran erinnert, daß durch diese Trennung vom mütterlichen Körper die Möglichkeit des Raumes und die Lokalisierung des Subjektes entsteht. Durch das gefahrvolle und befriedigende Herausreißen aus der Differenzlosigkeit bildet sich die Exteriorität aufgrund der Abwesenheit des mütterlichen Objektes. Durch dieses Verhältnis „des *da* seins *ohne* den Anderen, aber in einem notwendigen Verhältnis zum Verschwundenen", bildet sich die „ursprüngliche räumliche Struktur"[6] – eine Struktur, die auch im Verhältnis zum eigenen Spiegelbild erkennbar ist, das es erlaubt, das eigene Ich als ein anderes und überschaubares Ganzes zu betrachten.

Durch die Entdeckung Amerikas wiederholt sich auf globaler Ebene im Bereich der Geographie die Herausbildung einer räumlichen Struktur, durch die die Europäer zu sich selbst in ein fremdes Verhältnis gesetzt werden:

> Gewöhnlich bedeutet Reisen für mich, meinem Weltbild ein neues Objekt anzugliedern, und schon das Vorhaben ist

---

[3] Frederike Bremer: Heimat in der neuen Welt. Ein Tagebuch in Briefen, geschrieben auf einer zweijährigen Reise in Nordamerika und auf Cuba. Stuttgart 1856.
[4] Tagebuch während eines vierjährigen Aufenthalts im Süden und im Orient. Aus dem Schwedischen Leipzig 1861 Bd. 1 – 16. Von Frederike Bremer sind außerdem auf deutsch erschienen: Reisebilder aus der Schweiz und Italien. 4 Bde., Stuttgart 1861.
[5] Sophie Döhner: Aus der Alten und Neuen Welt, Hamburg 1901.
[6] Michel de Certeau: Kunst des Handelns. Berlin 1988, S. 207.

fesselnd. Heute aber ist es ganz anders: ich habe den Eindruck, aus meinem Leben herauszutreten[7],

schreibt Simone de Beauvoir in *Amerika Tag und Nacht* im Jahr 1947. Im ruhigen Flug über dem Atlantik hat sie „das ungewöhnliche Erlebnis (.), selbst eine andere zu werden"[8]. Die Erde ist „hinweggeglitten", die Reisende scheint sich selbst „entronnen": *„Ich bin nicht mehr irgendwo – ich bin anderswo"*.[9]

Aus der Ferne, abgerückt von der Alten Welt und auf dem Weg in die Neue Welt, betrachten die Reisenden von nun an auch sich selbst bzw. den eigenen europäisch-orientalischen Frauenkörper aus einer Position der Exteriorität. Oder anders gesagt, durch den Aufbruch in die Neue Welt entsteht für die Reisenden eine globale ödipale Situation (die Frau wird nicht im Hause der Mutter geduldet, sobald sie herangewachsen ist), die die weiblichen Reisenden auch dieses Mal nicht durchlaufen, ohne daran zu scheitern. In einem Vorgriff auf die Literatur des 20. Jahrhunderts, die die Ablösung und das Verstoßensein von Europa erst zu ihrem eigentlichen Thema macht (vgl. Franz Kafka *Der Verschollene*[10]), sei hier auf den Exilroman *Lisas Zimmer/The darkened Room* von Hilde Spiel verwiesen, in dem es in bezug auf Europa heißt:

---

[7] Simone de Beauvoir: Amerika. Tag und Nacht. Hamburg 1950, S. 9. (Reinbek b. Hamburg 1988, ebd.)

[8] de Beauvoir 1988, S. 9.

[9] de Beauvoir 1988, S. 10. Hervorhebung im Text.

[10] In Franz Kafkas »Der Verschollene« ist Amerika das Land der Aussetzung und Verstoßung eines auf sich gestellten, verbannten und bestraften Helden. Die Einwanderung ist mit einer Geburt verglichen, die Rettung durch Amerika verlangt die Anpassung an die bestehenden Machtverhältnisse, die Aufgabe des Verlorenen und die Selbstentfremdung des Menschen. Vgl.: Walter H. Sokel: Zwischen Drohung und Errettung. Zur Funktion Amerikas in Kafkas Roman »Der Verschollene«. In: Amerika in der deutschen Literatur. Neue Welt. Nordamerika. USA. Hg. von Sigrid Bauschinger, Horst Denkler und Wilfried Malsch. Stuttgart 1975, S. 246-271. Zur deutschsprachigen Amerikaliteratur vgl. auch: Deutschlands literarisches Amerikabild. Neuere Forschungen zur Amerikarezeption der deutschen Literatur. Hg. von Alexander Ritter. Hildesheim/New York 1977. Peter J. Brenner: Reisen in die Neue Welt. Die Erfahrung Nordamerikas in deutschen Reise- und Auswandererberichten des 19. Jahrhunderts. Tübingen 1991.

Ich weiß, ich weiß: die Wiege der Menschheit! Eine gigantische Mutterbindung. Nun, wir heilen sie in Einzelfällen, warum nicht auch den globalen Ödipuskomplex?[11]

Diese Frage stellt die in New York im Exil lebende Psychoanalytikerin Katharina Langendorf. Sie wird als eine Figur dargestellt, die versucht, ihre „gigantische Mutterbindung" an das alte Europa in Amerika durch eine radikale und endgültige Trennung von der Alten Welt zu heilen. Deutlich wird in dem Roman, daß die Verdrängung der dunklen europäischen Herkunft und die totale Assimilation an die Neue Welt der Preis sind für den glücklichen Neuanfang in Amerika. In einer Gesellschaft europäischer Exilsuchender, die alle in einem Zustand des „Liebeshasses auf Europa" und der „Haßliebe zu Amerika" leben[12], ist Katharina Langendorf eine eigentümlich starre und unmenschliche Figur, die bereit ist, den Konflikt durch eine radikale Selbst- und Europaentfremdung zu lösen. Im Gegensatz zu den anderen Figuren, die auf ihre Art alle an Europa festhalten und deshalb in Amerika scheitern, und im Gegensatz zu Lisa, die in ihrem verdunkelten Zimmer in New York an der „Europakrankheit"[13] leidet, versucht Katharina Langendorf ihrer Entwurzelung und ihrer Heimatlosigkeit durch die Verdrängung des alten europäischen Körpers zu entgehen. Sie gleicht in ihrem Exil einem Fremden, der, wie Julia Kristeva schreibt, „seine Mutter verloren"[14] hat und ein „Abkömmling eines Vaters" zu sein scheint, exiliert und indifferent gegenüber ihrem europäischen Ursprung. Diese Problematik der letztlich unmöglichen räumlich-körperlichen Differenz eines weiblichen Ich gegenüber sich selbst erscheint in diesem Roman, wie auch in Simone de Beauvoirs „Amerika", als das zentrale Thema, das sich in den europäischen Reiseberichten des 19. Jahrhunderts ankündigt.

---

[11] Hilde Spiel: Lisas Zimmer <The darkened Room>, Hamburg 1990, S. 87.
[12] Spiel 1990, S. 85.
[13] Spiel 1990, S. 65.
[14] Kristeva 1990, S. 15.

Seitdem im Laufe des 19. Jahrhunderts Frauen als selbständige
Reisende „allein" und „ohne alle Stütze" (Pfeiffer) wie bisher nur
ihre männlichen Kollegen in die Welt aufbrechen und dabei zugleich selbstbewußt und kühn diese Reisen als Frauen unternehmen; seitdem Frauen als selbständige Amerikareisende (Flora
Tristan, Isabelle Bird, Cäcilie von Rodt und später Maria Leitner,
Nelly Brandes-Boettiger[15], Simone de Beauvoir[16], Caecilie Seler-
Sachs[17]), als Australienreisende (Amalie Dietrich, Lina Boegli)
und als Weltreisende in Erscheinung treten[18], wandelt sich auch
die ikonographische Darstellung der Reisenden. Diese treten uns
jetzt mit ihrem ganzen aufrechten Körper als verselbständigte
(selber stehende und gehende) Frauenfiguren und als entfremdete
(dem Gehäuse, dem Raum des Fremden entkommene) Gestalten

[15] Nelly Brandes-Boettiger: Als Zugvogel durch Amerika. Ohne Geld durch
USA und Canada. Leipzig 1936.

[16] Isabella Bird Bishop: A Lady's Life in the Rocky Mountains, London 1879
(1982); Flora Tristan: Meine Reise nach Peru. Hg. von Friedrich Wolfzettel,
Frankfurt/M. 1983 (Erstauflage: Pérégrinations d'une Paria 1838-34, 1837). (Vgl.
Charles Neilson Gattey/Berta Rahm: Flora Tristan, Zürich 1971, S. 132-141);
Cäcilie von Rodt: Aus Central- und Südamerika. Bern 1907; Maria Leitner: Eine
Frau reist durch die Welt. Berlin/Wien 1932 (vgl. auch Maria Leitners Roman:
Hotel Amerika, Berlin 1932); Simone de Beauvoir: Amerika. Tag und Nacht.
Hamburg 1950. In den 70er Jahren des 18. Jahrhunderts reiste Friederike von
Riedesel auf einer „Berufsreise" nach Amerika. Vgl.: „Die Berufs=Reise nach
Amerika. Briefe der Generalin von Riedesel auf dieser Reise und während ihres
sechsjährigen Aufenthalts in America zur Zeit des dortigen Krieges in den Jahren
1776 bis 1783 nach Deutschland geschrieben", Berlin 1800 (Neuauflage hg. von
Wolfgang Griep: Friederike von Riedesel: Mit dem Mut einer Frau. Erlebnisse
und Erfahrungen im amerikanischen Unabhängigkeitskrieg. Stuttgart/Wien
1989).

[17] Seler-Sachs, Caecilie: Auf alten Wegen in Mexiko und Guatemala. Stuttgart
1925.

[18] Jeanne Baré, die angeblich erste Weltreisende, die Louis Antoinne de Bougainville während seiner Reise um die Welt auf einem seiner Schiffe entdeckte,
reiste in Männerkleidern und nicht „als Frau". Gleich der geographischen Fremde
war sie auf dieser Reise Objekt der Entdeckungen, sie wurde entdeckt und mit ihr
in der 2. Hälfte des 18. Jahrhunderts die Möglichkeit einer weiblichen Weltreise.
Vgl. Sarton 1942. Zum Thema weltreisende Frauen vgl. Grete Meisel-Hess, die in
einem Artikel über „Die Frau als Weltreisende" am Beispiel von Alexine Tinné,
Alice Schalek und Leonore Selenka einen direkten Bezug herstellt zwischen
beruflicher Emanzipation und geographischer Freizügigkeit. Grete Meisel-Hess:
Die Frau als Weltreisende. In: Betrachtungen zur Frauenfrage. Berlin 1914, S.
184f.

entgegen (vgl. die Abbildung Ida Pfeiffers „im Reise-Costüme" von 1856[19]). In der bildlichen Darstellung verfügen die Reisenden jetzt über einen vollständig intakten Körper und damit über ein Spannungsverhältnis zum Raum, aus dem sie, wie bisher nur männliche Reisende bzw. in Männerkleidern abgebildete Frauen, als Frauen aus ihrer statischen Raumbindung emanzipiert und getrennt hervorgehen können.

Die Reisen der Österreicherin Ida Pfeiffer, der berühmtesten Weltreisenden des 19. Jahrhunderts, markieren diese „kopernikanische Wende" in der Geschichte des Frauenreisens und der Reiseliteratur von Frauen. In Ida Pfeiffers Texten, in ihrer ersten *Frauenfahrt um die Welt* und in ihrer *Zweiten Weltreise*, den Berichten zweier großer Reisen in der Zeit zwischen 1846 und 1853, wird für die Reiseliteratur von Frauen der Schritt in die Neue Welt beschrieben, in der die Reisenden als Frauen über den Horizont der Alten Welt hinaus und ihre Texte an die Schwelle der Neuzeit geführt werden. Auf Ida Pfeiffer folgen mit der Hamburgerin Sophie Döhner, den Schweizerinnen Cäcilie von Rodt und Lina Bögli und der Slowenin Alma M. Karlin gegen Ende des 19. und im Anfang des 20. Jahrhunderts unzählige weitere deutschsprachige Autorinnen, die „verrückt" (Cäcilie von Rodt[20]) und „neugierig" (Ida Pfeiffer) genug waren, auf eine Weltreise zu gehen.[21]

Durch die in diesen Texten beschriebene schrittweise Eroberung der ganzen Welt als Reiseraum bekommt die Reiseliteratur von Frauen im Laufe des 19. und frühen 20. Jahrhunderts ein

---

[19] So beschreibt Wurzbach (1870, Bd. 22, S. 184) die Lithographie von Adolf Dauthage aus dem Jahr 1856. Die Abbildung erschien in der Modezeitschrift „Wiener Elegante"; Gayette, J.M.: Frau Ida Pfeiffer (im Reise-Costume). Die Wiener Elegante. 1856, S. 43. Vgl. Jehle 1988, S. 131. Auch während einer Fußreise auf Tahiti beschreibt Ida Pfeiffer diese Kleidung: „Die Fußpartien auf Taiti sind höchst beschwerlich, da man auf dieser unendlich wasserreichen Insel häufig durch Sandstrecken und Flüsse waten muß. Ich war dazu sehr zweckmäßig gekleidet; ich trug feste Männerschuhe, *keine* Strümpfe, Beinkleider und eine Blouse, die ich bis an die Hüften schürzte." Pfeiffer 1850, Bd. 1, S. 171.

[20] Cäcilie von Rodt: Reise einer Schweizerin um die Welt. Mit 700 Illustrationen u.e. Vorwort von A. Gobat, Neuenburg o.J. (ca. 1905). Cäcilie von Rodt reist „allein" und als „Dame ohne männlichen Schutz". Ihr Reisebericht reflektiert das Alleinsein einer Frau als Begleiterscheinung der persönlichen Freiheit.

[21] Vgl. auch: Edda Pinner: Ich reise durch die Welt. Berlin 1931.

neues Thema und eine grundlegend andere Problematik. Die Texte werden modern in dem Sinne, daß in ihnen die Spuren des weiblichen „Fehltritts" – die Überschreitung der Grenzen des mythisch bestimmten weiblichen Kosmos – ablesbar werden. Auch ein weibliches Ich verfügt seitdem über die zwei Grade der Andersheit, mit denen sich ein neuzeitliches Ich der Welt bemächtigt. Es kann neben dem Wissen um die eigene Fremde nun auch seine eigene Exteriorität bejahen und sich als ein ebenbürtiges, von anderen verschiedenes Subjekt zu erkennen geben. Auch aus weiblicher Perspektive beginnt jetzt die äußere Welt geschlossen und klein zu werden – eine zeitgenössische Photographie von 1856 zeigt Ida Pfeiffer wie Columbus *neben* der klein gewordenen Weltkugel.[22] Wie seinerzeit „die Menschheit" durch Colón hat im 19. Jahrhundert, d.h. auf dem Hintergrund des weltweiten Kolonialismus, nun auch die weibliche Menschheit die Ganzheit entdeckt, deren Bestandteil sie ist, während sie bis dahin ein Teil ohne Ganzes war.[23]

Ab jetzt kann und muß auch die weibliche Reisebewegung als eine „affaire d'épiderme" gesehen werden, als eine partiell äußere Angelegenheit, die die Figur eines ganzen reisenden weiblichen Körpers entstehen läßt. Auch ein weibliches Ich besitzt jetzt ein „Hautleben" und einen physischen „Hautsinn", durch den es „recht eigentlich und ursprünglich" – mit den Worten von Carl Gustav Carus – „als ein in der Welt daseyendes Wesen orientiert und eingeführt" wird.[24] Im Unterschied zu der Herausbildung des fertigen, abgeschlossenen und von außen betrachteten einzigen und individuellen Leibes am Beginn der Neuzeit ist jedoch die im Laufe des 19. Jahrhunderts sich herausbildende Figur einer „fertigen" weiblichen Reisenden dadurch gekennzeichnet, daß ihre Beziehung zur eigenen Zweileibigkeit auch auf Reisen unmittelbar erhalten bleibt und niemals abreißt.

---

[22] Photographie von Franz Hanfstaengl. München 1856. Bildarchiv der österreichischen Nationalbibliothek Wien.

[23] Vgl.: Todorov 1985, S. 13.

[24] Vgl. im Text Kapitel 1.

Abb. 39: Ida Pfeiffer 1856.
    Wie einst Columbus neben der Weltkugel im Photoatelier.

Durch die Mitgift dieser spezifischen Zweileibigkeit unterscheidet sich eine weibliche Weltreisende von Anfang an von den
ehemals großen Entdeckern und Kolonisatoren, die im 16. Jahr-

hundert aufgebrochen waren, um die Fremde außerhalb ihrer
selbst zu entdecken. Im Unterschied zu diesen braucht eine Reisende im 19. Jahrhundert aber auch nicht mehr zu befürchten, daß
sie am Ende des Ozeans der Absturz ins Leere und Unerforschliche erwartet. Die Welt des 19. Jahrhunderts ist bereits klein
geworden, eine verkehrte Welt, in der das Ausland im Innern eines
im ganzen als Wohnstube wahrgenommenen Raumes wieder-
kehrt. Was die Literatur weltreisender Autorinnen in dieser Situation zum Vorschein bringt, ist die Verkehrung der Verkehrung,
die zweite kopernikanische Wende in der Geschichte der Reiseliteratur und des Reisens. Die Texte der Reisenden artikulieren
das Problem der Fremdwahrnehmung in einer Welt, die an ihre
äußeren Grenzen gestoßen und im Begriff ist, der Entdeckung des
internen Anderen einen neuen, weltweiten Raum zu eröffnen. Der
Reiseraum der Weltreisenden gleicht nun weltweit dem doppel-
bödigen Terrain des verkehrten römischen Karnevals, der den
Reisenden überall zwei grundsätzlich entgegengesetzte Bewe-
gungsrichtungen zugleich eröffnet: die Reise nach Hause und die
unendliche Fahrt als zwei Ausrichtungen, die als Versuche einer
„Reorientierung" bzw. einer „Deorientierung" gelesen werden
können.

Reorientierung – die Reise nach Hause

Das Beispiel für eine Reise nach Hause im 19. Jahrhundert gibt
die *Pilgerreise über Rom, Griechenland und Egypten durch die
Wüste nach Jerusalem und zurück vom 4. Oktober 1847 bis 25.
September 1848*[25] der Österreicherin und Zeitgenossin von Ida
Pfeiffer, der Grazer Lehrerin Maria Schuber. Die erklärte
Monarchistin und Antikommunistin macht zum Zeitpunkt der
emanzipatorischen Bewegungen in Österreich und in Europa[26]

---

[25] Maria Schuber: Meine Pilgerreise über Rom, Griechenland und Egypten
durch die Wüste nach Jerusalem und zurück vom 4. October 1847 bis 25. September 1848. Maria Schuber aus Graz in Steiermark. Graz 1850.
[26] Am 29. Juni 1848 erfährt sie in Beirut die „europäische Neuigkeit", „daß die
Frauen in Frankreich Clubbs machen, um zu revolutieren. Sie wollen das Mini-
sterium besetzen, die Männer sollen die Secretärs sein", und in Smirna am 4.8.1848

die Abwendung von Jerusalem und den Aufbruch in die Neue Welt Asiens und Amerikas für den Beginn eines großen Unheils verantwortlich, dem die Menschheit entgegengehe.[27] Egoismus, Unglaube und der Verlust des wahren Ortes, der „terra santa", sind aus ihrer Sicht der Grund, der „die Oertlichkeit der ganzen Erde" wanken lasse, so daß

> selbst die Throne sich erschüttern, und die Kronen auf den Häuptern zittern, daß sich auflösen die gesellschaftlichen Bande.[28]

Gegenüber Ida Hahn-Hahns literarischem und Ida Pfeiffers geographischem Aufbruch ins Ziellose (Maria Schuber trifft im Orient überall auf Pfeiffers und Hahn-Hahns Spuren[29]) und entgegen der neuzeitlichen Vielfalt der Reiseziele beschreiben Maria Schubers Briefe noch einmal eine finale Reise in die Zentren der Alten Welt, nach Rom und nach Jerusalem. Ihre Reise vollführt eine rückläufige Bewegung, die von dem Wunsch bestimmt ist, die Weltverhältnisse auch im geographischen Sinne noch einmal zu „re-orientieren". Maria Schubers Pilgerfahrt führt im Jahr 1847/48 – zum Zeitpunkt von Ida Pfeiffers *Frauenfahrt um die Welt*[30] – zurück in den Orient, in ein vollkommen bekanntes, textuell und institutionell erschlossenes Universum, in dem die Autorin an nahezu jedem Ort „heimisch" und „nicht fremd" ist. In ganz Rom ist sie „daheim"[31], in der Peterskirche wie in jeder Kirche „kein Fremdling", sondern „wie zu Hause."[32] An Bord des österreichischen Lloyd ebenso wie in Ägypten, im Hause des Generalkonsuls von Alexandrien kann es ihr „nicht einfallen (...),

---

liest sie in der Zeitung, daß ihr „gutes, liebes Steiermark (...) sich als Republik ausgerufen" habe. Schuber 1850, S. 441 und 458.
[27] Schuber 1850, S. 2.
[28] Schuber 1850, S. 389.
[29] In Florenz speist sie bei derselben „Jägersfrau" wie Pfeiffer und bekommt von dem Generalkonsul in Alexandrien Hahn-Hahns „unerschütterliche Beharrlichkeit" bei der Durchsetzung ihrer Vorhaben als Beispiel vorgesetzt.
[30] Ida Pfeiffer „Frauenfahrt um die Welt" 1846–1848.
[31] Schuber 1850, S. 111.
[32] Schuber 1850, S. 126.

sich fremd zu fühlen."[33] „...wohin ich komme", schreibt sie, „bin ich zu Hause."[34] Unter dem einenden Dach der Kirche begegnet sie in „Egypten wie in der Steiermark (...) Menschen, Eines Vaters Kinder"[35], und schließlich, mit Jerusalem, hat sie „es erreicht, dieses geliebte, dieses ersehnte Ziel, ich bin hier in Jerusalem, und bin *daheim*."[36] Der Topos des In-der-Fremde-zu-Hause-Seins durchzieht den ganzen Text.

Der Wunsch Maria Schubers, die ganze Welt von Jerusalem aus noch einmal mit einem einheitsstiftenden Blick übersehen zu können, erinnert an Elisa von der Reckes panoramatische Rombilder und an Sophie von La Roches Augenreise durch das eigene Zimmer. Der entscheidende Unterschied zu diesen historischen Zimmerreisen besteht für Maria Schuber jedoch ausdrücklich darin, daß sie ihre Reise nicht „nur im Zimmer und auf der Karte gemacht habe", sondern sich „versichert wähne, in Wirklichkeit" diese Orte aufgesucht zu haben und sich „da zu befinden, ohne Zimmerreise".[37] Die Betonung der eigenen körperlichen Präsenz und der Identität des Ortes unterscheidet diesen Text aus der Mitte des 19. Jahrhunderts von den genannten Texten des späten 18. Jahrhunderts. Im Unterschied zu diesen ist es hier der reisende Körper, der im Medium der Pilgerreise – der für Frauen traditionsreichsten Reiseform – zur Sprache gebracht wird. Die Darstellung der körperlichen Anwesenheit in der „terra santa" bestimmt die Motivation und das Ziel der Reise. „Ohne Ende", schreibt Maria Schuber, „könnt' ich mir die Orte nennen und mich freuen: »Auch ich werde dort sein!«"[38] Keinen Ort will sie unbesucht lassen, den die Überlieferung bezeichnet hat.[39]

Von besonderer Bedeutung ist es daher, daß Maria Schuber eine Fußreisende ist und ihre Reise auch als „Fußreise" beschreibt. Wenn sie mit ihrer schwarzledernen Reisetasche in der linken Hand und ihrem Paraplui als Reisestock in der rechten loswandert

[33] Schuber 1850, S. 172.
[34] Schuber 1850, S. 246.
[35] Schuber 1850, S. 246.
[36] Schuber 1850, S. 279.
[37] Schuber 1850, S. 241.
[38] Schuber 1850, S. 8.
[39] Schuber 1850, S. 289.

und dabei ihren Tornister trägt, gehören die Erfahrungen des
gehenden Körpers („Meine Schuhe thaten mir weh und mein
Tornister wurde mir schwer."[40]) zwangsläufig zu ihren Themen.
In ihren Briefen, die u.a. an einen „Herrn Medicin-Doctor K."
gerichtet sind, wird fortlaufend über den Zustand des reisenden
Körpers berichtet.[41] Auch wenn Maria Schuber mitunter gerne
von dem Angebot Gebrauch macht, sich von Bauernwagen oder
von Postkutschen mitnehmen zu lassen, geht sie mit Vergnügen
zu Fuß: „Wahrlich!", schreibt sie auf dem Weg von Tabernello
nach Siena,

> wenn ich so viel zahlen müßte, um zu Fuße gehen zu
> dürfen, als ich zahlen muß, wenn ich fahren will, ich zöge
> meinem Spaziergang ohne Bedenken dankbar vor, wenn
> man mir die Wahl ließe, besonders, wenn ich in einen
> Postkasten eingesperrt sein muß. (...) Ich ging allein in
> unaussprechlicher Seligkeit, daß ich darüber zur Dichterin
> wurde.[42]

Ihr Lob der Fußreise, das sie zur Dichterin werden läßt („reisen
muß man, um zu leben (...) Aber Fußreisen muß man machen, um
die Freiheit der Natur zu genießen"[43]) und ihre Ablehnung der
touristischen Schnellreise im Postwagen erinnern an J.J. Rousseau
und an J.G. Seume, wenn sie schreibt:

> Wenn man so recht, im tiefsten Sitz eines Postwagens, auf
> einer langen Reise eingepackt sich befindet, wie in einem
> Koffer, dann kann man gerade so viel wissen, als einem
> etwa Abends, wenn man übernachtet, irgend ein Cameriere
> erzählt, der sich niemals so viel Zeit nehmen kann, um
> auszureden. Reisen, mit Nutzen, um Land und Leute ken-

---

[40] Schuber 1850, S. 70.
[41] Der „Herr Medicin-Doctor K." gehört zu den wichtigsten Adressaten ihrer
Reisebriefe. Aus Rom schreibt sie am 11. November 1847: „Sie dürfen trium-
phiren, Herr Doctor! über ihre versichernde Voraussage, daß die Reise sehr
vortheilhaft auf meine Gesundheit wirken wird. Ich fühle mich so wohl und stark,
daß ich nicht einmal einen Krampf im Fuße wahrnahm, bei all' meinen anhal-
tenden Fußreisen." Schuber 1850, S. 100.
[42] Schuber 1850, S. 71.
[43] Schuber 1850, S. 50.

nen zu lernen, und reisen, um weiter zu kommen, mit
vielem Geld-Aufwande, um sagen zu können, *ich war dort
und da*, ohne etwas davon gesehen zu haben, als die table
d'hote, bei der man speist, oder das Zimmer, in dem man
schlief, das ist ein *großer Unterschied.* Ohne Beschwerden
und Unbequemlichkeiten bleibt auch die letztere Weise
nicht, ich meinestheils vertausche die erstere Weise nicht
damit, wenn ich ruhig wandelnd auf der Straße, den Feld-
bau schaue, an Fluren, Wald und Bergen mich ergötze,
irgend einem Gießbach horche, oder an des Flußes Rau-
schen mich verweile. Wenn des Landmanns freundlich
Wort auf der Straße mich begleitet, *und ich mich überzeuge,
wie der Mensch in seiner Vielheit doch nur Einer ist!*[44]

Bei Maria Schuber erscheint wie bei Seume und Rousseau das
Gehen als eine raumbildende Handlung, durch die ein sich selbst
als Einheit wahrnehmendes Ich den Zwischenraum verge-
genwärtigt und diesen gegen sein Schwinden im Zeitalter der
Eisenbahn behauptet. Das Gehen auf freier Straße ist allen War-
nungen zum Trotz („Man stellte mir's z.B. mehrseitig und das
vom distinguirten Stande, als eine reine Unmöglichkeit vor, jetzi-
ger Zeit durch Italien zu Fuße zu gehen."[45]) der wesentliche
Ausdruck von Maria Schubers körperlicher Selbstbemächtigung.
„Mit jedem Schritte vorwärts athme<t sie> neues Leben"[46] und
kommt ihrem Ziel, die „Ursprungs Stellen" des Glaubens mit
eigenen Füßen zu betreten, näher:

> Mein Fuß wird sie betreten diese Stellen, wo Jesus, Maria
> und Josef wandelten, wo das Evangelium gepredigt wurde,
> wo die Apostel lebten und der Heiland seine Wunder wirk-
> te.[47]

Als Maria Schuber in Bethanien in der Gruft des Lazarus ohnmächtig zu Boden sinkt und in Jerusalem vor einem Reliquien-

---

[44] Schuber 1850, S. 147, Hervorh. von mir, A.P.
[45] Schuber 1850, S. 85.
[46] Schuber 1850, S. 31.
[47] Schuber 1850, S. 7f.

stein steht, in der „*die kleinen Fußtritte unserer lieben Frau*"[48] und die ihres Sohnes „in einem Steine eingedrückt"[49] sind, hat sie den Punkt ihrer äußersten Annäherung an die Fremde erreicht. Die Anwesenheit auf der „terra santa" und die Vergegenwärtigung biblischer Geschichte durch die „zurückgelassenen Zeichen *seiner* <...> Gegenwart*"[50] sind der Moment, in dem sich die Grenzen des Reisens auf den Spuren des Bibeltextes offenbaren. Ihre Ohnmachts- bzw. ihre Sterbeszene am Grab („Man sagte mir später, ich sah aus, als wäre ich verschieden."[51]) ist im Sinne der christlichen Heilsvorstellung der Ausdruck eines Hinüberwünschens in ein metaphysisches Jenseits und bei Maria Schuber die Inszenierung ihres Eintritts in eine Sphäre, die über den Erfahrungshorizont des lebendigen reisenden Körpers hinausgeht. Die auf der „terra santa" hinterlassenen versteinerten Fußspuren sprechen die Sprache der Proxemik, nach De Certeau eine auf unterster Stufe gesprochene Sprache, die den Raum artikuliert, indem sie ihn abschreitet. Die Fußabdrücke sind im wahrsten Sinne des Wortes eine Reliquie[52], das zurückgelassene Zeichen eines abwesenden Körpers, das der Pilgerin in Jerusalem die physische Grenze und den äußerst möglichen Punkt der Reise anzeigt.

De Certeau hat das Gehen bzw. die Schritte als eine Aktivität beschrieben, die genau diese äußere Grenze zwischen einem körperlichen „Hier" und einem fremden „Woanders" artikuliert:

> Die Undurchsichtigkeit des Körpers, der sich bewegt, gestikuliert, marschiert und genießt, ist das, was unendlich ein *Hier* im Verhältnis zu einem *Woanders* und eine „Vertrautheit" im Verhältnis zu einer „Fremdheit" erzeugt.[53]

Um sich selbst als ein intaktes – gläubiges – Ich in eine eindeutige Beziehung zu dem biblischen „Woanders" setzen zu können, ist Maria Schubers Reisebeschreibung auf einen Ort angewiesen,

---

[48] Schuber 1850, S. 346, Hervorh. im Text.
[49] Schuber 1850, S. 346.
[50] Schuber 1850, S. 347, Hervorh. im Text.
[51] Schuber 1850, S. 344.
[52] „Diese dem Steine eingedrückten Fußtritte sind von der Kirche für canonisch wahr angenommen und ihr Besuch mit Ablaß begabt." Schuber 1850, S. 346.
[53] De Certeau 1988, S. 238.

der wie Jerusalem durch einen reglosen Körper definiert ist und die Gestalt eines Grabes annimmt.[54] Sie ist, wie sie schreibt, mit einem „örtlichen Interesse" nach Jerusalem gezogen, um den einzigen Ort zu ehren, zu bewahren, zu artikulieren und in Besitz zu nehmen („Wäre ein männlich adeliges Blut meine Gabe, ich verließe Jerusalem nur als Ritter vom Heiligen Grabe"[55]), an dem sie sich als religiös motivierte Pilgerin in ein Verhältnis zur einzig relevanten Fremde, dem Tod bzw. dem „Leben danach", zu setzen vermag. Nur in Jerusalem, so Schuber, läßt sich ein Plätzchen der Ruhe finden, nur an diesem alten „Mittelpunkt der Erde"[56] gibt es einen Ort, an dem sich die „Sehnsucht nach dem himmlischen Vaterlande ein wenig"[57] zum Schweigen bringen läßt.

Deorientierung – weiblicher Ahasver

Maria Schuber bewegt sich in der Tradition der Zimmerreisen des 18. Jahrhunderts, wenn sie sich letztlich auf eine spekulative Erfahrung eines kosmologischen Jenseits beschränkt und auf einen Ort fixiert bleibt, an dem das irdische Exil der Pilgerin zum Ausdruck gebracht werden kann. Im Gegensatz zu Maria Schuber, deren Reise den Okzident betont und in Jerusalem den eigenen Körper wieder zum Schweigen bringt, beschreiben die Berichte weltreisender Autorinnen des 19. und frühen 20. Jahrhunderts einen Übergang, der die Reisenden lebendig und körperlich präsent in ein geographisches Anderswo einbezieht. Nicht mehr die Eindeutigkeit und Stabilität, die von einem totalisierenden Weltbild ausgehen, bestimmen ihre Texte, vielmehr öffnen diese einen mehrdeutigen Raum, der von der Gesamtheit der Bewegungen erfüllt ist, die sie in ihm entfalten. Von den zwei Grundformen und Praktiken – den Karten und den Wegstrecken,

---

[54] De Certeau zur Definition des „Ortes": „vom Kieselstein bis zum Leichnam scheint im Abendland ein Ort immer durch einen reglosen Körper definiert zu werden und die Gestalt eines Grabes anzunehmen". Lebendig wahrgenommene Orte sind so etwas wie die Gegenwart von Abwesendem. De Certeau 1988, S. 219.
[55] Schuber 1850, S. 415.
[56] Schuber 1850, S. 415.
[57] Schuber 1850, S. 414.

die nach De Certeau den Umgang mit dem Raum organisieren (die Wegstrecke als eine diskursive Reihe von Handlungen und die Karte als ein Instrument der totalisierenden Planierung der Beobachtungen[58]) – geben sie dem Weg, der Bewegung und dem Zufall den Vorrang. Ihre Raumwahrnehmung und -darstellung ist »diegetisch«, d.h.:

> sie unternimmt einen Gang (sie „führt"), und sie durch-quert etwas (sie „überschreitet"). Der Handlungsspiel-raum, in den sie eintritt, besteht aus Bewegungen: er ist *topologisch*, das heißt mit der Verzerrung von Figuren ver-bunden, und nicht *topisch*, das heißt er definiert keine Orte.[59]

Ohne feste Haltepunkte auszubilden und ohne selbst einen Ort zu finden, beschreiben die Weltreisenden sich selbst als Reisende in einem geographischen Raum, der unendlich viele Bewegungs-möglichkeiten und Zielvorstellungen zuläßt. Ihre Aktivitäten schwanken zwischen den Erfahrungspolen der taktilen Wahrneh-mung und der kinesischen Aneignung, sie beziehen sich auf das Gehen als eine Handlung, die Räume öffnet und eine Wegstrecke in eine Erzählung verwandelt, und auf das Sehen, das Räume aufteilt und strukturiert, eine räumliche Ordnung errichtet und Karten entwirft, die auch den eigenen Körper einer totalisieren-den Planierung und Beobachtung unterwerfen.

In den Texten weltreisender Autorinnen wird diese Problema-tik der Ortlosigkeit und der Dezentrierung als eine Erfahrung des unendlichen Übergangs literarisch ausgearbeitet. Ida Pfeiffer, die von 1842 bis 1858 als eine der ersten mehrfach um die Welt gesegelt, gewandert und gefahren ist, wurde der „Ahasver der Frauenwelt" genannt.[60] Gleich dem Ahasver, der in der literari-

---

[58] Zur Unterscheidung von „Räumen" und „Orten", Wegestrecken und Karten vgl.: De Certeau 1988, S. 217ff.

[59] De Certeau 1988, S. 236.

[60] Levitschnigg zit. nach Wurzbach 1870, Bd. 22, S. 183. Zu Pfeiffer vgl. Habinger, Gabriele: Aufbruch ins Ungewisse. Ida Pfeiffer (1797-1858) – Auf den Spuren einer Pionierin der Ethnologie. In: Kossek u.a., S. 248-261; Jehle, Hilt-gund: Ida Pfeiffer: Weltreisende im 19. Jahrhundert. Zur Kulturgeschichte rei-sender Frauen. Münster/New York 1989; Schott, Sabine: „Eine Frau, allein, ohne

schen Tradition seit dem 17. Jahrhundert auf die totale Entgrenzung der Reise und auf einen zur Irrfahrt verdammten Helden verweist (von seinem eigenen Ort abgekommen, ist er ohne festen Bezug und ohne die Möglichkeit der Rückkehr[61]), hat Ida Pfeiffer nach einem radikalen Bruch mit ihrem bürgerlichen Leben bis zu ihrem Tod ein rast- und ruheloses Reiseleben gelebt. Auf die erste *Reise einer Wienerin in das Heilige Land*[62] (1842) folgt die *Reise nach dem scandinavischen Norden und der Insel Island im Jahre 1845*[63], die *Frauenfahrt um die Welt* (1846-1848) von Wien nach Brasilien, Chile, Tahiti, China, Ost-Indien, Persien und Kleinasien[64], drei Jahre später 1851 bis 1853 die *Zweite Weltreise*[65] von London über das Cap der guten Hoffnung nach Singapur, Borneo, Java, Sumatra, Celebes und die Molukken und schließlich 1856-1858 die letzte große *Reise nach Madagaskar* und Mauritius.[66] Bemerkenswert an ihrem Umgang mit dem Raum ist, daß Ida Pfeiffer mit dem Orient als erstem Reiseziel und dem Norden (mit dem „beste<n> und gebildetste<n Volk> von ganz Europa"[67]) als

---

männlichen Schutz" um 1850 unterwegs in Mittel- und Südamerika. In: Maler/ Schott 1988; Zienteck, Heidemarie: Ida Pfeiffer: 1797-1858. In Eile um die Welt. In: Potts 1988, S. 31-47.

[61] Zum Motiv des Jäger Gracchus, des Ahasver und des Fliegenden Holländers als moderne Phantastik, die die neuzeitliche Dezentrierung des Subjekts zum Ausdruck bringt, vgl. Manfred Frank: Die unendliche Fahrt. Ein Motiv und sein Text. Frankfurt/M. 1979.

[62] Ida Pfeiffer: Reise einer Wienerin in das Heilige Land, nämlich: von Wien nach Konstantinopel (Brussa, Beirut, Jaffa, Jerusalem, dem Jordan und todten Meere, nach Nazareth, Damaskus, Balbeck und dem Libanon, Alexandrien, Kairo, durch die Wüste an das rothe Meer, und zurück über Malta, Sicilien, Neapel, Rom u.s.w. Unternommen im März bis Dezember 1842. Nach den Notaten ihrer sorgfältig geführten Tagebücher von ihr selbst beschrieben.) 2 Bde., Wien 1844.

[63] Ida Pfeiffer: Reise nach dem scandinavischen Norden und der Insel Island im Jahre 1845. 2 Bde., Pesth 1846.

[64] Ida Pfeiffer: Eine Frauenfahrt um die Welt. Reise von Wien nach Brasilien, Chili, Otahaiti, China, Ost-Indien, Persien und Kleinasien, Band 1 – 3, Wien 1850. Gekürzte Neuauflage mit dem Titel: Eine Frau fährt um die Welt. Die Reise 1846 nach Südamerika, China, Ostindien, Persien und Kleinasien. Hg. von Brigitte Fürle, Wien 1989.

[65] Ida Pfeiffer: Meine Zweite Weltreise. 4 Bde., Wien 1856.

[66] Ida Pfeiffer: Reise nach Madagaskar, Hg. von Oscar Pfeiffer, 2 Bde., 1861. Mit biographischer Skizze. Neu aufgelegt in Marburg 1980.

[67] Die Bewohner Islands leben, so die Erwartung Pfeiffers, „vereinzelt" und haben „wenig Verkehr mit Fremden". Pfeiffer 1846, S. 64.

zweitem noch einmal die Pole der Alten Welt abschreitet, bevor sie auf dem Weg nach Brasilien zum ersten Mal „die Linie"[68] des Äquators überquert und ihre Reisen ziellos werden.

Ida Pfeiffer reist ohne institutionellen Rahmen, ohne größere finanzielle Mittel und in dem Bewußtsein, als Frau unwiderruflich mit den Konventionen gebrochen zu haben.[69] Der Konflikt, in dem sie sich als Reisende befindet, zeigt sich in den Überlegungen, die sie veranlassen, ihr Geschlecht unterwegs weder zu kaschieren noch zu verdrängen.[70] „Man riet mir", schreibt sie 1842 zu Beginn ihrer ersten Reise, „die Reise in Männerkleidung zu machen, allein, ich fand diesen Rat nicht klug",

> indem meine kleine, magere Gestalt wohl für einen Jüng-
> ling, mein ältliches Gesicht aber für einen Mann gepaßt
> hätte. Da mir aber der Bart fehlte, so würde man die Ver-
> kleidung gleich geahndet und ich mich dadurch mancher
> Unannehmlichkeit ausgesetzt haben. Ich zog es vor, meine
> einfache europäische Tracht, die aus einer Bluse und Bein-
> kleidern bestand, beizubehalten. Auf dem Kopf trug ich
> einen runden Strohut. In der Folge wurde ich immer mehr
> überzeugt, wie gut ich getan, mein Geschlecht nicht zu
> verleugnen. Man begegnete mir überall mit Achtung und
> hatte oft Nachsicht und Güte für mich, gerade weil man auf
> mein Geschlecht einige Rücksicht nahm.[71]

Ida Pfeiffer reist in Begleitung eines weiblichen Körpers und in dem Bewußtsein der eigenen Andersheit. Dabei ist der reisende

---

[68] „Ein beinah stolzes Gefühl bemächtigte sich Aller, aber besonders jener, die zum ersten mal die Linie überschritten." Pfeiffer 1850, Bd. 1, S. 20.

[69] Ida Pfeiffers „Biographische Skizze" berichtet die Umwandlung eines „wilden Jungen" in eine „bescheidene Jungfrau", die dem Reisewunsch entsagt, um „zu der Einsicht der Pflichten (ihres) Geschlechtes" zu gelangen. Das Reiseleben Ida Pfeiffers beginnt erst, nachdem sie ihre „häuslichen Verhältnisse" geordnet, d.h. ein Ehe- und Familienleben als Pflichtprogramm absolviert hat. Vgl. Ida Pfeiffer nach ihren eigenen Aufzeichnungen. Biographische Skizze. In: Ida Pfeiffer: Reise nach Madagaskar. Mit Zeichnungen von José Kastler. Marburg 1980, S. 9 – 36 (2 Bde., Wien 1861).

[70] Zum Thema Frauen in Männerkleidern vgl.: Rudolf Dekker/Lotte van de Pol: Frauen in Männerkleidern. Weibliche Transvestiten und ihre Geschichte. Berlin 1990.

[71] Pfeiffer, Heiliges Land 1980, S. 83.

weiße weibliche Körper das einzige „Kapital" dieser Reisenden, die überall das Diverse ihres eigenen Exotismus auszukosten versteht.[72] In Europa begegnet man ihr mit „respektvoller Achtung" (A. v. Humboldt[73]). Aus ihrem Haremsbesuch in Acre am 19. Juni 1842 gehen nicht die Orientalinnen, sondern Ida Pfeiffer selbst als diejenige hervor, auf die sich die forschende Neugier richtet.[74] In den Zirkeln der kolonialen Geselligkeit wird sie, wie etwa beim Justizminister von Kalkutta, auch als Nichtaristokratin „um ihrer selbst willen" ehrenvoll empfangen.[75] In Canton, wo im Jahr 1847 den europäischen Frauen erst vor kurzem der Eintritt in die Faktoreien gestattet war, erregte ihr Eintritt in eine Teefabrik „eine vollkommene Revolte":

> Alt und Jung stand von der Arbeit auf, die Großen hoben die Kleinen in die Höhe und wiesen mit Fingern nach mir; bald drängte das ganze Volk auf mich ein und erhob ein so fürchterliches Geschrei, daß mir beinahe anfing bange zu werden. [76]

„Wahre Triumphe"[77] feiert Ida Pfeiffers Exotismus auf der Zweiten Weltreise während verschiedener lebensgefährlicher Expeditionen zu den „Wilden" und „Eingeborenen" Battakern und Dayakern, den freien „Kopfjägerstämmmen" im Innern von Sarawak und Borneo.[78] Hier wird sie, wie sie schreibt, „für eine Art heiliger Person" gehalten[79] und begegnet den Fremden mit einem unerschütterlichen Bewußtsein der eigenen Unantastbarkeit:

---

[72] Zum Begriff des Diversen und des Exotismus vgl. Victor Segalen: „Unter dem Begriff des Diversen verstehe ich alles (...), was *anders* ist". „Unter *Exotismus* (...) verstehe ich (...) mein Gefühl des Diversen." Segalen 1983, S. 111 und 94.

[73] A.v.Humboldt: Vorwort (1856). In: Pfeiffer, Heiliges Land 1980, S. 7.

[74] Vgl. Pfeiffer, Heiliges Land 1980, S. 196.

[75] Vgl. Pfeiffer 1850, Bd. 2, S. 131f.

[76] Pfeiffer 1850, Bd. 2, S. 53.

[77] Pfeiffer 1865, Bd. 1, S. 140.

[78] „Kapitän Brooke suchte mir dieses Unternehmen mit aller Macht auszureden; er versicherte mir, daß das Innere des Landes voll wilder, größtentheils unabhängiger Dayakerstämme sei, und daß er selbst als Mann diese Reise nicht wagen würde. Doch alle Gegenvorstellungen waren umsonst, – ich beharrte bei meinem Entschlusse." Pfeiffer 1865, Bd. 1, S. 82.

[79] Pfeiffer 1856, Bd. 1, S. 146.

Daß ich allen diesen Leuten, Dayakern wie Malaien, eine vollkommen fremde Erscheinung war, versteht sich von selbst. Die wenigsten hatten je einen weißen Mann, alle gewiß aber nie eine weiße Frau gesehen. Ihre Verwunderung war umso größer, da nach ihren Begriffen eine Frau allein sich kaum einige Schritte vom Hause entfernen kann.[80]

Nachdem sie „so gefällig" war, sich von Dayakern auf Borneo „vom Morgen bis Abend (...) betrachten zu lassen"[81], gab sie auch bei den Battakern auf Sumatra der „Begierde", sie zu sehen, statt. Auch hier heißt es:

> Die Erscheinung einer Europäerin war ihnen zu außerordentlich, sie konnten sie nicht begreifen. Auch diese Barbaren thaten mir die Ehre an, mich für ein außergewöhnliches Wesen zu halten.[82]

Unter den Blicken der Wilden wie der Zivilisierten und in konstanter Distanz zu beiden Welten (die Ida Pfeiffer oft und in kulturkritischer Absicht gleichsetzt) hält diese Reisende einen Zwischenraum besetzt, in dem sie sich selbst überall als anders und fremd beschreiben kann. Dazu gehört auch die wiederholt betonte „Schwäche"[83] der eigenen Feder, die ihre Texte nicht „als literarisches Werk", sondern nur als einfache Erzählung und als Notizen zur eigenen Erinnerung erscheinen lassen.[84] Diese steht bei Ida Pfeiffer in einem auffälligen Gegensatz zu ihrem vielfach hervorgehobenen Sprachvermögen in der „Zeichenkunst". Unter den Völkern ohne Schrift[85] hat Ida Pfeiffer „häufig (...) Gelegenheit zu bemerken, wie wunderbar richtig und schnell die Wilden die Zeichen verstehen."[86] Wie eine „stumme Schauspielerin" ihrer selbst muß sie oftmals „Zuflucht zu Zeichen"[87] nehmen, um sich

---

[80] Pfeiffer 1856, Bd. 1, S. 113.
[81] Pfeiffer 1856, Bd. 1, S. 86.
[82] Pfeiffer 1856, Bd. 2, S. 72.
[83] Pfeiffer 1856, Bd. 1, S. 14, vgl. auch Pfeiffer 1850, Einleitung.
[84] Pfeiffer Heiliges Land 1980, S. 313.
[85] Pfeiffer 1856, Bd. 1, S. 118: „Die Dayaker haben keine Schrift und, wie es scheint, auch keine Religion."
[86] Pfeiffer 1856, Bd. 1, S. 142.

„nur mit Hilfe der Gestikulation und mitunter auch durch Zeichnungen"[88] zu erklären. Sie selbst wird in der Fremde „so an die
Zeichensprache gewöhnt, daß sie, als sie wieder unter die Weißen
kam, sehr Acht geben mußte, ihre Worte nicht mit den Händen
und Augen näher zu erörtern"[89].

Wegestrecken, von denen Ida Pfeiffer noch in den 50er Jahren
des 19. Jahrhunderts geschrieben hatte:

> Es war eine wahrhaft halsbrecherische, noch von wenig
> Offizieren ausgeführte Partie, die von Frauen wohl nie
> wird unternommen werden,[90]

erscheinen bereits um die Jahrhundertwende in dem Reisepro-
gramm selbständiger und unabhängiger weltreisender Touristinnen. Die Hamburger Malerin und Reiseschriftstellerin Sophie
Döhner[91] publiziert die Berichte ihrer mehrfachen Weltreisen, um

> zu zeigen, welchen reichen Genuß eine Reise um die Welt
> gewährt, die heutzutage selbst einer alleinreisenden Dame
> keine allzu großen Schwierigkeiten bietet.[92]

Sophie Döhners *Weltreise einer Hamburgerin. 1893-1895* beschreibt eine zweijährige Reise nach Nordamerika und nach Asi-
en über Mexiko, Kalifornien, die Sandwich-Inseln nach Japan,
China, Hinter-Indien, Ceylon, Nord-Indien, Ägypten, Jerusalem

---

[87] Pfeiffer 1850, Bd. 2, S. 12.

[88] Pfeiffer 1850, Bd. 1, S. 99.

[89] Pfeiffer 1856, Bd. 1, S. 142.

[90] Pfeiffer 1850, Bd. 1, S. 173.

[91] Bei Pataky findet sich folgende kurze Notiz: „Döhner, Frl. Sophie, Hamburg, Burgstr. 24, ist Ende der 40er Jahre in Hamburg als Tochter eines gut
situierten Kaufmannes geboren und hat ihre Vaterstadt nur zeitweilig zum Zweck
ihrer künstlerischen Ausbildung verlassen, oder um ihre Neigung, die Welt auf
weiten Reisen kennen zu lernen, zu befriedigen. Auf Grund ihrer Leistungen als
Malerin ist sie seit langen Jahren Mitglied des Verbandes Berliner Künstlerinnen
und nimmt an allen gemeinnützigen, künstlerischen und wissenschaftlichen Interessen regen, thätigen Anteil." Lexikon deutscher Frauen der Feder. Hg. v. S.
Pataky. Bd. 1, 1898.

[92] Sophie Döhner: Weltreise einer Hamburgerin 1893–1894. Aus dem Reisetagebuch. Hamburg 1985, Vorwort.

sowie die Rückreise über Griechenland, Korfu und Dalmatien. Der Band *Aus allen Weltteilen*[93] enthält Reisen durch Europa und Afrika sowie Sophie Döhners *Zweite Weltreise*[94], eine Schiffsreise nach Toronto, wo die Autorin im Juni 1909 an dem dort tagenden internationalen Frauenkongreß als „Vertreterin des Deutsch-Evangelischen Frauenbundes" teilnimmt. Im Anschluß daran unternimmt Sophie Döhner eine Reise durch „all diejenigen Länder (...), die <sie> auf ihrer ersten Weltreise nicht berührt hatte: Kanada, Fidschiinseln, Neuseeland, Australien, Südseeinseln, China, Peking, Korea und Sibirien."[95] Der Band *Aus der alten und neuen Welt*[96] beschreibt Reisen durch Europa (Skandinavien und Rußland, Spanien, Italien, Deutschland und Frankreich) und durch Südamerika (Brasilien, Uruguay und Argentinien, Chile, Bolivien, Peru, Ecuador, Columbien und Venezuela), die Sophie Döhner in den Jahren 1896 bis 1899 unternommen hat. Die 1933 erschienenen *Streifzüge durch Europa*[97] führen durch Skandinavien, zu den Mittelmeerinseln, nach Belgien und Holland sowie durch die deutschen Mittelgebirge in der Zeit (nach dem Ersten Weltkrieg), in der sich „Reisen in fremde Länder aus pekuniären oder patriotischen Gründen verbieten".[98]

Sophie Döhners Reisen folgen den großen Eisenbahnstrecken und Schiffahrtslinien. Mit der „Cape-to-Cairo-Bahn" fährt sie nach Rhodesien, mit der „Ugandabahn" zum Victoria-Njansa-See, mit der „Trans-Sibirischen Eisenbahn" durch Rußland. Auf diesen oft tage- und wochenlangen Fahrten werden die Coupés der Eisenbahnen, die Schiffskabine und die Interieurs der großen Hotels zum eigentlichen Reiseraum, während Landschaften, Städte und Menschen an dem Blick der Reisenden wie eine gleichmäßige und unendliche Reihe von Bildern vorübergleiten. Die

---

[93] Sophie Döhner: Aus allen Weltteilen. Reiseschilderungen. Hamburg 1910.

[94] Sophie Döhner: Meine zweite Weltreise. In: Aus allen Weltteilen. Reiseschilderungen. Hamburg 1910, S. 470-578.

[95] Döhner 1910, S. 470.

[96] Sophie Döhner: Aus der Alten und Neuen Welt. Hamburg 1901. Vgl. hierzu die Rezension von Ed. Lentz in: Petermanns Mitteilungen. Aus Justus Perthes' geographischer Anstalt. Hg. von A. Supan. 1902, Bd. 48, S. 3, Literaturbericht Nr. 9.

[97] Sophie Döhner: Streifzüge durch Europa. Hamburg 1933.

[98] Döhner 1933, S. 149.

hervorragende Bedeutung des Sehens zeigt sich im Kampf um den Fensterplatz, den Sophie Döhner in der Rio Grande Denver-Bahn, der „great scenic line of the world", „energisch" von einem Mitreisenden zurückfordert.[99] Die Begegnung mit Fremden findet im Zug statt, wenn Sophie Döhner auf dem Weg von Tokyo nach Nikko einmal zweiter Klasse fährt, „um das Volksleben besser beobachten zu können".[100] Als exotisch erscheinen auch die Passagiere und Mitreisenden, die „Typen der Schiffsgemeinde"[101], die sich für eine Gesellschaftsreise auf einem Passagierdampfer zusammenfinden.

Victor Segalen hat die Touristen als die Nachfahren der „Stubenhocker von früher"[102] bezeichnet, da sie sich in einer künstlichen Abgeschiedenheit durch den Raum bewegen und die Fähigkeit, anders aufzufassen, verloren haben. Seine Zeitgenossin Sophie Döhner genießt das amüsante und luxuriöse Leben in „fashionablen Seebädern" und „eleganten Riesenhotels"[103], sie hat keine Sehnsucht danach, sich selbst als fremd zu erfahren. Ihr genügt es, von ihren Reisen einen „Schatz geistigen Gewinnes"[104] und „viel äußere und innere Horizonterweiterung"[105] mit nach Hause zu bringen und diesen als „einen unvergänglichen Besitz für alle Lebenszeit"[106] in sich aufzunehmen. Sophie Döhner bezeichnet ihr Verhältnis zur Fremde als ein „geistiges Verhältniß zu der Bevölkerung des Landes (...), das <sie> durchreist"[107]. Wo ein Übersetzer der fremden Sprache fehlt, endet für Sophie Döhner anders als für Ida Pfeiffer die Verständigung, und wo es keine passablen Straßen und Wege gibt, endet die Reise. In Mexiko verzichtet Sophie Döhner auf eine Fahrt ins Landesinnere, obwohl sie sehr gerne:

---

[99] Döhner 1895, S. 54.
[100] Döhner 1895, S. 142.
[101] Döhner 1910, S. 2f.
[102] Segalen 1983, S. 70.
[103] Döhner 1895, S. 99.
[104] Döhner 1895, S. 467.
[105] Döhner 1901, S. 550.
[106] Döhner 1895, S. 467.
[107] Döhner 1901, S. 550.

eine der alten Stätten indianischer Cultur im Innern des Landes besucht hätte, aber leider ist das zu umständlich für eine einzelne Reisende. So mußte ich mich begnügen, im archäologischen Museum die indianischen Alterthümer eingehend zu besichtigen.[108]

In Brasilien lernt sie wilde Tiere „theils lebend, theils ausgestopft"[109] im Zoologischen Garten und im Museum kennen, da sie diese „in der Freiheit nur auf langen mühseligen Expeditionen in's Innere" hätte antreffen können, die „für eine einzelne Dame unmöglich gewesen" wären.[110]

Die hautnahe Erfahrung von Fremde kommt bei Sophie Döhner nur dann zum Ausdruck, wenn sie als reisende Dame in Innern der touristischen Maschinerie wieder an den Ort des Spekulativen versetzt wird und selbst von Ausgrenzung betroffen ist. So berichtet sie etwa von modernen amerikanischen Hotels, die sich auf weibliche „globe-trotters" und „Weltenbummler"[111] eingerichtet haben, indem sie ihnen separate Eingänge schaffen: das New Yorker Hotel am Broadway hat beispielsweise,

> wie alle großen hiesigen Gasthäuser, einen Separat-Eingang für Damen (.), so daß man nicht die große *hall* zu passieren braucht, wo die Stiefelputzer und Zeitungsverkäufer stehen und die rauchenden Herren sich meistens aufhalten.[112]

Das Problem, das sich aus dieser räumlichen Segregation ergibt, ist vor allem die Tatsache, daß die Damen nun selbst die Schuhe putzen müssen, da die Amerikaner keinen Service auf dem Zimmer haben. In einem anderen Beispiel zeigt sich Sophie Döhner selbst als diejenige, die sich abgrenzt, indem sie sich während einer 25stündigen Bahnfahrt in Mexiko ein Buch vorhält, das ihr, der „einzigen Dame im Zuge"[113], als Barriere zu den Mitreisenden

---

[108] Döhner 1895, S. 73.
[109] Döhner 1901, S. 360.
[110] Döhner 1901, S. 360.
[111] Döhner 1895, S. 122.
[112] Döhner 1895, S. 3.
[113] Döhner 1895, S. 85.

234

dient. An anderer Stelle berichtet sie wieder von unangenehmen
Ausgrenzungserfahrungen für sie als alleinreisende Touristin:

> Eine alleinreisende, wenn auch noch so selbständige Dame,
> ist deutschen Herren selten eine willkommene Reisezugabe
> und hat mir diese Erkenntnis zuweilen, wo eine Gemein-
> schaft nicht zu umgehen war, unangenehme Erfahrungen
> eingetragen.[114]

Von Lina Bögli, einer Schweizerin und Zeitgenossin Sophie
Döhners, erscheinen um die Jahrhundertwende 84 *Briefe von
einer Reise um die Welt (1892-1902)*.[115] Die Briefe mit dem Titel
„Vorwärts" sind an eine Freundin in Europa gerichtet und den
„lieben Freundinnen rings auf dem Erdball" gewidmet, „den jungen Mädchen", die Lina Bögli als Lehrerin in den einzelnen
Reiseländern unterrichtete. „Fürchte etwa nicht", heißt es im
ersten Brief,

> daß ich verrückt geworden bin, obwohl ich dir hiemit die
> absonderlichste Idee mitteile, die je ein weibliches Men-
> schenkind gefaßt hat. Höre und Staune! Ich bin auf dem
> Punkt, eine Reise um die Welt zu unternehmen, ganz allein,
> und sozusagen ohne Geld![116]

Am Anfang der Reise steht ein Gefühl von Eintönigkeit und
Leere, der Wunsch nach Abwechslung und die Idee, sich auch als
Frau die „Freiheit eines Mannes" nehmen zu können, d.h. zu
reisen, ohne dadurch den „Platz in der Gesellschaft" zu verlieren.[117] Als Unabhängige und Alleinstehende („Unter Millionen
Mädchen bin ich das eine, welche das tun kann; denn ich stehe
ganz allein in der Welt"[118]) will sich Lina Bögli, wie sie sagt, kein

---

[114] Döhner 1985, S. 126.
[115] Lina Boegli: Vorwärts. Briefe von einer Reise um die Welt. Fünftes Tausend, Frauenfeld 1908. Neu aufgelegt unter dem Titel: Talofa. In zehn Jahren um die Welt. Nachw. v. Doris Stump, Zürich 1990.
[116] Bögli 1908, S. 1.
[117] Bögli 1908, S. 2.
[118] Bögli 1908, S. 3.

„Gras unter den Füßen wachsen lassen"[119] und faßt daher den „verrückten Plan"[120], sich überall dort, „wo Menschen wohnen", die Reise um die Welt als Sprachlehrerin oder durch „Hausdienst" zu erarbeiten. Dieser Plan verbindet sich mit einem sich selbst gegebenen Versprechen, nach zehn Jahren genau am Tag der Abreise wieder am Ausgangspunkt Krakau zurückzusein. Dieses Vorhaben bezeichnet Lina Bögli als die Zeit ihres selbstgewählten Exils, als eine Zeit der „freiwilligen Verbannung aus dem lieben alten Europa"[121], die sich auf den „Segen" des Vaters stützt, von dessen „Schutzgeist" und „unsichtbarer Hand" sie sich auf ihren Wanderungen geführt und begleitet glaubt.[122] Erfüllt wird der Reiseplan mit äußerster „Pünktlichkeit", der „Haupttugend" Lina Böglis, die tatsächlich am 12. Juli 1902, am zehnten Jahrestag ihrer Abreise wieder auf dem Krakauer Bahnhof steht.[123]

Da Amerika für die „Heimwehkrankheit" „zu nahe" scheint („es wäre so leicht, von dort zurückzukommen"[124]), Australien aber ausreichend entfernt ist, um dort, „in einem fremden, unbekannten Land (...) den Kampf um das Dasein aufnehmen zu müssen",[125] ist dieses ihr erstes Reiseland. Von dort geht ihre Reise über Neu-Seeland, die Südseeinseln, die Sandwich-Inseln nach Nordamerika und über Kanada wieder zurück zum Ausgangspunkt. Lina Bögli geht es weder wie Ida Pfeiffer darum, möglichst tief in die Fremde einzudringen, noch wie Sophie Döhner darum, die unendlichen Möglichkeiten der modernen Verkehrswege auszuschöpfen und zu genießen. Lina Bögli will sich in der Fremde, wenn auch nur vorübergehend, häuslich niederlassen und arbeiten. Bei der Ankunft in einer neuen Stadt verschafft sie sich möglichst schnell einen orientierenden Überblick, um nicht „irre zu gehen" und um nicht länger als Fremde erkennbar zu sein. „Jedesmal, wenn ich in eine große Stadt komme", schreibt Lina Bögli,

---

[119] Bögli 1908, S. 5.
[120] Bögli 1908, S. 4.
[121] Bögli 1908, S. 293 und S. 53.
[122] Bögli 1908, S. 7.
[123] Bögli 1908, S. 300.
[124] Bögli 1908, S. 6.
[125] Bögli 1908, S. 116.

kaufe ich mir vor allem einen Führer mit einer guten Karte und studiere jeden Tag einen Teil der Stadt so gut, daß ich mich dann getrost ohne Buch dorthin wagen darf. Es ist mir nämlich widerwärtig, von jedem vorbeigehenden Gassenjungen als Tourist taxiert zu werden; ich führe daher ein Reisebuch nur mit, wenn ich gar keine andere Wahl habe. Den Plan der Stadt präge ich mir dafür so deutlich ein und lerne die Namen der Straßen und der Straßenbahnen, die ich zu benützen habe, so gut auswendig, daß ich selten irre gehe.[126]

Was Lina Bögli am jeweiligen Ort „am meisten interessiert, nämlich was <ihre> speziellen Bekannten tun und treiben"[127], gibt im Text eine Innenansicht der australischen, neuseeländischen, samoanischen, amerikanischen und kanadischen Gesellschaft. Über Schülerinnen und Kolleginnen bekommt sie Zugang zu Familien und Privathaushalten, kann über die Organisation des fremden Hauswesens, über Fragen des Lebensunterhalts, über Haushaltskosten, Mieten, Dienstboten, über Probleme der Stellungs- und Wohnungssuche, über pädagogische Fragen und fremde Geselligkeit berichten und sich für „das Tun und Treiben" fremder Frauen interessieren. Auch wenn sie sich nicht als „Feministin oder Weiberrechtlerin"[128] bezeichnen würde, interessiert sie sich für die fortgeschrittene „Frauenemanzipation" in Neuseeland, in einem Land, „das wir in unserer europäischen Überlegenheit meist noch zu den Ländern der Dunkelheit rechnen!", während dort eine Frau „dieselben politischen Rechte hat wie ihr Mann und ihr Bruder."[129]

Wenn Lina Bögli von der Monotonie des Arbeitsalltags in der Fremde eingeholt wird, nimmt sie ihre „Wanderexistenz"[130] wieder auf, um dann getreu ihrem Motto „Vorwärts" woanders, in einer Missionsschule, als Privatlehrerin oder an einem College,

---

[126] Bögli 1908, S. 279.
[127] Bögli 1908, S. 84.
[128] Bögli 1908, S. 116.
[129] Bögli 1908, S. 122.
[130] Bögli 1908, S. 268.

ihre „Zigeunerexistenz"[131] wieder gegen ein zivilisiertes Leben einzutauschen. Lina Bögli schwankt zwischen einem häuslichen und einem Reiseleben, zwischen Geselligkeit und Einsamkeit. Unter dem Eindruck der großen Stadt New York bezeichnet sie sich einmal als „weiblicher Ahasverus", der ein „hoffnungsloses, elendes Dasein führen muß":

> Ich komme mir vor wie ein weiblicher Ahasverus, der todmüde ist von einem jahrhundertelangen Leben und doch noch Jahrhunderte länger ein hoffnungsloses, elendes Dasein führen muß.[132]

In Concord, Massachusetts und in Boston, wo sie ein „so angenehmes Leben" führt wie lange nicht mehr, hat sie „endlich (...) ein außereuropäisches Fleckchen Erde gefunden, wo <sie> nicht abgeneigt wäre, den Rest ihrer Tage zu leben."[133] („Ich gestehe aufrichtig, daß ich mich gern bei ihnen niederlassen würde".[134])

Im Text wechseln Phasen des Aufbruchs und der Suche mit Phasen der Ortsansässigkeit, wechselt der Wunsch nach einem beständigen Wohnsitz in der Neuen Welt („Wäre ich nicht Schweizerin, so möchte ich am liebsten Amerikanerin sein!"[135]) mit dem Heimweh nach Europa:

> Ich habe eine ungeheure Bewunderung für die rastlose Energie der Bahnbrecher in neuen Welten, für die mit Riesenschritten vorrückende Zivilisation auf den abgelegensten Inseln der Erdkugel; aber zu meinem beständigen Wohnsitz wähle ich doch am liebsten ein Land, das eine Geschichte hat, ein Land, wo ich noch hie und da Zeit zum Nachdenken finden kann.[136]

Auch an dem lang ersehnten Tag der Heimreise, im Mai 1902, mischt sich „Abschiedsweh" mit „Freude", und was bleibt, ist der

---

[131] Bögli 1908, S. 292.
[132] Bögli 1908, S. 263.
[133] Bögli 1908, S. 246.
[134] Bögli 1908, S. 245.
[135] Bögli 1908, S. 266.
[136] Bögli 1908, S. 244.

Stolz, eine selbstgestellte „Aufgabe" so reibungslos bewältigt zu haben.

Im frühen 20. Jahrhundert beginnt die deutschsprachige Unterhaltungsliteratur, sich für „die Weltfahrerin", das „Fräulein Weltenbummler", die „Einsame Weltreisende" zu interessieren.[137] Hannah Aschs im Jahr 1927 mit dem Titel *Fräulein Weltenbummler* erschienene *Reiseerlebnisse in Afrika und Asien* beschreiben wie Alice Schaleks *Mein Indienbummel*[138], Alma M. Karlins *Einsame Weltreise*, Elisabeth von Heykings *Tagebücher aus vier Weltteilen 1886/1904*[139], Hermione von Preuschens: *Durch Glut und Geheimnis (1909)*[140] sowie Marie v. Bunsens *Im fernen Osten (1934)*[141] vor allem Ostasien, d.h. Japan, Indien und China als Fernziele der Reise. „Mein Ziel war Ostasien", schreibt Hannah Asch: „Indien und Japan! Dorthin müßte ich einmal reisen! Und nun war ich wirklich auf dem Weg dorthin."[142]

In diesen Texten geht ein zum Teil massiv kolonialistisches und eurozentrisches Bewußtsein eine merkwürdige Verbindung ein mit der Selbstdarstellung als moderne und emanzipierte europäische Frau.[143] Die kulturelle, ethnische und soziale Differenz sowie deren Einfluß auf die Perspektive der Darstellung wird von den Reisenden gleich zu Anfang der Reise an Bord des Schiffes, des Eisenbahnabteils oder in der Wahl des jeweiligen Hotels zum

---

[137] Vgl.: Wiersch, Josephine: Durch drei Welten. Lebensweg einer deutschen Frau. Saarbrücken 1930; Dingelreiter, Senta: Deutsches Mädel auf Fahrt um die Welt. Leipzig 1932; Etzdorf, Maria v.: Kiek in die Welt. Als deutsche Fliegerin über drei Erdteilen. Berlin 1931 und: Clärenore Stinnes/C.A. Söderström: Im Auto durch zwei Welten. Berlin 1929.

[138] Alice Schalek: Indienbummel. Illustriertes Reisewerk. Berlin 1912.

[139] Zu Elisabeth von Heyking vgl.: Christine C. Günther: Aufbruch nach Asien. Kulturelle Fremde in der deutschen Literatur um 1900. München 1988.

[140] Hermione von Preuschen: Durch Glut und Geheimnis: Indische Impressionen, Ostindien, Burma, Ceylon. Wolffenbüttel 1909.

[141] Marie v. Bunsen: Im fernen Osten. Eindrücke und Bilder aus Japan, Korea, China, Ceylon, Java, Siam, Kambodscha, Birma und Indien. Leipzig 1934.

[142] Hannah Asch: Fräulein Weltenbummler. Reiseerlebnisse in Afrika und Asien. Berlin 1927, S. 7.

[143] Zum Kolonialroman vgl. Sibylle Benninghoff-Lühl: Deutsche Kolonialromane 1884-1914 in ihrem Entstehungs- und Wirkungszusammenhang. Bremen 1983.

Ausdruck gebracht. Bei Hannah Asch klärt ein Blick aus der ersten Klasse in den Schiffsraum der dritten Klasse Standpunkt und Perspektive der Reisenden:

> Zu gern hätte ich auch einmal einen Blick in das Leben und Treiben im Schiffsraum unter Deck getan. Aber das Betreten dieser geheimen Räume war den Passagieren der ersten Klasse nicht gestattet. Schließlich gelang es, mir unter Führung des Oberingenieurs Eintritt in die Unterwelt zu verschaffen. (...) Fremdartig, ja erschütternd fand ich, was ich sah. Die vielen hundert hier in drückender Glut eng zusammengepferchten Menschen.[144]

Bei Alma M. Karlin ist die Weltreise aus der Perspektive des Zwischendecks und in dem deutlichen Bewußtsein der Deklassierung als Frau und als Österreicherin beschrieben:

> Nichts empfand ich auf meiner weiten Reise so furchtbar, wie die Blicke der Ersten.auf mich unten im Zwischendeck. Da hinauf gehörte ich meiner heimatlichen Stellung, meiner Bildung und meinen Wünschen nach, und hier unten, in Schmutz, Unwissenheit und Unschliff mußte ich mich herumtreiben, einzig weil wir ehemaligen Österreicher ein verarmtes Volk geworden sind.[145]

Der Reporterin und Schriftstellerin Maria Leitner wurde in Amerika die Fahrt in der dritten Klasse mit dem Argument verwehrt, „daß weiße Frauen nur erster Klasse fahren dürften (damit die weiße Rasse ihr Prestige nicht verliere)".[146] Ihr Blick in die Kabinen der dritten Klasse ist wie ihre Arbeit als „Scheuerfrau" im größten Hotel der Welt, als Zigarettendreherin und als Kellnerin ein Blick hinter die Kulissen der modernen amerikanischen Gesellschaft:

> In einem dunklen Raum, der noch heißer ist als meine Kabine und in dem noch alle Gerüche nisten, die seit drei-

---

[144] Asch 1927, S. 21f.
[145] Karlin Einsame Weltreise, o.J., S. 177.
[146] Maria Leitner: Eine Frau reist durch die Welt. Berlin 1988, S. 39.

ßig Jahren nicht ausgelüftet werden konnten, türmen sich dicht übereinander schmale Kojen. Die Passagiere nehmen gerade ihre Mahlzeit ein, eine verdächtig aussehende Suppe aus verbeulten Blechnäpfen. Wer sind diese Passagiere? Was suchen sie in dem berüchtigten Land des Elends? Sie suchen wie überall in der Welt die Passagiere der dritten Klasse: Arbeit.[147]

Über das Wohnen und über die Reste der Gehäuseformation, den Koffer, die Kabine, das Abteil und das jeweilige Zimmer, dem traditionellen „Bürgen" einer weiblichen Persönlichkeit (Huber), bringt sich auch in diesen Texten ein modernes weibliches Ich zur Sprache. In Christa Winsloes Passeggiera[148], dem Roman einer Überfahrt von Amerika nach Europa, ist die Kabinenwelt des Schiffes, das heißt die nicht abschließbare eigene Kabintüre, von sprechender Symbolik. Die Malerin und Schriftstellerin Alma M. Karlin[149], die von ihrem Körper als „unberührbarem Heiligtum" spricht[150], unterzieht die Festigkeit der Türen und Fenster, ihre „Festungseingänge"[151] jeden Tag einer eingehenden Prüfung. Sie versperrt und verriegelt ihre Türen, „weil <sie> immer gern eine Schranke zog, die <ihren> Mitmenschen sagte: «Bis hierher und nicht weiter!»"[152] Alma M. Karlin beschreibt den Aufenthalt in der Fremde als einen Kampf um das „Verfügungsrecht"[153] über den eigenen Körper auf der Reise – eine Sorge, die sich bei ihr über die mangelnde Tragfähigkeit der Gehäusewelt vermittelt. Ihr gleich zu Beginn der Reise beim Grenzübergang in Laibach aufgebrochener Koffer, der „diese Verletzung" während der ganzen

---

[147] Leitner 1988, S. 40.
[148] Christa Winsloe: Passeggiera. Roman. Amsterdam 1938.
[149] Zu Alma M. Karlin vgl. meinen Beitrag: Außenseiterinnen und Weltreisende. In: Buck u.a. 1982, S. 23-36 und: Heiderose Schnieder: Alma M. Karlin: 1889-1950. Ich dachte mir die Welt wie Europa. In: Potts 1988, S. 126-140.
[150] Karlin Einsame Weltreise, S. 85.
[151] Karlin Einsame Weltreise, S. 77.
[152] Karlin Erlebte Welt, S. 156.
[153] Karlin Einsame Weltreise, S. 187.

Reise „nie ganz" verwand[154], begleitet die Reisende wie ein Doppelgänger und verweist auf die Beschädigungen des Ich auf der Reise.

Der dreibändige Bericht ihrer Weltreise von 1919-1927 (*Einsame Weltreise, Erlebte Welt – das Schicksal einer Frau, Im Banne der Südsee. Als Frau allein…*[155]) ist explizit aus der Perspektive einer Frau geschrieben („Ich aber schreibe als Frau"[156]). Die achtjährige „Odyssee einer Frau"[157] erscheint als eine unendliche Reihe von katastrophalen Erfahrungen, die alle Wünsche und Vorstellungen an der „unsichtbaren Schranke"[158] des weiblichen Geschlechtes zerbrechen lassen.

Am Anfang der Reise hatte ein fundiertes Sprachwissen, ein gewisser erster Erfolg als Schriftstellerin und ein europazentrisches, allein auf das eigene Wissen gegründetes Selbstbewußtsein gestanden, eine Selbstwahrnehmung, die Alma M. Karlin im Nachhinein als die Krankheit des „geschwollenen Kopfes" bezeichnet. In einem Anfall von „Größenwahn" war diese Reisende aufgebrochen, um als Frau und als „moderner Columbus"[159] neue Welten zu entdecken. Die Reise endet jedoch mit dem Eingeständnis des Scheiterns eines Projektes, in dem sich die Reisende naiv und in dem Glauben, eine der Ersten zu sein, auf die Suche nach einem weiblichen Ich begibt, das sich wie seinerzeit Columbus zur Fremde in ein totalisierendes und distanznehmendes Verhältnis zu setzen vermag.

Als Reisende ihrer Zeit war Alma M. Karlin nicht nur mit der Schreibmaschine unter dem Arm, der „geliebten Erika"[160] unterwegs, bei ihr ist das Schreiben auch eng an das Gehen in der

---

154 Karlin Einsame Weltreise, S. 15.
155 Alma M. Karlin: Einsame Weltreise. Erlebnisse und Abenteuer im Reich der Inkas und im fernen Osten. Minden/W./Berlin/Leipzig o.J. (1932); Alma M. Karlin: Erlebte Welt, das Schicksal einer Frau. Durch Insulinde und das Reich der weißen Elefanten, durch Indiens Wunderwelt und durch das Tor der Tränen. Minden/W./Berlin/Leipzig o.J. (1933); Alma M. Karlin: Im Banne der Südsee. Als Frau allein unter Pflanzern und Menschenfressern, Sträflingen, Matrosen und Missionaren. Minden/W./Berlin/Leipzig o.J. (1930).
156 Karlin Einsame Weltreise, S. 84.
157 Karlin Einsame Weltreise, S. 185.
158 Karlin Im Banne der Südsee, S. 97.
159 Karlin Einsame Weltreise, S. 13.
160 Karlin Einsame Weltreise, S. 15.

Fremde gebunden, denn das Gehen ist ihr die Voraussetzung der Erfahrung und der Erinnerung:

> Wie überall blieben auch hier die Straßen das Ziel meiner Wünsche. Ich durchwanderte sie stundenlang, und in diesem Wandern eröffnete sich mir die Seele des Landes. Es lag nicht allein im Sehen; es war die „Atmosphäre". Jeder Ort hat sein schwer zu beschreibendes Gepräge, seine Gerüche, seinen Tonfall, seine Farbe. Später, wenn ich etwas schöpferisch aus mir holen wollte, brauchte ich nur diesen Hauch zu beschwören, dann wußte ich, wie man dachte, fühlte, liebte, und die Geschichten quollen hervor...[161]

Im Laufe der Reise erfährt und beschreibt Alma M. Karlin den eigenen, untrennbar anwesenden Körper als Einbruchstelle für gewalttätige Übergriffe aus der Fremde, ohne daß, wie noch bei Sophie von La Roche, der Rückzug in den „geschwollenen Kopf" und in die Kunst ein körperloses, vom Ich abgetrenntes Reisen ermöglichte. Alle Versuche, die Anwesenheit des eigenen Fremdkörpers abzustreifen (indem sie ihn durch endlose Wanderungen physisch erschöpft, indem sie ihn aushungert und ignoriert), müssen natürlich scheitern. Da sie dieses Scheitern jedoch als spezifische und bislang unaufgedeckte Problematik einer weiblichen Reise erfährt („Niemand fiel es ein, mich aufzuklären"[162]), verfaßt Alma M. Karlin ihre Reiseberichte als Warnung an ihre „Geschlechtsgenossinnen"[163]:

> Wenn ich so viel von meinen persönlichen Erlebnissen als Einleitung anführe, so geschieht es mit der Absicht, meine Geschlechtsgenossinnen zu warnen, sich unüberlegt in ähnliche Gefahren zu stürzen.[164]

> Meine Geschlechtsgenossinnen sollen wissen, mit welchen Schwierigkeiten man zu kämpfen hat, wenn man im fernen

---

[161] Karlin Erlebte Welt, S. 114.
[162] Karlin Einsame Weltreise, S. 69.
[163] Karlin Einsame Weltreise, S. 113.
[164] Karlin Einsame Weltreise, S. 113.

Ausland mit geringen Mitteln (vor dem Geld verbeugen sich alle), nur von der Kunst leben wollend, allein reist.[165]

Das Thema ihres Textes ist das Scheitern weiblichen „Columbusehrgeizes"[166], die gescheiterte Inanspruchnahme von Raum und Subjektivität als Frau und damit die Erfahrung eines Reisens, in dem das Ich die Möglichkeit zur objektivierenden und synoptischen Wahrnehmung von Fremde nicht mehr besitzt.[167] Das Dilemma, das in diesem Reisebericht zum Ausdruck kommt, ist das Problem einer modernen, d.h. körperlich präsenten weiblichen Reisenden, der „die Welt offen" ist[168], ohne daß sie jedoch in den zweifelhaften Genuß kommt, sich als einen „zweiten Columbus" (Karlin)[169] gegenüber sich selbst und der Welt zu erleben. Drei Tage nach ihrer Ankunft an der amerikanischen Küste ist Alma M. Karlin aufgrund ihrer Erfahrungen mit dem peruanischen Machismo bereits „auscolumbust" und der „geschwollene Kopf" auf den ursprünglichen Umfang zurückgeführt.[170] Ihre schockartige Selbstwahrnehmung als ein Fremdkörper, der es nicht vermag, gegenüber der Fremde Sammlung und menschliche Subjektivität zu erwecken, läßt Alma M. Karlin noch einmal einen nostalgischen Blick in die abgeschiedene Welt der indischen Harems werfen, in denen Frauen „gern abgetrennt"[171] leben. Angesichts dieser fremden Frauen lassen sich nun das Fehlen einer räumlichen Enklave und die Ankunft der Fremde im Selbst als die ständigen Begleiter der eigenen Selbständigkeit und Weltoffenheit zur Sprache bringen.

[165] Karlin Einsame Weltreise, S. 186.
[166] Karlin Einsame Weltreise, S. 27.
[167] Vgl. Andrea Allerkamp, die in Texten des 20. Jahrhunderts dem Phänomen der „inneren Kolonisierung" nachgeht. Andrea Allerkamp: Die innere Kolonisierung. Bilder und Darstellung des/der Anderen in deutschsprachigen, französischen und amerikanischen Literaturen des 20. Jahrhunderts. Köln/Weimar/Wien 1992.
[168] Karlin Im Banne der Südsee, S. 132.
[169] Karlin Einsame Weltreise, S. 13.
[170] Karlin Einsame Weltreise, S. 78.
[171] Karlin Einsame Weltreise, S. 132.

Abb. 40: Frau mit Koffer, Gehäuserest.
Cindy Sherman Untitled Film Still # 48, 1979.

BIBLIOGRAPHIE

Alemann, Claudia von u.a.: Das nächste Jahrhundert wird uns gehören. Frauen und Utopie 1830-1840. Frankfurt/M. 1981.

Allen, Alexandra: Travelling Ladies. London 1980.

Allerkamp, Andrea: Die innere Kolonisierung. Bilder und Darstellung des/der Anderen in deutschsprachigen, französischen und amerikanischen Literaturen des 20. Jahrhunderts. Köln 1992.

Allerkamp, Andrea: Stationen einer Reise durch die Ich-Landschaften – Zwischen Arthur Rimbaud und Ingeborg Bachmann. In: Literarische Tradition heute. Deutschsprachige Gegenwartsliteratur in ihrem Verhältnis zur Tradition. Hg. von Gerd Labroisse/Gerhard Knapp. Amsterdamer Beiträge zur Neueren Germanistik. Band 24. Amsterdam 1988, S. 159-180.

Anselm, Sigrun/Barbara Beck (Hg.): Triumph und Scheitern der Metropole. Zur Rolle der Weiblichkeit in der Geschichte Berlins. Berlin 1987.

Apel, Friedmar: Die Kunst als Garten. Zur Sprachlichkeit der Welt in der deutschen Romantik und im Ästhetizismus des 19. Jahrhunderts. In: Beihefte zum Euphorion. Zeitschrift für Literaturgeschichte. Hg. von Rainer Gruenter und Arthur Henkel. Heidelberg 1983.

Asche, Susanne: Die Liebe, der Tod und das Ich im Spiegel der Kunst. Die Funktion des Weiblichen in Schriften der Frühromantik und im erzählerischen Werk von E.T.A. Hoffmann. Königstein/Ts. 1985.

Asche, Susanne/Annegret Pelz: „Die Welt ist heutzutage auch Frauen aufgetan". Frauenreisen im 18. und 19. Jahrhundert. In: Praxis Geschichte. Heft 3/1991: Reisen. Westermann Schulbuchverlag, Braunschweig 1991, S. 24–29.

Baader, Renate: Dames de lettres. Autorinnen des preziösen, hocharistokratischen und »modernen« Salons (1649-1698): Mlle de Scudéry – Mlle de Montpensier – Mme d'Aulnoy. Stuttgart 1986 (Romanistische Abhandlungen Bd. 5).

Bachelard, Gaston: Poetik des Raumes. Frankfurt/M./Berlin/Wien 1975.

Bachofen, Johann Jacob: Der Mythus vom Orient und Occident. Eine Metaphysik der alten Welt. Mit einer Einleitung von Alfred Bäumler, Hg. Manfred Schröter. München 1924.

Bachtin 1979. Bachtin, Michail: Die Ästhetik des Wortes. Hg. Rainer Grübel. Frankfurt/M. 1979.

Bachtin 1985, Bachtin, Michail: Literatur und Karneval. Zur Romantheorie und Lachkultur. Frankfurt/M./Berlin/Wien 1985.

Baeumer, Max.L. (Hg.): Toposforschung. Darmstadt (Wissenschaftliche Buchgesellschaft) 1973.

Barberini, Urbano/Ceccarius-Cesare D'Onofrio/Ciovanni incisa della Roccetta/Carlo Pietrangeli/Luigi Salerno (Hg.): Via Del Corso. Roma 1961.

Barnes Stevenson, Catherine: Victorian Women Travel Writers in Africa. Boston 1982.

Barthes 1964. Barthes, Roland: Mythen des Alltags. Frankfurt 1964.

Barthes 1983. Barthes, Roland: Elemente der Semiologie. Frankfurt 1983.

Bates, E.S.: Touring in 1600. A Study in the Development of Travel as a Means of Education, New York 1911.

Baudrillard, Jean: Subjekt und Objekt: fraktal. Hg. von G.J. Lischka, Bern 1986.

Bauschinger, Sigrid/Horst Denkler/Wilfried Malsch: Amerika in der deutschen Literatur. Neue Welt. Nordamerika. USA. Stuttgart 1975.

Becker, Claudia: Zimmer–Kopf–Welten. Motivgeschichte des Intérieurs im 19. und 20. Jahrhundert. München 1990.

Becker, Werner: Vom Alten Bild der Welt. Alte Landkarten und Stadtansichten. München 1970.

Becker-Cantarino, Barbara: „Frau Welt" und „Femme fatale". Die Geburt des Frauenbildes aus dem Geiste des Mittelalters. In: Das Weiterleben des Mittelalters in der deutschen Literatur. Hg. von James F. Poag und Gerhild Scholz-Williams. Königstein/Ts. 1983, S. 61 – 73.

Benninghoff-Lühl, Sibylle: Deutsche Kolonialromane 1884-1914 in ihrem Entstehungs- und Wirkungszusammenhang. Bremen 1983.

Benjamin 1983. Benjamin, Walter: Das Passagen-Werk. Hg. v. Rolf Tiedemann, 2 Bde. Frankfurt/M. 1983.

Benjamin, Walter: Ich packe meine Bibliothek aus. Eine Rede über das Sammeln. In: Gesammelte Schriften. Hg. von Rolf Tiedemann und Hermann Schweppenhäuser. Unter Mitwirkung von Th.W. Adorno und Gershom Scholem. Frankfurt/M. 1972, Bd. 4.1., S. 388-398.

Benjamin, Walter: Über einige Motive bei Baudelaire. In: Gesammelte Schriften. Hg. von Rolf Tiedemann und Hermann Schweppenhäuser. Unter Mitwirkung von Th.W. Adorno und Gershom Scholem. Frankfurt/M. 1972, Bd. 1.2., S. 605 – 653.

Bergson, Henry: Materie und Gedächtnis. Jena 1919.

Bingen, Hildegard von: Welt und Mensch. Das Buch „De operatione Dei". Aus dem Genfer Kodex übersetzt und erläutert von Heinrich Schipperges. Salzburg 1965.

Birkett, Dea: Spinsters Abroad. Victorian Lady Explorers. Oxford/New York 1989.

Blanch, Lesley: Sie folgten ihrem Stern. Frauenschicksale im Orient. Frankfurt/M./Berlin/Wien 1984 (1954) (über Jane Digby, Isabel Burton, Aimée Dubucq de Rivery, Isabelle Eberhardt).

Bloch 1974. Bloch, Ernst: Reiz der Reise, Antiquität, Glück des Schauerromans. In: Ästhetik des Vor-Scheins 1. Hg. Gert Üding, Frankfurt/M. 1974, S. 90 – 116.

Bloch 1978. Bloch, Ernst: Verfremdungen II. Geographica. Frankfurt/M. 1978.

Bollnow, Otto F.: Mensch und Raum. Stuttgart, Berlin, Köln 1990[6].

Bourdieu, Pierre: Das Haus oder die verkehrte Welt. In: Entwurf einer Theorie der Praxis auf der ethnologischen Grundlage der kabylischen Gesellschaft. Frankfurt/M. 1979, S. 48-65.

Bovenschen, Silvia: Die imaginierte Weiblichkeit. Exemplarische Untersuchungen zu kulturgeschichtlichen und literarischen Präsentationsformen des Weiblichen. Frankfurt/M. 1979.

Braun, Christina von: Der Einbruch der Wohnstube in die Fremde. Vortrag im Kunstmuseum Bern. 10. Mai 1987. Hg. von G. J. Lischka. Bern 1987.

Bredekamp, Horst: Die Erde als Lebewesen. In: Kritische Berichte 1981, Heft 4, S. 5 – 37.

Brenner, Peter J.: Reisen in die Neue Welt. Die Erfahrung Nordamerikas in deutschen Reise- und Auswandererberichten des 19. Jahrhunderts. Tübingen 1991.

Breuer, Dieter/Helmut Schanze (Hg.): Topik. Beiträge zur interdisziplinären Diskussion. München 1981.

Brinker-Gabler 1979. Brinker-Gabler, Gisela: Das weibliche Ich. Überlegungen zur Analyse von Werken weiblicher Autoren mit einem Beispiel aus dem 18. Jahrhundert: Sidonia Hedwig Zäunemann. In: Die Frau als Heldin und Autorin. Neue kritische Ansätze zur deutschen Literatur. Hg. von W. Paulsen. Bern/München, 1979, S. 55-65.

Brinker-Gabler 1988. Brinker-Gabler, Gisela (Hg.): Deutsche Literatur von Frauen. Band 1. Vom Mittelalter bis zum Ende des 18. Jahrhunderts. Band 2. 19. und 20. Jahrhundert. München 1988.

Brosch, Helmut: Marianne Kraus in Italien. In: Beiträge zur Rezeption italienischer Kunst und Musik im späten 18. Jahrhundert. Hg. v. Friedrich W. Riede. München/Salzburg 1987, S. 27–33.

Brüggemann 1985. Brüggemann, Heinz: „Aber schickt keinen Poeten nach London!". Großstadt und literarische Wahrnehmung im 18. und 19. Jahrhundert. Texte und Interpretation. Reinbek bei Hamburg 1985.

Brüggemann 1989. Brüggemann, Heinz: Das andere Fenster. Einblicke in Häuser und Menschen. Zur Literaturgeschichte einer urbanen Wahrnehmungsform. Frankfurt/M. 1989.

Buck, Inge/Helga Grubitzsch/Annegret Pelz/Sabine Reinecke: Frauenleben. Lebensmöglichkeiten und Schwierigkeiten von Frauen in der bürgerlichen Gesellschaft. In: Beiträge zur feministischen Theorie und Praxis 7 (1982), S. 23–36.

Burkhard, Marianne/Joeres Ruth-Ellen B.: Out of Line/Ausgefallen: The Paradox of Marginality in the Writings of Nineteenth-Century Women. Amsterdam 1989 (Amsterdamer Beiträge).

Campbell, Mary B.: The Witness and Other World. Exotic European Travel Writing, 400-1600. London 1988.

Carus, Carl-Gustav: Physis. Zur Geschichte des leiblichen Lebens. Stuttgart 1851.

Cassirer, Ernst: Philosophie der symbolischen Formen. 3 Bde., Berlin 1923-1929.

Casson, Lionel: Reisen in der alten Welt. München 1976.

Centre Georges Pompidou. Centre de Création Industrielle (Hg.): Cartes et figures de la Terre. Paris 1980.

Certeau, Michel de: Kunst des Handelns. Berlin 1988.

Cixous 1976. Cixous, Hélène: Schreiben – Feminität – Veränderung. In: Alternative 108/109, Zeitschrift für Literatur und Diskussion. Berlin 1976.

Cixous, 1977. Cixous, Hélène: Weiblichkeit in der Schrift. Berlin 1977.

Corbin, Alain: Meereslust. Das Abendland und die Entdeckung der Küste. Berlin 1990.

Culler, Jonathan: The Semiotics of Tourism. In: Framing the Sign. Criticism and Its Institutions. Blackwell 1988, S. 153-167.

Dekker, 1990. Dekker, Rudolf/Lotte van de Pol: Frauen in Männerkleidern. Weibliche Transvestiten und ihre Geschichte. Berlin 1990.

Derrida 1980. Derrida, Jacques: SCRIBBLE. Macht/Schreiben. In: William Warburton. Versuch über die Hieroglyphen der Ägypter. Mit einem Beitrag von Jacques Derrida. Frankfurt/M./Berlin/Wien 1980.

Derrida 1983. Derrida, Jacques: Grammatologie, Frankfurt/M. 1983.

Diderot, Denis: Nachtrag zu Bougainvilles Reise. Hg. von H. Dieckmann, Genf 1955.

Dischner, Gisela: Ursprünge der Rheinromantik in England. Zur Geschichte der romantischen Ästhetik. Frankfurt/M. 1972.

Diver Stuecher, Dorothea: Twice Removed. The Experience of German-American Women Writers in the 19th Century. New York/Bern/Frankfurt/M./Paris 1990.

Downs, Roger M./David Stea: Kognitive Karten und Verhalten im Raum. Verfahren und Resultate der kognitiven Kartographie. In: Harro Schweizer (Hg.): Sprache und Raum. Psychologische und linguistische Aspekte der Aneignung und Verarbeitung von Räumlichkeit. Stuttgart 1985, S. 18-43.

Dreier, Franz Adrian: Die Weltallschale Kaiser Rudolfs II. In: Karl-Heinz Kohl: Mythen der Neuen Welt. Zur Entdeckungsgeschichte Lateinamerikas. Horizonte '82. Berlin 1982, S. 111-120.

Dreyer-Eimbcke, Oswald: Die Entdeckung der Erde. Geschichten und Geschichte des kartographischen Abenteuers. Frankfurt/M. 1988.

Dronsart, Marie: Les grandes voyageuses. Paris 1894.

Eliade, Mircea: Das Heilige und das Profane. Vom Wesen des Religiösen. Hamburg 1957.

Elias, Norbert: Über den Prozeß der Zivilisation. Soziogenetische und psychogenetische Untersuchungen. 2 Bde., Frankfurt/M. 1981.

Enzensberger, Hans Magnus: Eine Theorie des Tourismus (1958). In: Einzelheiten I. Bewußtseins-Industrie. Frankfurt a.M. 1979, S. 179-204.

Felden-Archibald, Tamara: Reiseliteratur von Vormärzlerinnen. Univ. of Maryland 1990.

Fleischmann, Uta: Elizabeth Craven 1750-1828. Lady on Tour – anno 1785. In: Lydia Potts (Hg.): Aufbruch und Abenteuer. Frauen-Reisen um die Welt ab 1785. Berlin 1988, S. 20-31.

Flusser, Vilém: Vom Rad. In: Die Zeit Nr. 50, 6. Dezember 1991, S. 73.

Foerst-Crato, Ilse (Hg.): Frauen zur Goethezeit. Ein Briefwechsel. Caroline von Humboldt. Friederike Brun. Briefe aus dem Reichsarchiv Kopenhagen und dem Archiv Schloß Tegel. Düsseldorf 1975.

Foster, Barbara: The World As They Saw It: Memoirs of the Travelling Ladies. In: Geography and Map Division. Special Libraries Association. Bulletin. New York 1975, Nr. 99, S. 49ff.

Foster, Shirley: Engländerinnen der viktorianischen Zeit in Italien. In: Uta Treder (Hg.): Die Liebesreise oder der Mythos des süßen

Wassers. Ausländerinnen im Italien des 19. Jahrhunderts. Schreiben. Frauen. Literatur. Forum 33, Bremen 1988, S. 55 – 65.

Foucault 1974, Foucault, Michel: Die Ordnung der Dinge. Eine Archäologie der Humanwissenschaften. Frankfurt/M. 1974.

Foucault 1979, Foucault, Michel: Schriften zur Literatur. Frankfurt/M./Berlin/Wien 1979.

Frank, Manfred/Anselm Haverkamp (Hg.): Individualität. Poetik und Hermeneutik Bd. 13. München 1988.

Frank, Manfred: Die unendliche Fahrt. Ein Motiv und sein Text. Frankfurt/M. 1979.

Frederiksen, Elke/Tamara Archibald: Der Blick in die Ferne. Zur Reiseliteratur von Frauen. In: Gnüg, Hiltrud/Möhrmann, Renate (Hg.): Frauen – Literatur – Geschichte. Schreibende Frauen vom Mittelalter bis zur Gegenwart. Stuttgart 1985, S. 104ff.

Fuchs-Sumiyoshi, Andrea: Orientalismus in der deutschen Literatur. Germanistische Texte und Studien. Hildesheim/Zürich/New York 1984.

Geiger, Gerlinde Maria: Die befreite Psyche. Emanzipationsansätze im Frühwerk Ida Hahn-Hahns (1838-1848). Europäische Hochschulschriften. Reihe I, Deutsche Sprache und Literatur. Frankfurt/M./Bern/New York 1986.

Gennep, Arnold van: Übergangsriten. (Les rites de passage) Frankfurt/M./New York/Paris 1986.

Giurgius, Fawzy: Bild und Funktion des Orients in Werken der deutschen Literatur des 17. und 18. Jahrhunderts. Berlin 1972.

Gnüg, Hiltrud/Möhrmann, Renate (Hg.): Frauen – Literatur – Geschichte. Schreibende Frauen vom Mittelalter bis zur Gegenwart. Stuttgart 1985.

Grandville, Jean: Jonathan Swift: Reisen in verschiedene ferne Länder der Welt von Lemuel Gulliver. München 1958.

Griep 1980. Griep, Wolfgang: Reiseliteratur im späten 18. Jahrhundert. In: Hansers Sozialgeschichte der deutschen Literatur. Band 3.2. Deutsche Aufklärung bis zur Französischen Revolution 1680-1789. Hg. v. Rolf Grimminger, München/Wien 1980, S. 739–764.

Griep 1991. Griep, Wolfgang (Hg.): Sehen und Beschreiben. Europäische Reisen im 18. und frühen 19. Jahrhundert. Heide i. Holstein 1991.

Griep, Wolfgang/Hans-Wolf Jäger (Hg.): Reise und soziale Realität am Ende des 18. Jahrhunderts. Neue Bremer Beiträge. Bd. 1, Heidelberg 1983.

Griep, Wolfgang/Annegret Pelz (Hg.): Frauenreisen. 1700 – 1810. Eine kommentierte Bibliographie. Bremen 1993 (im Druck).

Griep, Wolfgang/Susanne Luber (Hg.): Reisen in der Kutschenzeit. Katalog zur Ausstellung in der Eutiner Landesbibliothek. Eutin 1989.

Grosrichard, Alain: Structure du Sérail. Paris 1979.

Günther, Christiane C.: Aufbruch nach Asien. Kulturelle Fremde in der deutschen Literatur um 1900. München 1988.

Habinger, Gabriele: Aufbruch ins Ungewisse. Ida Pfeiffer (1797-1858) – Auf den Spuren einer Pionierin der Ethnologie. In: Kossek/Langer/Seiser (Hg.): Verkehren der Geschlechter. Reflexionen und Analysen von Ethnologinnen. Reihe Frauenforschung Bd. 10, Wien 1989, S. 248-261.

Hamalian, Leo (Hg.): Ladies on the Loose. Women Travellers of the 18th and 19th Centuries. New York 1981.

Hampe, Theodor: Die fahrenden Leute in der deutschen Vergangenheit. Mit 122 Abbildungen und Beilagen nach Originalen, größtenteils aus dem fünfzehnten bis achtzehnten Jahrhundert. Monographien zur deutschen Kulturgeschichte. Hg. von Georg Steinhausen. Leipzig 1902.

Harms, Hans: Themen alter Karten. Oldenburg 1979.

Hauck, A. (Hg.): Realenzyklopädie für protestantische Theologie und Kirche. Leipzig 1898.

Heidenreich, Bernd: Sophie von La Roche – eine Werkbiographie. Frankfurt/M./Bern/New York 1986.

Heuser, Magdalene: Von der ‚gelehrten‘ zur ‚autonomen‘ Kunst. Literarische Entwicklung und Wandel der Geschlechterrollen. Sidonia Hedwig Zäunemann, S. 307-313. In: Gisela Brinker-Gabler (Hg.): Deutsche Literatur von Frauen. Bd. 1, München 1988, S. 293-312.

Hibbert, Christopher: Gentleman's Europareise. Frankfurt/M. 1969.

Hill, Gillian: Cartographical Curiosities. London 1978.

Hippel, Theodor: Über die bürgerliche Verbesserung der Weiber. Frankfurt/M. 1977.

Hoesterey, Ingeborg: Verschlungene Schriftzeichen. Frankfurt/M. 1988.

Horkheimer, Max/Theodor W. Adorno: Odysseus oder Mythos und Aufklärung. In: Dialektik der Aufklärung. Philosophische Fragmente. Frankfurt/M. 1971, S. 42-73.

Humboldt, Alexander von: Ansichten der Natur mit wissenschaftlichen Erläuterungen. Gesammelte Werke Bd. 1, Stuttgart 1849.

Husserl, Edmund: Phänomenologie der Lebenswelt. Ausgewählte Texte 2 Bde., Hg. von Klaus Held. Stuttgart 1986.

Irigaray, Luce: Das Geschlecht, das nicht eins ist. Berlin 1979.

Iwasaki Eijiro (Hg.): Begegnung mit dem ‚Fremden'. Grenzen–Traditionen–Vergleiche. Akten des VIII. Internationalen Germanisten-Kongresses in Tokyo 1990. 11 Bde., München 1991.

Jakobson, Roman: Randbemerkungen zur Prosa des Dichters Pasternak (1935). In: Poetik, Ausgewählte Aufsätze 1921-1971. Frankfurt/M. 1979.

Jehle, Hiltgund: Ida Pfeiffer: Weltreisende im 19. Jahrhundert. Zur Kulturgeschichte reisender Frauen. Münster, New York 1989.

Jehn, Peter (Hg.): Toposforschung. Eine Dokumentation. Frankfurt/M. 1972.

Kamper, Dietmar/Christoph Wulf (Hg.:) Die Wiederkehr des Körpers. Frankfurt/M. 1982.

Kampmann, Theoderich: Die Methodologie der Geschlechterdifferenz und die Physiologie des Frauenwesens. Paderborn 1946.

Kant, Immanuel: Von dem sinnlichen Dichtungsvermögen der Beigesellung. In: Anthropologie in pragmatischer Hinsicht. Werke VI, Darmstadt 1966, S. 477f.

Kayser, Paulette: „Der Weibliche Diskurs" im Rahmen der neueren Rationalitätskritik. Schriftliche Hausarbeit im Rahmen der Magister-Prüfung. Philosophische Fakultät der Universität Köln, 1985.

Kelley, Kevin W. (Hg.): Der Heimatplanet. Frankfurt/M. 1989.

Kleinschmidt, Erich: Zur Bewußtseinsgeschichte urbaner Erfahrung im 18. Jahrhundert. In: Rom – Paris – London. Erfahrung und Selbsterfahrung deutscher Schriftsteller und Künstler in den fremden Metropolen. Ein Symposion. Hg. von Conrad Wiedemann. Stuttgart 1988, S. 48-63.

Klewer, H.J.: Die mittelalterliche Schachallegorie. Heidelberg 1966.

Koebner, Thomas/Gerhart Pickerodt (Hg.): Die andere Welt. Studien zum Exotismus. Frankfurt/M. 1987.

Koenig-Warthausen, Gabriele Freiin von: Deutsche Frauen in Italien. Briefe und Bekenntnisse aus drei Jahrhunderten. Wien 1942.

Kohl, Karl-Heinz: Mythen der Neuen Welt. Zur Entdeckungsgeschichte Lateinamerikas. Horizonte '82. Berlin 1982.

Kopplin, Monika: Turcica und Turquerien. Zur Entwicklung des Türkenbildes und Rezeption osmanischer Motive vom 16. bis 18. Jahrhundert. In: Hermann Pollig/Tilmann Osterwold (Hg.): Exotische Welten. Europäische Phantasien. Ausstellung des Instituts für Auslandsbeziehungen und des Württembergischen Kunstvereins im Kunstgebäude am Schloßplatz 2. September bis 29. November 1987, Stuttgart 1987, S. 150 – 163.

Koyré, Alexandre: Von der geschlossenen Welt zum unendlichen Universum. Frankfurt/M. 1980.

Kramer, Fritz: Verkehrte Welten. Zur imaginären Ethnographie des 19. Jahrhunderts. Frankfurt/M. 1981.

Krasnobaev, Boris/Gert Robel/Herbert Zeman (Hg.): Reisen und Reisebeschreibungen im 18. und 19. Jahrhundert als Quellen der Kulturbeziehungsforschung. Bd. 1, Berlin 1980.

Kretschmer, Ingrid (Hg.): Beiträge zur theoretischen Kartographie. Festschrift für Erik Arnberger. Wien 1979.

Kretschmer, Ingrid/Johannes Dörflinger/Franz Wawrik: Lexikon zur Geschichte der Kartographie. Von den Anfängen bis zum ersten Weltkrieg. 2 Bde., Wien 1986.

Kristeva 1976. Kristeva, Julia: Produktivität der Frau. In: Alternative 108/109, Berlin 1976.

Kristeva 1990. Kristeva, Julia: Fremde sind wir uns selbst. Frankfurt/M. 1990.

Kuczynski, Ingrid: „The Ladies Travel to Much Better Purpose than their Lords". Reisebeschreibungen englischer Frauen des 18. Jahrhunderts. In: Gesellschaft-Literatur-Sprache in Großbritannien und Irland. Wissenschaftliche Beiträge. Martin-Luther-Universität Halle-Wittemberg 1987(F74). Hg. Hartmut Hirsch, Halle (Saale) 1987, S. 33-63.

Labroisse, Gerd/Gerhard Knapp (Hg.): Literarische Tradition heute. Deutschsprachige Gegenwartsliteratur in ihrem Verhältnis zur Tradition. Amsterdamer Beiträge zur Neueren Germanistik. Band 24. Amsterdam 1988.

Lachmann 1987. Lachmann, Renate (Hg.): Michail Bachtin: Rabelais und seine Welt. Volkskultur als Gegenkultur. Frankfurt/M. 1987. Vorwort.

Lachmann 1988. Lachmann, Renate: Doppelgängerei (Gogol, Sostoevskij, Nabokov). In: Individualität. Hg. von Manfred Frank/Anselm Haverkamp, München 1988, S. 421-439.

Laermann, Klaus: Raumerfahrung und Erfahrungsraum. Einige Überlegungen zu Reiseberichten aus Deutschland vom Ende des 18. Jahrhunderts. In: Reise und Utopie. Zur Literatur der Spätaufklärung. Hg. von Hans Joachim Piechotta. Frankfurt/M. 1976, S. 57-97.

Laming, Annette: Versuch einer historischen Zusammenstellung berühmter Entdecker und Erforscher der Welt. In: Léroi-Gourhan (Hg.), Kurt Kayser (Hg. dt. Ausgabe): Die berühmten Entdecker und Erforscher der Erde. Köln 1965.

Langen, August: Anschauungsformen in der deutschen Dichtung des 18. Jahrhunderts. Rahmenschau und Rationalismus, Darmstadt 1968.

Lenk, Elisabeth: Die sich selbst verdoppelnde Frau. In: Kritische Phantasie. Gesammelte Essays. München 1986, S. 149f.

Lentz, Eduard: (Rezension zu Sophie Döhner). In: Petermanns Mitteilungen. Aus Justus Perthes' geographischer Anstalt. Hg. von A. Supan. 1902, Bd. 48, S. 3, Literaturbericht Nr. 9.

Lepenies, Wolf: Das Ende der Naturgeschichte. Wandel kultureller Selbstverständlichkeiten in den Wissenschaften des 18. und 19. Jahrhunderts. München/Wien 1976.

Leroi-Gourhan 1965. Leroi-Gourhan, André: Die Psychologie des Weltforschers. In: Leroi-Gourhan (Hg.), Kurt Kayser (Hg. dt. Ausgabe): Die berühmten Entdecker und Erforscher der Erde. Köln 1965.

Leroi-Gourhan 1980. Leroi-Gourhan, André: Hand und Wort. Die Evolution von Technik, Sprache und Kunst. Frankfurt/M. 1980.

Lévi-Strauss 1980. Lévi-Strauss, Claude: Mythos und Bedeutung. Fünf Radiovorträge. Gespräche mit Claude Lévi-Strauss. Hg. von Adelbert Reif, Frankfurt/M. 1980.

Lévinas, Emmanuel: Totalität und Unendlichkeit. Versuch über die Exteriorität. Freiburg/München 1987.

Lewald 1987. Lewald, Fanny: Gefühltes und Gedachtes. In: Freiheit des Herzens. Lebensgeschichte, Briefe, Erinnerungen. Hg. von Günter de Bruyn und Gerhard Wolf. Berlin 1987.

Ley, Hans: Die literarische Tätigkeit der Lady Craven, der letzten Markgräfin von Ansbach-Bayreuth. Dissertation, Erlangen 1904.

Libreria delle Donne. A cura di Liana Borghi/Nicoletta Livi Bacci/Uta Treder (Hg.): Viaggio e Scrittura: Le straniere nell'Italia dell'Ottocento, Turin 1988.

Liebeschütz, Hans: Das allegorische Weltbild der heiligen Hildegard von Bingen. Studien der Bibliothek Warburg 1930.

Lindgren, Uta: Alpenübergänge von Bayern nach Italien 1500-1850. Landkarten – Straße – Verkehr. Mit einem Beitrag von Ludwig Pauli. Deutsches Museum, München 1986.

Lobsien, Eckard: Landschaft in Texten. Zur Geschichte und Phänomenologie der literarischen Beschreibung. Stuttgart 1981.

Löschburg, Winfried: Von Reiselust und Reiseleid. Eine Kulturgeschichte. Frankfurt/M. 1977.

Lyotard, Jean-Francois: Was man nicht erfliegen kann, muß man erhinken. J.-F. Lyotard im Gespräch mit Alain Pomarède. In: Philosophie und Malerei im Zeitalter ihres Experimentierens. Berlin 1986, S. 25-49.

Maierhof, Gudrun/Katinka Schröder: „Sie radeln wie ein Mann, Madame". Als die Frauen das Rad eroberten. Zumikon/Dortmund 1992.

Maler, Anselm/Sabine Schott (Hg.): Galerie der Welt. Ethnographisches Erzählen im 19. Jahrhundert. Studia Cassellana, Stuttgart 1988.

Mankiewicz, Joseph L.: The Barefoot Contessa. (Film mit Ava Gardner aus dem Jahr 1954).

Masson, Georgina: Kurtisanen der Renaissance. Tübingen 1974.

Mattenklott, Gert/Hannelore Schlaffer/Heinz Schlaffer (Hg.): Deutsche Briefe. 1750-1950. Frankfurt/M. 1988.

Mattenklott, Gert: Das gefräßige Auge. In: Dietmar Kamper/Christoph Wulf (Hg.): Die Wiederkehr des Körpers. Frankfurt/M. 1982, S. 224-240.

Maurmann, Barbara: Die Himmelsrichtungen im Weltbild des Mittelalters. München 1976.

Mc Clung, William Alexander: The Architecture of Paradise. Survivals of Eden and Jerusalem. Berkeley/Los Angeles/London 1988.

Meier, Christel: Prophetentum als literarische Existenz: Hildegard v. Bingen (1098-1179) Ein Portrait. In: Gisela Brinker-Gabler (Hg.): Deutsche Literatur von Frauen. Band 1. Vom Mittelalter bis zum Ende des 18. Jahrhunderts. München 1988, S. 76-87.

Meise, Helga: Die Unschuld und die Schrift. Deutsche Frauenromane im 18. Jahrhundert. Berlin/Marburg 1983 (Frankfurt/M. 1992).

Meisel-Hess, Grete: Die Frau als Weltreisende. In: Betrachtungen zur Frauenfrage. Berlin 1914, S. 184f.

Metken, Sigrid (Hg.): Die letzte Reise. Sterben, Tod und Trauersitten in Oberbayern. München 1984 (Münchener Stadtmuseum, Ausstellungskatalog).

Meyer, Eva: Zählen und Erzählen. Für eine Semiotik des Weiblichen. Wien/Berlin 1983.

Michelet, Jules: Das Meer. Mit einem Vorwort von Michael Krüger. Hg. von Rolf Wintermeyer. Frankfurt/M./New York/Paris 1987.

Middleton, Dorothy: Victorian Lady Travellers, Dutton 1965, Reprint Chicago 1982(über Isabella Bird Bishop, Marianne North, Fanny Bullock Workman, May French Sheldon, Annie Taylor, Kate Marsden, Mary Kingsley).

Möbius, P.J.: Über den physiologischen Schwachsinn des Weibes. München 1977 (Halle 1905).

Möhrmann, Renate: Die Gleichheitsideen der Ida Hahn-Hahn. In: Die andere Frau. Emanzipationsansätze deutscher Schriftstellerinnen im Vorfeld der Achtundvierziger-Revolution. Stuttgart 1977, S. 85ff.

Moi, Toril: Sexus Text Herrschaft. Feministische Literaturtheorie. Bremen 1989.

Moreau, François: L'Ile, territoire mythique. Paris 1989.

Moser, Dietz-Rüdiger: Fastnacht – Fasching – Karneval. Das Fest der „Verkehrten Welt". Graz/Wien/Köln 1986.

Mouchard, Christel: Es drängte sie, die Welt zu sehen. Unentwegte Reisende des 19. Jahrhunderts. Hannover 1990 (über Isabella Bird, Mary Seacole, Alexine Tinne, Ida Pfeiffer, May Sheldon).

Mülder-Bach, Inka: „Weibliche Kultur" und „stahlhartes Gehäuse". Zur Thematisierung des Geschlechterverhältnisses in den Soziologien Georg Simmels und Max Webers. In: Sigrun Anselm/Barbara Beck (Hg.): Triumph und Scheitern der Metropole. Zur Rolle der Weiblichkeit in der Geschichte Berlins. Berlin 1987, S. 115-140.

Münster, Sebastian: Cosmographia. Das ist: Beschreibung der ganzen Welt. Darinnen Aller Monarchien, Kayserthumden / Königreichen / Fürstenthumben / Graff- und Herzschaften; wie auch aller Geistlichen Schrifften / Bisthumben / Abtheyen / Klöstern / Ursprung / Regiment / Reichthumb / Gewalt und Macht / Verenderung / Auff-und Abnehmen / zu Fried- und Kriegszeiten / sampt aller überigen Beschaffenheit. Bd. 1-4, Nürnberg 1628, Reprint Lindau 1978.

Neilson Gattey, Charles/Berta Rahm: Flora Tristan. Zürich 1971.

Nitsch, Paul Friedrich Achat: Wörterbuch der alten Geographie nach neuesten Berichtigungen zusammengetragen. Halle 1794 (Reprint Hildesheim/Zürich/New York 1983).

Noack, Ferdinand: Triumph und Triumphbögen. In: Vorträge aus der Bibliothek Warburg 1925 – 1926. Veröffentlichung der Bibliothek Warburg Bd. 2.2., Leipzig, Berlin.

Noack, Friedrich: Das Deutschtum in Rom seit dem Ausgang des Mittelalters in zwei Bänden. Aalen 1974 (Stuttgart 1929).

Nolli, Giambattista: Nuova pianta di Roma. Rom 1748.

Oettermann, Stephan: Das Panorama. Die Geschichte eines Massenmediums. Frankfurt/M. 1980.

Ohnesorg, Stefanie: Kultur- und mentalitätsgeschichtliche Relevanz der Reiseerzählungen von Frauen: Der weibliche Blickwinkel in der Neapelschilderung Ida von Hahn-Hahns. In: Etudes Germaniques. Congres ACFAS 1989, Nr. 12. Univ. Québec/Montréal. Hg. von Antje Bethin.

Opitz, Claudia: Der aufgeklärte Harem in Montesquieus »Perserbriefen«. In: Sabine Schilling/Sigrid Weigel (Hg.): Kulturelle und Sexuelle Differenzen. Feministische Studien Nr. 2, 1991, S. 41–56.

Osterwold, Tilmann, Pollig, Herrmann (Hg.): Exotische Welten. Europäische Phantasien. Ausstellung des Instituts für Auslandsbeziehungen und des Württembergischen Kunstvereins, 2. September bis 29. November 1987. Ausstellungskatalog. Stuttgart 1987.

Ostwald, Stefan: Italienbilder. Beiträge zur Wandlung der deutschen Italienauffassung 1770-1840. Heidelberg 1895.

Pape, Maria Elisabeth: Turquerie im 18. Jahrhundert und der „Recueil ferriol". In: Europa und der Orient 800-1900. Hg. von Gereon Sievernich und Hendrik Budde. Berlin 1989, S. 305ff.

Pataky, Sophie: Lexikon deutscher Frauen der Feder. 2 Bde. Berlin 1898.

Paulsen, Wolfgang (Hg.): Die Frau als Heldin und Autorin. Neue kritische Ansätze zur deutschen Literatur. Bern/München, 1979.

Pelz 1988. Pelz, Annegret: „...von einer Fremde in die andre?" Reiseliteratur von Frauen. In: Gisela Brinker-Gabler: Deutsche Literatur. Geschrieben von Frauen. Band II, München 1988, S. 143-153.

Pelz 1988 a. Pelz, Annegret: „Lo Spatio del Carnevale". In: Libreria delle Donne. A cura di Liana Borghi, Nicoletta Livi Bacci, Uta Treder (Hg.) 1988, S. 63-71. Deutsch in: Treder 1988 , S. 66-74.

Pelz 1988 b. Pelz, Annegret: Europäerinnen und Orientalismus. In: Frauen – Literatur – Politik. Dokumentation der Tagung in Hamburg im Mai 1986. Hg. gemeinsam mit Schuller/Stephan/Weigel/Wilhelms. Hamburg 1988, S.205-218.

Pelz 1990. Pelz, Annegret: Elisa von der Recke in Rom und in Neapel. In: „Wen kümmert's, wer spricht". Zur Literatur und Kulturgeschichte von Frauen aus Ost und West. Hg. von Inge Stephan/Sigrid Weigel/Kerstin Wilhelms. Köln 1991, S. 149-160.

Pelz 1991. Pelz, Annegret: „Ob und wie Frauenzimmer reisen sollen?" Das „reisende Frauenzimmer" als eine Entdeckung des 18. Jahrhunderts. In: Wolfgang Griep (Hg.): Sehen und Beschreiben. Europäische Reisen im 18. und frühen 19. Jahrhundert. Heide i. Holstein 1991, S. 125-135.

Pelz 1991 a. Pelz, Annegret: Reisen Frauen anders? Von Entdeckerinnen und reisenden Frauenzimmern. In: Bausinger/Beyrer/Korff (Hg.): Reisekultur 1648-1848. München 1991, S. 121-124.

Pelz 1991 b. Pelz, Annegret: Wohnbare und poröse Fremde. Italien. Ein Reiseland für Doppelwissende. In: Akten des Internationalen Germanistenkongresses in Tokyo im August 1990, Hg. von Eijiro Iwasaki/ Yoshinori Shichiji, Bd. 9, München 1991, S. 229–238.

Pelz, Annegret/Susanne Aschen: „Die Welt ist heutzutage auch Frauen aufgetan". Frauenreisen im 18. und 19. Jahrhundert. In: Praxis

Geschichte. Heft 3/1991: Reisen. Westermann Schulbuchverlag, Braunschweig 1991, S. 24–29.

Pelz, Annegret/Wolfgang Griep (Hg.): Frauenreisen. 1700 – 1810. Eine kommentierte Bibliographie. Bremen 1993 (im Druck).

Piechotta, Hans Joachim (Hg.): Reise und Utopie. Zur Literatur der Spätaufklärung. Frankfurt/M. 1976.

Poag, James F./Gerhild Scholz-Williams (Hg.): Das Weiterleben des Mittelalters in der deutschen Literatur. Königsstein/Ts. 1983.

Posselt, Franz Ludwig: Apodemik oder die Kunst zu reisen. Ein systematischer Versuch zum Gebrauch junger Reisenden aus den gebildeten Ständen überhaupt und angehender Gelehrten und Künstler insbesondere. 2 Bde. Leipzig 1795.

Potts, Lydia (Hg.): Aufbruch und Abenteuer. Frauen-Reisen um die Welt ab 1785. Berlin 1988.

Promies, Wolfgang: Reisen in der Zelle und durch den Kopf. Auch ein Beitrag zur Spätaufklärung. In: Reise und soziale Realität am Ende des 18. Jahrhaunderts. Hg. von Wolfgang Griep und Hans-Wolf Jäger. Neue Bremer Beiträge. Bd. 1, Heidelberg 1983, S. 274-291.

Prutz, Robert: Über Reisen und Reiseliteratur der Deutschen. In: Kleine Schriften zur Politik und Literatur, Band 1 und 2, Merseburg 1847.

Pytlik, Anna: Die schöne Fremde – Frauen entdecken die Welt. Katalog zur Ausstellung in der Württembergischen Landesbibliothek Stuttgart 9.10.–21.12.91. Stuttgart 1991.

Requadt, Paul: Die Bildersprache der deutschen Italiendichtung von Goethe bis Benn. Bern/München 1962.

Richter, Dieter (Hg.): Der brennende Berg. Geschichten vom Vesuv. Köln 1986.

Ritter, Alexander (Hg.): Deutschlands literarisches Amerikabild. Neuere Forschungen zur Amerikarezeption der deutschen Literatur. Hildesheim, New York 1977.

Ritter, Alexander (Hg.): Landschaft und Raum in der Erzählkunst. Darmstadt 1975.

Robinson, Jane: Wayward Women: A guide to women travellers. Oxford (University Press) 1990.

Rousseau, Jean-Jacques: Emile oder über die Erziehung. Hg. Martin Rang, Eleonore Scommodau, Stuttgart 1980.

Russel, Mary: Vom Segen eines guten festen Rocks. Außergewöhnliche Lebensgeschichten weiblicher Abenteurer und Entdeckungsreisender, die auf der Suche nach ihrem Lebensziel mit allen Konventionen brachen. Bern/München/Wien 1987.

Saadawi, Naval El: Tschador. Frauen im Islam. Bremen 1980.

Said, Edward W.: Orientalismus. Frankfurt/M./Berlin/Wien 1981.

Samuel, Günter: Vom Stadtbild zur Zeichenstätte. Moderne Schriftwege mit Rücksicht auf die Ewige Stadt. In: Klaus R. Scherpe (Hg.): Die Unwirklichkeit der Städte. Großstadtdarstellungen zwischen Moderne und Postmoderne. Reinbek bei Hamburg 1988, S. 153-172.

Sarton, George: Was Jeanne Barré the first woman who travelled around the world? Query no. 103, in: Isis 34 (1942), 27.

Schelle, Karl Gottlob: Die Spaziergänge oder die Kunst spatzieren zu gehen. Leipzig 1802. Reprint. Hg. von Markus Fauser. Hildesheim/ Zürich/New York 1990.

Scherpe, Klaus R. (Hg.): Die Unwirklichkeit der Städte. Großstadtdarstellungen zwischen Moderne und Postmoderne. Reinbek bei Hamburg 1988.

Schivebusch, Wolfgang: Geschichte der Eisenbahnreise. Zur Industrialisierung von Raum und Zeit im 19. Jahrhundert. Anthropologie – Hg. von Wolf Lepenies und Henning Ritter. Frankfurt/M./Berlin/Wien 1979.

Schiller, Friedrich: Über Anmuth und Würde. In: Werke Bd. 20. Hg. Benno v. Wiese/Helmut Koopmann, Weimar 1962, S. 252-308.

Schilling, Sabine/Sigrid Weigel (Hg.): Kulturelle und Sexuelle Differenzen. Feministische Studien Nr. 2, 1991.

Schmitz, Hermann: System der Philosophie. Der Leib im Spiegel der Kunst. Bd. 2, Bonn 1966; Der leibliche Raum. Bd. 3.1. Bonn 1967.

Schmugge, Ludwig: „Pilgerfahrt macht frei". Eine These zur Bedeutung des mittelalterlichen Pilgerwesens. In: Römische Quartalschrift 47 (1979) H. 1-2, S. 30.

Schnieder, Heiderose: Alma M. Karlin: 1889-1950. Ich dachte mir die Welt wie Europa. In: Lydia Potts (Hg.): Aufbruch und Abenteuer. Frauen-Reisen um die Welt ab 1785. Berlin 1988, S. 126-140.

Schnieth, Lydia: Die Entwicklung des deutschen Frauenromans im ausgehenden 18. Jahrhundert. Frankfurt/M./Bern/New York/Paris 1987.

Schott, Sabine: „Eine Frau, allein, ohne männlichen Schutz" um 1850 unterwegs in Mittel- und Südamerika. In: Galerie der Welt. Ethnographisches Erzählen im 19. Jahrhundert. Hg. von Anselm Maler/Sabine Schott. Studia Cassellana, Stuttgart 1988.

Schramm, Christian: Abhandlung der Porte-Chaise oder Trage-Sänften durch Menschen oder Thiere, in allen Vier Theilen der Welt, nach der Critic, Mechanic, Historie, dem Recht, wie auch Cammer- und Policey-Wesen ausgeführet und erläutert mit Urkunden und Kupfern von Carl Christian Schramm, Reichs-Gräflich-Sollmischen Amts-Rathe. Nürnberg 1737.

Schudt, Ludwig: Italienreisen im 17. und 18. Jahrhundert. Wien/München 1959.

Schuller, Marianne: Im Unterschied. Lesen/Korrespondieren/Adressieren. Frankfurt/M. 1990.

Schuller, Marianne/Annegret Pelz/Inge Stephan/Sigrid Weigel/Kerstin Wilhelms (Hg.): 1988: Frauen – Literatur – Politik. Dokumentation der Tagung in Hamburg im Mai 1986. Hamburg 1988.

Schweizer, Harro (Hg.): Sprache und Raum. Psychologische und linguistische Aspekte der Aneignung und Verarbeitung von Räumlichkeit. Ein Arbeitsbuch für das Lehren von Forschung. Stuttgart 1985.

Sievernich, Gereon/Hendrik Budde (Hg.): Europa und der Orient 800-1900. Berlin 1989.

Simmel 1923. Simmel, Georg: Zur Philosophie der Geschlechter. In: Philosophische Kultur. Gesammelte Essays. Potsdam 1923.

Simmel 1968. Simmel, Georg: Der Raum und die räumliche Ordnung der Gesellschaft. In: Werke Bd. 2: Soziologie. Untersuchung über die Formen der Vergesellschaftung. Berlin 1968 (1908), S. 460 – 524.

Sokel, Walter H.: Zwischen Drohung und Errettung. Zur Funktion Amerikas in Kafkas Roman »Der Verschollene«. In: Amerika in der deutschen Literatur. Neue Welt. Nordamerika. USA. Hg. von Sigrid Bauschinger, Horst Denkler und Wilfried Malsch. Stuttgart 1975, S. 246-271.

Solé, Jaques: Christliche Mythen. Von der Renaissance bis zur Aufklärung. Frankfurt/M./Berlin/Wien 1982.

Sombart, Werner: Der moderne Kapitalismus. Historisch-systematische Darstellung des gesamteuropäischen Wirtschaftslebens von seinen Anfängen bis zur Gegenwart. 4 Bde., München und Leipzig 1924.

Stammler, Wolfgang: Frau Welt. Eine mittelalterliche Allegorie. Freiburg in der Schweiz 1959. (Freiburger Universitätsrede, Neue Folge Nr. 23.).

Stammler, Wolfgang: Der allegorische Garten. In: Ritter, A. (Hg.): Landschaft und Raum in der Erzählkunst. Darmstadt 1975, S. 248-261.

Stephan, Inge/Sigrid Weigel (Hg.): Feministische Literaturwissenschaft. Dokumentation der Tagung in Hamburg vom Mai 1983. Berlin 1984.

Stephan, Inge/Sigrid Weigel/Kerstin Wilhelms (Hg.): „Wen kümmert's, wer spricht". Zur Literatur und Kulturgeschichte von Frauen aus Ost und West. Köln 1991.

Stephan, Inge: Johann Gottfried Seume. Ein politischer Schriftsteller der deutschen Spätaufklärung. Stuttgart 1973.

Stephan, Inge/Annegret Pelz/Marianne Schuller/Sigrid Weigel/Kerstin Wilhelms (Hg.): Frauen – Literatur – Politik. Dokumentation der Tagung in Hamburg im Mai 1986. Hamburg 1988.

Sternberger, Dolf: Panorama oder Ansichten vom 19. Jahrhundert. Hamburg 1938.

Strauss, Walter L.: The German-Single-Leaf Woodcut 1550-1600. A pictorial Catalogue. New York 1975.

Stump, Doris: „So gewiss ist es, dass wir wo Brod finden, unser Vaterland ist." Die Lebensbeschreibung der Schweizer Offiziersgattin Regula Engel-Egli (1761-1858). In: Burkhard, Marianne/Joeres Ruth-Ellen B.: Out of Line/Ausgefallen: The Paradox of Marginality in the Writings of Nineteenth-Century Women. Amsterdam 1989 (Amsterdamer Beiträge).

Tarr, László: Karren, Kutsche, Karosse. Eine Geschichte des Wagens. München/ Basel/Wien 1970.

Tilcher, Thomas: Der orientalische Traum der Schriftstellergeneration von 1848. Maxime Du Camp, Literat und Vagabund. Heidelberg 1985.

Todorov, Tzvetan: Die Eroberung Amerikas. Das Problem des Anderen. Frankfurt/M. 1985.

Tooley, Richard v.: Map Collector's Circle. No 1. Geographical Oddities. London o.J. (1963).

Träger, Christine (Hg.): Elisa von der Recke: Tagebücher und Selbstzeugnisse. Leipzig 1984.

Treder, Uta (Hg.): Die Liebesreise oder der Mythos des süßen Wassers. Ausländerinnen im Italien des 19. Jahrhunderts. Schreiben. Frauen. Literatur. Forum 33, Bremen 1988.

Tristan, Flora: Nécessité de faire un bon accueil aux femmes étrangères. Paris 1935. Deutsche Übersetzung in: Claudia von Alemann u.a.: Das nächste Jahrhundert wird uns gehören. Frauen und Utopie 1830-1840. Frankfurt/M. 1981, S. 244-260.

Tuchelt, Klaus (Hg.): Türkische Gewänder und osmanische Gesellschaft des 18. Jahrhunderts. Facsimile-Ausgabe des Codex „Les Portraits des différents habillements qui sont en usage à constantinople et dans le tout turquie" aus dem Besitz des Archäologischen Instituts in Istanbul. Mit einem Vorwort von Rudolf Naumann. Graz 1966.

Ulrich, Ingeborg: Hildegard v. Bingen. Mystikerin, Heilerin, Gefährtin der Engel. München 1990.

262

Üner, Suzan: Byzanz, Konstantinopel, Istanbul. Die Stadt als Schwelle von Orient und Okzident in der Reiseliteratur von Frauen. Wissenschaftliche Hausarbeit zur Erlangung des akademischen Grades eines Magister Artium der Universität Hamburg. Hamburg 1989.

Virilio, Paul: Fahren, fahren, fahren... Berlin 1978.

Völker, Gisela/Karin v. Welck (Hg.): Die Braut. Geliebt, verkauft, getauscht, geraubt. Zur Rolle der Frau im Kulturvergleich. Zweibändige Materialiensammlung zu einer Ausstellung des Rautenstrauch-Joest-Museums für Völkerkunde in der Josef-Haubrich-Kunsthalle Köln Juli-Oktober 1985. Köln 1985.

Wagner, Beate: Zur Sozialgeschichte der Freizeit in England und Deutschland bis 1914 – exemplarisch dargestellt an der Veränderung der Reiseformen und der Entstehung des Tourismus. Hausarbeit der Ersten Staatsprüfung für das Lehramt am Gymnasium. Bielefeld 1980.

Wartmann, Brigitte: „Es ist von jeher ein Hauch kosmischer Symbolik über die Frau gelegt." Gesellschaftsvisionen des Bürgertums über das Verhältnis von Frauen und Kunst. In: Feministische Literaturwissenschaft. Herausgegeben von Inge Stephan und Sigrid Weigel, Berlin 1984, S. 114-129.

Weber, Wilhelm und Eduard: Mechanik der menschlichen Gehwerkzeuge. Eine anatomisch-physiologische Untersuchung. Göttingen 1836.

Wehinger, Brunhilde: Reisen und Schreiben. Weibliche Grenzüberschreitungen in Reiseberichten des 19. Jahrhunderts. In: Romanistische Zeitschrift für Literaturgeschichte. Heidelberg 1986, Heft 3/4, S. 360-380.

Weigel 1987. Weigel, Sigrid: Nahe und ferne Fremde – das Territorium des 'Weiblichen'. Zum Verhältnis von 'Wilden' und 'Frauen' im Diskurs der Aufklärung. In: Thomas Koebner/Gerhart Pickerodt (Hg.): Die andere Welt. Studien zum Exotismus. Frankfurt/M. 1987, S. 171-199.

Weigel 1990. Weigel, Sigrid: Topographien der Geschlechter. Kulturgeschichtliche Studien zur Literatur. Reinbek bei Hamburg 1990.

Weigel, Sigrid/Annegret Pelz/Marianne Schuller/Inge Stephan/Kerstin Wilhelms (Hg.): 1988: Frauen – Literatur – Politik. Dokumentation der Tagung in Hamburg im Mai 1986. Hamburg 1988.

Weigel, Sigrid/Inge Stephan/Kerstin Wilhelms (Hg.): „Wen kümmert's, wer spricht". Zur Literatur und Kulturgeschichte von Frauen aus Ost und West. Hamburg 1988.

Weißhaupt, Winfried: Europa sieht sich mit fremdem Blick. Werke nach dem Schema der „Lettres persanes" in der europäischen, inbesondere der deutschen Literatur des 18. Jahrhunderts. 3 Bde., Frankfurt/M./ Bern/Las Vegas 1979.

Wellmann, Angelika: Der Spaziergang. Stationen eines poetischen Codes. Würzburg 1991.

Wiedemann, Conrad (Hg.): Rom – Paris – London. Erfahrung und Selbsterfahrung deutscher Schriftsteller und Künstler in den fremden Metropolen. Ein Symposion. Stuttgart 1988.

Wilhelms, Kerstin/Annegret Pelz/Marianne Schuller/Inge Stephan/Sigrid Weigel (Hg.): Frauen – Literatur – Politik. Dokumentation der Tagung in Hamburg im Mai 1986. Hamburg 1988.

Wilhelms, Kerstin/Sigrid Weigel/Inge Stephan (Hg.): „Wen kümmert's, wer spricht". Zur Literatur und Kulturgeschichte von Frauen aus Ost und West. Hamburg 1991.

Willems, Elvira: Imagination und Wirklichkeit Italiens im Spiegel der Reiseliteratur deutscher Schriftstellerinnen des 19. Jahrhunderts. Magisterarbeit, Germanistik, Universität des Saarlandes 1988.

Witt, Werner: Lexikon der Kartographie. Wien 1979.

Witthöft, Harald: Reiseanleitungen, Reisemodalitäten, Reisekosten im 18. Jahrhundert. In: Krasnobaev/Robel/Zeman (Hg.): Reisen und Reisebeschreibungen im 18. und 19. Jahrhundert als Quellen der Kulturbeziehungsforschung. Bd. 1, Berlin 1980, S. 39 – 50.

Wollstonecraft 1975. Wollstonecraft, Mary: Verteidigung der Rechte der Frauen. Rettung der Rechte des Weibes. Hg.v. Berta Rahm. Zürich 1975 (1792).

Worley, Linda Kraus: Through Others' Eyes. Narratives & German Women Travelling in Nineteenth-Century America, Yearbook of German-American Studies 21 (1986), S. 39-50.

Wurzbach, Constant von: Biographisches Lexikon des Kaiserthums Österreich enthaltend die Lebensskizzen der denkwürdigen Personen, welche seit 1750 in den österreichischen Kronländern geboren wurden oder darin gelebt und gewirkt haben. Wien 1870.

Wyss, Beat: Trauer der Vollendung. Von der Ästhetik des deutschen Idealismus zur Kulturkritik der Moderne. München 1985.

Zienteck, Heidemarie: Ida Pfeiffer: 1797-1858. In Eile um die Welt. In: Potts 1988, S. 31-47.

REISELITERATUR

Alliata, Vittoria: Harem. Die Freiheit hinter dem Schleier, München 1981.

Anonym (Brockdorff, Kaj Friedrich von oder Hartmann, Johann David): Merkwürdige Lebensgeschichte eines niedersächsischen Edelmannes von ihm selbst verfaßt. In Briefen an seine Söhne. Ein Gegenstück zu Trenk's Leben. Bd. 1, Berlin 1789.

Anonym: Wanderungen durch die Niederlande, Deutschland, die Schweiz und Italien in den Jahren 1793 und 1794. 2 Bde. Leipzig 1796.

Asch, Hannah: Fräulein Weltenbummler. Reiseerlebnisse in Afrika und Asien. Berlin 1927.

Bachmann, Ingeborg: Zugegeben. In: Werke. Hg. von Chr. Koschel, Inge von Weidenbaum, Clemens Münster. Bd. IV, Essays, Reden, vermischte Schriften. München/Zürich 1982, S. 340f.

Beauvoir, Simone de: Amerika. Tag und Nacht. Hamburg 1950 (Reinbek b. Hamburg 1988).

Benjamin, Walter/Asja Lacis: Neapel (Denkbilder). In: Gesammelte Schriften. Hg. Rolf Tiedemann und Hermann Schweppenhäuser. Unter Mitwirkung von Theodor W. Adorno und Gershom Scholem. Frankfurt/M. 1972, Bd. 4.1., S. 307-316.

Bird Bishop, Isabella: A Lady's Life in the Rocky Mountains, London 1879 (1982).

Bock, Johann Christian: Empfindsame Reisen durch die Visiten-Zimmer am Neu-Jahrs-Tage. Von einem deutschen Yorik angestellet. Cosmopolis (Hamburg) 1773[2].

Boegli, Lina: Vorwärts. Briefe von einer Reise um die Welt. Fünftes Tausend, Frauenfeld 1908. Neu aufgelegt unter dem Titel: Talofa. In zehn Jahren um die Welt. Nachw. v. Doris Stump, Zürich 1990.

Bougainville, Louis-Antoine de: Reise um die Welt welche mit der Fregatte La Boudeuse und dem Fleutschiff L'Etoile in den Jahren 1766, 1767, 1768 und 1769 gemacht worden. Hg. v. Klaus-Georg Popp, Berlin/W. 1985.

Brandes-Boettiger, Nelly: Als Zugvogel durch Amerika. Ohne Geld durch USA und Canada. Leipzig 1936.

Bremer 1856. Bremer, Frederike: Heimat in der neuen Welt. Ein Tagebuch in Briefen, geschrieben auf einer zweijährigen Reise in Nordamerika und auf Cuba. Stuttgart 1856.

Bremer 1861-1863. Bremer, Frederike: Leben in der Alten Welt. Tagebuch während eines vierjährigen Aufenthalts im Süden und im

Orient von Frederike Bremer. Aus dem Schwedischen Teil 1 – 16, Leipzig 1861-1863.

Bremer 1861. Bremer, Frederike: Reisebilder aus der Schweiz und Italien. 4 Bde. Stuttgart 1861.

Brun 1809. Brun, Friederike: Episoden aus Reisen durch das südliche Deutschland, die westliche Schweiz, Genf und Italien in den Jahren 1801, 1802, 1803, 1805 und 1807. Zürich 1809.

Brun 1816. Brun, Friederike: Briefe aus Rom, geschrieben in den Jahren 1808, 1809, 1810. Über die Verfolgung, Gefangenschaft und Entführung des Papstes Pius VII. Dresden 1816.

Brun 1833. Brun, Friederike, geb. Münter: Römisches Leben. 2 Bde., Leipzig 1833.

Bunsen, Marie v.: Im fernen Osten. Eindrücke und Bilder aus Japan, Korea, China, Ceylon, Java, Siam, Kambodscha, Birma und Indien. Leipzig 1934.

Collis, Louise: Leben und Pilgerfahrten der Margery Kempe. Erinnerungen einer exzentrischen Lady. Berlin 1986.

Craven, Lady Elizabeth: Briefe der Lady Elizabeth Craven über eine Reise durch die Krimm nach Konstantinopel. An Sr. Durchlaucht den regierenden Markgrafen von Brandenburg-Anspach. Leipzig 1789.

Csáky-Vecsey, Anna Gräfin: Tagebuch einer überzähligen Ausschußfrau auf einer Reise nach Italien. Pesth 1843.

Dingelreiter, Senta: Deutsches Mädel auf Fahrt um die Welt. Leipzig 1932.

Döhner 1895. Döhner, Sophie: Weltreise einer Hamburgerin 1893-1894. Aus dem Reisetagebuch, Hamburg 1895.

Döhner 1901. Döhner, Sophie: Aus der Alten und Neuen Welt. Hamburg 1901.

Döhner 1933. Döhner, Sophie: Streifzüge durch Europa. Hamburg 1933.

Döhner 1910. Döhner, Sophie: Aus allen Weltteilen. Reiseschilderungen. Hamburg 1910.

Engel, Frau Oberst Regula: Die Schweizerische Amazone. Abenteuer, Reisen und Kriegszüge einer Schweizerin durch Frankreich, die Niederlande, Egypten, Spanien, Portugall und Deutschland mit der französischen Armee unter Napoleon. Von ihr selbst beschrieben und herausgegeben von einem ihrer Verwandten. Zweite verbesserte Auflage. St. Gallen 1825 (1821).

Etzdorf, Maria v.: Kiek in die Welt. Als deutsche Fliegerin über die Erdteile. Berlin 1931.

Forneris, Anna, geb. Hafner (Verf. anonym): Schicksale und Erlebnisse einer Kärntnerin während ihrer Reisen in verschiedenen Ländern und fast 30jährigen Aufenthaltes im Oriente, als: in Malta, Corfu, Constantinopel, Smyrna, Tiflis, Tauris, Jerusalem, Rom ec. Beschrieben von ihr selbst. Geordnet und herausgegeben von M. S. Mit einem Nachwort neu herausgegeben von Adolfine Misar. Klagenfurt 1985 (Laibach 1849).

Forster, Georg: Ansichten vom Niederrhein von Brabant, Flandern, Holland, England und Frankreich im April, Mai und Juni 1790. Frankfurt/M. 1989.

Giovane, Juliane Herzogin: Plan pour faire servir les voyages à la culture des jeunes gens que se vouent au service de l'état dans la carriere politique, accompagné d'un précis historique de l'usage de voyager et d'une table pour faciliter les observations statistiques et politiques; le tout suivi de l'esquisse d'une porte-feuille à l'usage des voyageurs, et de celle d'une carte statistique. Wien 1797.

Göchhausen, Ernst August Anton von: M(eine) R(eise). Eisenach 1772.

Goethe, Johann Wolfgang: Italienische Reise. Hg. v. Jochen Golz, Berlin 1987[4].

Gonzaga, Elisabeth Rangoni: Briefe der Prinzessin von Gonzaga auf ihren Reisen. Aus der französischen Urschrift. Gotha 1791.

Hahn-Hahn, Ida Gräfin: Orientalische Briefe. 3 Bde. Berlin 1844.

Hanum, Prinzessin Djavidan: Harem. Erzählungen. Erinnerung der früheren Gemahlin des Khediven von Ägypten. Niederschrift durch Prinzessin Djavidan Hanum und ihre Schwester Thea Ronay. Mit einem Vorwort von Cornelia Stabenow. Berlin 1988 (1930).

Haywood, E. (Verf. anonym): Der unsichtbare Kundschafter. Altenburg 1756.

Heidegger von (Verf. anonym): Tagebuch eines unsichtbaren Reisenden. o.O. 1718.

Heilborn, Adolf: Die Reise durchs Zimmer. Berlin 1924.

Hermes, Johann Timotheus: Sophiens Reise von Mehmel nach Sachsen. In: Deutsche Literatur, Reihe Aufklärung, Bd. 13, hg. von Fritz Brüggemann, Leipzig 1741, Band 1-6, 2. Aufl.

Heyking, Elisabeth v.: Tagebücher aus vier Weltteilen 1886-1904. Hg. v. Grete Litzmann, Leipzig 1926.

Herz, Henriette in Erinnerungen, Briefen und Zeugnissen. Hg. v. Rainer Schmitz, Leipzig/Weimar 1984.

Howard, William: The State of the Prisons in England and Wales; with preliminary observations and an account of some foreign Prisons. London 1777 (deutsche Übersetzung 1780).

Huber, Therese: Bemerkungen über Holland aus dem Reisejournal einer deutschen Frau. Leipzig 1811.

Karlin, Alma M.: Einsame Weltreise. Erlebnisse und Abenteuer einer Frau im Reich der Inkas und im Fernen Osten. Minden/W./Berlin/Leipzig o.J. (1932).

Karlin, Alma M.: Erlebte Welt, das Schicksal einer Frau. Durch Insulinde und das Reich der weißen Elefanten, durch Indiens Wunderwelt und durch das Tor der Tränen, Minden/W./Berlin/Leipzig o.J. (1933).

Karlin, Alma M.: Im Banne der Südsee. Als Frau allein unter Pflanzern und Menschenfressern, Sträflingen, Matrosen und Missionaren. Minden/W./Berlin/Leipzig o.J. (1930).

Kindersley, Jemima (Verf. anonym): Briefe eines reisenden Frauenzimmers über Ostindien. Aus dem Englischen. Frankfurt und Leipzig 1787. Zuerst erschienen als Jemima Kindersley: Briefe von der Insel Teneriffa, Brasilien, dem Vorgebirge der guten Hoffnung und Ostindien. Aus dem Englischen der Mistreß Kindersley. Leipzig 1777.

Kraus, Marianne: Tagebuch einer Italienreise aus dem Jahre 1791. Hg. und eingeleitet von Fritz Muthmann. In: Neue Heidelberger Jahrbücher. Neue Folge. Hg. von der Gesellschaft der Freunde der Universität und von Historisch-Philosophischen Verein Heidelberg. Heidelberg 1931.

Kristeva 1982. Julia: Die Chinesin. Die Rolle der Frau in China. Frankfurt/M./Berlin/Wien 1982.

La Roche 1789: La Roche, Sophie von (Verf. anonym): Journal einer Reise durch Frankreich, von der Verfasserin von Rosaliens Briefen. Altenburg 1787.

La Roche, Sophie von: Mein Schreibetisch. An Herrn G.R.P. in D. von Sophie von La Roche. 2 Bde., Leipzig 1799.

Le Maître, Xavier (Anonym): Mein Zimmer eine kleine Welt. Nach dem Französischen des Grafen von Ximenez frei bearbeitet. Nebst einer Vorrede von Herrn Professor K. H. Heydenreich. Leipzig 1797 (1795). Neuausgabe mit einem Nachwort von Siegfried Schmitz, Leipzig 1991.

Leitner 1932. Leitner, Maria: Hotel Amerika. Roman. Berlin 1932.

Leitner 1988. Leitner, Maria: Eine Frau reist durch die Welt. Mit einem Nachwort von Hartmut Kahn. Berlin 1988 (1932).

Lévi-Strauss 1988. Lévi-Strauss, Claude: Traurige Tropen. Frankfurt/M. 1988[6].

Lewald 1883. Lewald, Fanny: Carneval und Ostern. In: Vom Sund zum Posilip! Briefe aus den Jahren 1879 bis 1881. Berlin 1883, S. 242 – 253.

Lewald 1983. Lewald, Fanny: Italienisches Bilderbuch. Hg. von Therese Erler, Berlin 1983[2] (1847).

Lewald 1987. Lewald, Fanny: Gefühltes und Gedachtes. In: Freiheit des Herzens. Lebensgeschichte, Briefe, Erinnerungen. Hg. von Günter de Bruyn und Gerhard Wolf. Berlin 1987.

Löhn, Anna: Reisetagebuch einer alleinreisenden Dame in Italien, Leipzig 1861.

Mendelssohn, Fanny: Italienisches Tagebuch. Hg. von Eva Weissweiler, Frankfurt/M. 1982.

Montagu, Lady Mary: Briefe während ihrer Reisen in Europa, Asia und Afrika. 2 Bde., Leipzig 1764, 1767 und Mannheim 1784.

Montaigne, Michel de: Tagebuch einer Reise durch Italien die Schweiz und Deutschland in den Jahren 1580 und 1581. Hg. von Otto Flake. Frankfurt/M. 1988.

Mourad, Kenzie: Im Namen der toten Prinzessinnen. München 1989.

Mühlbach, Louise: Reisebriefe aus Aegypten. 2 Bde. Jena 1871.

Pfeiffer 1846. Pfeiffer, Ida: Reise nach dem scandinavischen Norden und der Insel Island im Jahre 1845. 2 Bde. Pesth 1846 gekürzte Neuauflage Wien 1991.

Pfeiffer 1850. Pfeiffer, Ida: Eine Frauenfahrt um die Welt. Reise von Wien nach Brasilien, Chili, Otahaiti, China, Ost-Indien, Persien und Kleinasien, 3 Bde., Wien 1850. Gekürzte Neuauflage mit dem Titel: Eine Frau fährt um die Welt. Die Reise 1846 nach Südamerika, China, Ostindien, Persien und Kleinasien. Hg. von Brigitte Fürle, Wien 1989 überarb. Neuauflage Wien 1992.

Pfeiffer 1856. Pfeiffer, Ida: Meine Zweite Weltreise. 4 Bde., Wien 1856.

Pfeiffer 1861. Pfeiffer, Ida: Reise nach Madagaskar. Nebst einer Biographie der Verf., nach ihren eigenen Aufzeichnungen. 2 Bde., Wien 1861 (Marburg 1980).

Pfeiffer 1880. Pfeiffer, Ida: Reise einer Wienerin in das Heilige Land, nähmlich: von Wien nach Konstantinopel (Brussa, Beirut, Jaffa, Jerusalem, dem Jordan und todten Meere, nach Nazareth, Damaskus, Balbeck und dem Libanon, Alexandrien, Kairo, durch die Wüste an das rothe Meer, und zurück über Malta, Sicilien, Neapel, Rom u.s.w. Unternommen im März bis Dezember 1842. Nach den Notaten ihrer sorgfältig geführten Tagebücher von ihr selbst beschrieben.) 2 Bde. Wien, 1844; Neuauflage in gekürzter Fassung, bearb. von Ludwig Plakolb, Frankfurt/M. 1980.

Pinner, Edda: Ich reise durch die Welt. Berlin 1931.

Piozzy, Esther Lynch: Bemerkungen auf der Reise durch Frankreich, Italien und Deutschland. Aus dem Englischen mit einer Vorrede und Anmerkungen von Georg Forster. 2 Bde., Frankfurt/M. 1790.

Preuschen, Hermione von: Durch Glut und Geheimnis: Indische Impressionen, Ostindien, Burma, Ceylon. Wolffenbüttel 1909.

Pückler-Muskau, Hermann Fürst v.: Aus Mehemed Ali's Reich. 3 Bde. Stuttgart 1844.

Recke, Elisa von der: Tagebuch einer Reise durch einen Theil Deutschlands und durch Italien in den Jahren 1804 bis 1806. Von Elisa von der Recke, geborene Reichsgräfin von Medem. Hg. von Hofrath Böttiger. Bd. 1-4, Berlin 1815.

Reichhardt, Johann Friedrich: Briefe eines reisenden Nordländers. Geschrieben in den Jahren 1807 bis 1809. Leipzig und Altenburg 1816.

Riedesel, Friederike von: Die Berufs-Reise nach Amerika. Briefe der Generalin von Riedesel auf dieser Reise und während ihres sechsjährigen Aufenthalts in America zur Zeit des dortigen Krieges in den Jahren 1776 bis 1783 nach Deutschland geschrieben, Berlin 1800 (Neuauflage hg. von Wolfgang Griep: Friederike von Riedesel: Mit dem Mut einer Frau. Erlebnisse und Erfahrungen im amerikanischen Unabhängigkeitskrieg, Stuttgart/Wien 1989).

Rodt, Cäcilie von: Aus Central- und Südamerika. Bern 1907.

Rodt, Cäcilie von: Reise einer Schweizerin um die Welt. Mit 700 Illustrationen u.e. Vorwort von A. Gobat, Neuenburg o.J. (ca. 1905).

Ruete, Emily, geborene Prinzessin Salme von Oman und Sansibar: Leben im Sultanspalast. Memoiren aus dem 19. Jahrhundert. Hg. und mit einem Nachwort versehen von Annegret Nippa. Frankfurt/M. 1989.

Schalek, Alice: Indienbummel. Illustriertes Reisewerk. Berlin 1912.

Schopenhauer 1987. Schopenhauer, Johanna: Reise an den Niederrhein und nach Belgien im Jahr 1828. Kommentiert und mit einem Nachwort versehen von Karl Bernd Heppe und Annette Fimpeler. Essen 1987 (1831).

Schopenhauer o.J. Schopenhauer, Johanna: Reise durch England und Schottland. Hg. Georg A. Narciss (Bibliothek klassischer Reiseberichte), Frankfurt/M. o.J. (nach der Ausgabe von Leipzig 1830).

Schuber, Maria: Meine Pilgerreise über Rom, Griechenland und Egypten durch die Wüste nach Jerusalem und zurück. vom 4. October 1847 bis 25. September 1848. Maria Schuber aus Graz in Steiermark. Graz 1850.

Schwartz, Marie Esperance von (Verf. anonym): Blätter aus dem africanischen Reise-Tagebuche einer Dame. Erster Theil. Algerien. Zweiter Theil. Tunis. Braunschweig 1849.

Schwarz, Sophie, geb. Becker: Briefe einer Curländerin. Auf einer Reise durch Deutschland. Zwei Theile, Berlin 1791.

Segalen, Victor: Die Ästhetik des Diversen. Aufzeichnungen. Frankfurt/M./Paris 1983.

Seidler, Louise: Erinnerungen der Malerin Louise Seidler. Hg. Hermann Uhde, Weimar 1965.

Seler-Sachs, Caecilie. Auf alten Wegen in Mexiko und Guatemala, Stuttgart 1925.

Seume, Johann Gottfried: Mein Sommer 1805. In: Prosaische und poetische Werke Teil IV. Berlin o.J. (1879).

Spiel, Hilde: Lisas Zimmer <The darkened Room>, Hamburg 1990.

Spieß, Christian Heinrich: Reisen durch die Höhlen des Unglücks und Gemächer des Jammers. 4 Bde., 1796-1798.

Staël, Germaine de: Corinna oder Italien. Hg. v. Arno Kappler. München 1985 (1807).

Stark, Marianne: Briefe über Italien in den Jahren 1792. 1798. Gießen 1802, S. 2.

Sterne, Laurence: Yoricks empfindsame Reise durch Frankreich und Italien, nebst einer Fortsetzung von Freundeshand. Nördlingen 1986 (1786).

Stinnes, Clärenore/C.A. Söderström: Im Auto durch zwei Welten. Berlin 1929.

Töpfer, Rudollphe: Reisen im Zickzack. München/Leipzig 1912.

Tristan, Flora: Meine Reise nach Peru. Hg. von Friedrich Wolfzettel. Frankfurt/M. 1983 (Erstauflage: Pérégrinations d'une Paria 1833-34. 1837).

Wallenrodt, Isabelle von: Erzählungen und Anmerkungen gesammelt auf Reisen. Prag und Leipzig 1810.

Wiersch, Josephine: Durch drei Welten. Lebensweg einer deutschen Frau. Saarbrücken 1930.

Winsloe, Christa: Passeggiera. Roman. Amsterdam 1938.

Wollstonecraft 1991. Wollstonecraft, Mary: Reisebriefe aus Südskandinavien. Hg. und mit einem Nachwort versehen von Ingrid Kuczynski, Leipzig 1991.

Woolf, Virginia: Ein Zimmer für sich allein. Berlin 1978.

Zürn, Unica: Das Haus der Krankheiten. Berlin 1986 (1958).

ABBILDUNGSNACHWEIS

Abb. 1: Don Cristóbal Colón, in: Honorius Philoponus, Nova typis transacta negativo novi orbis Indiae Occidentalis, Venedig 1621 (Bibliothèque Nationale Paris).

Abb. 2: Heinrich Bünting: Europa Prima Pars Terrae in Forma virginis (1588). Abb. aus: R.v. Tooley (Hg.): Map Collectors' Circle. Curious, Ingenious, and Imaginary Maps and Miscellaneous Plates: Publishes in Atlases. No 1. Geographical Oddities. London o.J. (1963), Abb. 2 (Graphische Bearbeitung: Achim Grohé, 1993).

Abb. 3: Kosmos der Hildegard von Bingen. Miniatur des Codex Latinus 1942 in der Biblioteca Statale Lucca. Buchmalerei aus der zweiten Hälfte des 12. Jhd. Vgl.: Hildegard von Bingen: Welt und Mensch. Das Buch „De operatione Dei". Aus dem Genter Kodex übersetzt und erläutert von Heinrich Schipperges. Salzburg 1965.

Abb. 4: Madeleine de Scudéry: Carte du pays de tendre (1654). Bibliothèque Nationale Paris.

Abb. 5: Du Val: Le Jeu de France pour les Dames (1652). The British Library, London.

Abb. 6: Sophie von La Roche an ihrem „Schreibetisch". Frontispiz aus: „Mein Schreibetisch" von Sophie von La Roche an Herrn H.R.L: in D. Bd. 1, Leipzig 1799. Niedersächsische Staats- und Universitätsbibliothek Göttingen.

Abb. 7: Juliane Herzogin Giovane (1797). Idée d'un porte-feuille à l'usage des voyageurs. Niedersächsische Staats- und Universitätsbibliothek Göttingen.

Abb. 8: Griechische Damen bei einer Landfahrt mit einem zweirädrigen Wagen. Nach einem Wandgemälde in Tiryns um 1300–1200 v. Chr. Archäologisches Nationalmuseum Athen.

Abb. 9: Nonnen im Reisewagen (15. Jhd.). Illustration zu Hans Vintler: Die Blumen der Tugend. Papierhandschrift, Wasser- u. Deckfarben, Gotha, Forschungsbibliothek. Archiv für Kunst und Geschichte, Berlin.

Abb. 10: Entrée der Königin Marie-Thérèse in Paris am 26. August 1660. Aus: Winfried Löschburg: Von Reiselust und Reiseleid. Eine Kulturgeschichte. Frankfurt/M. 1977, Abb 41.

Abb. 11: Bettler, der sein Weib im Schubkarren fährt. Kupfer des seit ca. 1470 tätigen Monogrammisten b x 8. Dresden, Kupferstichkabinett.

Abb. 12: Fahrende Weiber mit Säuglingen. Holzschnitt in der Art des J. Wechtlin (16. Jhd.). Gotha, Kupferstichkabinett.

Abb. 13: Schwindlerin mit mehrjähriger Schwangerschaft. Kupfer aus dem 18. Jahrhundert. München, Kupferstichkabinett.

Abb. 14: Hurnweibel. Hurenwebel mit Dirne. Holzschnitt des Monogrammisten H. D. (1545). Aus: Graf Reinhart zu Solms, Kriegsbeschreibung. Nagler M. III, 808. Abb. aus: Hampe 1902, S. 100.

Abb. 15: Bettler auf der Landstraße. Lucas van Leyden, Kupferstich (1520). Berlin, Kupferstichkabinett.

Abb. 16: Gertrud Ter Brugge als Dragoner der niederländischen Armee. Druck, um 1700. Abb. aus: Rudolf Dekker/Lotte van de Pol: Frauen in Männerkleidern. Weibliche Transvestiten und ihre Geschichte. Berlin 1990.

Abb. 17: Königlich Bayerische Extrapost um 1820. Zeitgenössische Illustration, erschienen bei Hochwind, München. Archiv für Kunst und Geschichte, Berlin.

Abb. 18: Dichtgedrängt im Wagen. Jean Grandville: Die kleinen Leiden des menschlichen Lebens, Leipzig 1842. Aus: Winfried Löschburg: Von Reiselust und Reiseleid. Eine Kulturgeschichte. Frankfurt/M. 1977, S. 138.

Abb. 19: Frau an der Gehäuseschwelle I. Frontispiz aus: Verf. Anonym (Kaj Friedrich von Brockdorff oder Johann David Hartmann): Merkwürdige Lebensgeschichte eines niedersächsischen Edelmanns von ihm selbst verfaßt. In Briefen an seine Söhne. Ein Gegenstück zu Trenck's Leben. Bd. 1, Berlin 1789. Universitätsbibliothek Münster.

Abb. 20: Frau an der Gehäuseschwelle II. Kupferstich von P.A. Martini nach Jean Michel Moreau d.J. 1777. Archiv für Kunst und Geschichte, Berlin.

Abb. 21: May French Sheldon (1848-1936) im Tragsessel. Aus: Dorothee Middleton: Victorian Lady Travellers. Chicago 1982 (1965), S. 99.

Abb. 22: Clara Benz am Steuer ihres Benz Velos (1893). Historisches Archiv der Mercedes-Benz Ag, Stuttgart.

Abb. 23: Fanny Bullock-Workmann „In the Ice-World of Himalaya" um 1900. Aus: Dorothy Middleton: Victorian Lady Travellers. Chicago 1982 (1965), S. 99.

Abb. 24: Berggalerien. Aus: Rudollphe Töpfer: Reisen im Zickzack. München/Leipzig 1912. Niedersächsische Staats- und Universitätsbibliothek Göttingen.

Abb. 25: Nina Mazuchelli in ihrem Tragsessel. Aus: Mary Russel: The Blessings of a Good Thick Skirt. Women Travellers and Their World. London 1986, S. 184.

Abb. 26: Die Romtouristin. „Die Briten in Rom". Kupferstich von A. Schule nach einer Vorlage von D. Lindau 1829. Aus: Wilhelm Waiblinger: Gesammelte Werke, Bd. 1, Hamburg 1842. Staatsbibliothek Berlin, Preußischer Kulturbesitz.

Abb. 27: Der Corso und seine Nebenstraßen. Ausschnitt aus: La Topografia Di Roma. In: Giambattista Nolli: Nuova Pianta di Roma, Rom 1748. Landesbibliothek Eutin.

Abb. 28: Der groteske weibliche Körper um 1800. Johann Michael Eder um 1810/20. Hinterglasmalerei, Heimatmuseum Rosenheim.

Abb. 29/30: Der Piazza del Popolo. G.B. Falda (1665): Le due chiese di Piazza del Popolo secondo uno dei primi progretti. Rom, Staatsarchiv. Progretto di Carlo Rainaldi per le chiese di S. Maria di Montesanto e S. Maria dei Miracoli 1661. Rom, Staatsarchiv.

Abb. 31: Sebastian Münster: Cosmographey. Basel 1628, Bd. 4, S. 1644.

Abb. 32: Der „Grundplan des Ganzen". In: Fürst Pückler-Muskau: Aus Mehemed Ali's Reich. Stuttgart 1844, Band 1, S. 129. Literaturwissenschaftliches Seminar, Universität Hamburg.

Abb. 33: Lady Mary Montagu im Bad von Adrianopel. Daniel Chodowiecki: Frontispiz in „Letters Of the Right Honourable Lady M-y W-y M-e: Written during her Travels in Europe, Asia and Africa to Persons of Distinction, Men of Letters, etc. in different Parts of Europe. Which contain, Among other Curious Relations, Accounts of the Policy and Manners of the Turks. Drawn from Sources that have been inaccessible to other Travellers." Berlin 1790. Staatsbibliothek Berlin, Preußischer Kulturbesitz.

Abb. 34: Reisesänfte einer türkischen Dame (18. Jhd.). Abb. aus: Türkische Gewänder und osmanische Gesellschaft des 18. Jahrhunderts. Facsimile-Ausgabe des Codes „Les Portraits des differents habillemens qui sont en usage à constantinople et dans tout le turquie" aus dem Besitz des Deutschen Archäologischen Instituts in Istanbul. Mit einem Vorwort von Rudolf Naumann herausgegeben und eingeführt von Klaus Tuchelt, Graz 1966, Tafel 190.

Abb. 35: Europäerin im Orient. Abb. aus: Mary Russel: The Blessings of a good thick Skirt, London 1986.

Abb. 36: Jean Etienne Liotard: Türkische Dame mit Dienerin. Pastell auf Pergament 1742/43. Musée d'art et d'histoire, Genf.

Abb. 37: Eine Dame aus Lima. Holzschnitt und Druck von Eduard Kretschmar in Leipzig. Aus: Ida Pfeiffer: Frauenfahrt um die Welt. Reise von Wien nach Brasilien, Chili, Otahaiti, China, Ost-Indien, Persien und Kleinasien. Band 3/4, Wien 1850. Staats- und Universitätsbibliothek Bremen.

Abb. 38: Ida Pfeiffer 1858 „im Reise-Costüme". Lithographie von Adolf Dauthage. Bildarchiv der Österreichischen Nationalbibliothek.

Abb. 39: Ida Pfeiffer 1856. Bildarchiv der Österreichischen Nationalbibliothek.

Abb. 40: Frau mit Koffer, Gehäuserest. Cindy Shermann Untitled Film Still # 48, 1979. In: Cindy Sherman: Untitled Film Stills. Mit einleitendem Text von Arthur C. Danto. München 1990, Bild 33.